Birgit Heller
Andreas Heller
Spiritualität und Spiritual Care

Verlag Hans Huber
Programmbereich Pflege

Beirat:

Palliative Care
Christoph Gerhard, Dinslaken
Markus Feuz, Flurlingen

Pflege
Angelika Abt-Zegelin, Dortmund
Jürgen Osterbrink, Salzburg
Doris Schaeffer, Bielefeld
Christine Sowinski, Köln
Franz Wagner, Berlin

HUBER

Birgit Heller / Andreas Heller

Spiritualität und Spiritual Care

Orientierungen und Impulse

Mit einem Geleitwort von Allan Kellehear

Verlag Hans Huber

Prof. Mag. Dr. theol. Dr. phil. habil. Birgit Heller
Institut für Religionswissenschaft, Universität Wien
Schenkenstraße 8-10
A-1010 Wien
birgit.heller@univie.ac.at

Prof. Mag. Dr. Andreas Heller, M.A.
Institut für Palliative Care und Organisationsethik der Fakultät für Interdisziplinäre Forschung und Fortbildung (IFF) der Universität Klagenfurt, Wien, Graz
Schottenfeldgasse 29/4
A-1070 Wien
Andreas.Heller@aau.at

Lektorat: Jürgen Georg, Michael Herrmann, Caroline Kröner
Herstellung: Jörg Kleine Büning
Illustration: Peter Koliew, Basel (Kapitelblätter)
Titelfoto: Jürgen Georg, Schüpfen
Titelgestaltung: Claude Borer, Basel
Satz: punktgenau gmbh, Bühl
Druck und buchbinderische Verarbeitung: Triltsch Print und digitale Medien GmbH, Ochsenfurt
Printed in Germany

Bibliografische Information der Deutschen Bibliothek
Die Deutsche Nationalbibliothek verzeichnet diese Publikation in der Deutschen Nationalbibliografie; detaillierte bibliografische Daten sind im Internet unter http://dnb.d-nb.de abrufbar.

Dieses Werk, einschließlich aller seiner Teile, ist urheberrechtlich geschützt. Jede Verwertung außerhalb der engen Grenzen des Urheberrechtes ist ohne schriftliche Zustimmung des Verlages unzulässig und strafbar. Das gilt insbesondere für Kopien und Vervielfältigungen zu Lehr- und Unterrichtszwecken, Übersetzungen, Mikroverfilmungen sowie die Einspeicherung und Verarbeitung in elektronischen Systemen.
Die Verfasser haben größte Mühe darauf verwandt, dass die therapeutischen Angaben insbesondere von Medikamenten, ihre Dosierungen und Applikationen dem jeweiligen Wissensstand bei der Fertigstellung des Werkes entsprechen.
Da jedoch die Pflege und Medizin als Wissenschaft ständig im Fluss sind, da menschliche Irrtümer und Druckfehler nie völlig auszuschließen sind, übernimmt der Verlag für derartige Angaben keine Gewähr. Jeder Anwender ist daher dringend aufgefordert, alle Angaben in eigener Verantwortung auf ihre Richtigkeit zu überprüfen.
Die Wiedergabe von Gebrauchsnamen, Handelsnamen oder Warenbezeichnungen in diesem Werk berechtigt auch ohne besondere Kennzeichnung nicht zu der Annahme, dass solche Namen im Sinne der Warenzeichen-Markenschutz-Gesetzgebung als frei zu betrachten wären und daher von jedermann benutzt werden dürfen.

Anregungen und Zuschriften bitte an:
Verlag Hans Huber
Lektorat Pflege
Länggass-Strasse 76
CH-3000 Bern 9
Tel: 0041 (0)31 300 4500
Fax: 0041 (0)31 300 4593
E-Mail: verlag@hanshuber.com
www.verlag-hanshuber.com

1. Auflage 2014.
© 2014 by Verlag Hans Huber, Hogrefe AG, Bern
(E-Book-ISBN [PDF] 978-3-456-95352-6)
(E-Book-ISBN[EPUB] 978-3-456-75352-2)
ISBN 978-3-456-85352-9

Inhaltsverzeichnis

Geleitwort 11
Spiritual Care in Palliative Care: Wessen Job ist das?
Allan Kellehear

Vorwort 15
Dem Tod ins Gesicht blicken

**1. Spiritual Care: Die Wiederentdeckung
   des ganzen Menschen** 19
   Birgit Heller und Andreas Heller

Kranksein und Sterben in der Moderne 21
Zur Genese von Spiritual Care 22
Spannung zwischen traditioneller Seelsorge und Spiritual Care 25
Spiritual Care für alle? 26
Sterben Gläubige/Spirituelle leichter? 29
Wer ist zuständig für Spiritual Care? 31
    Ausgangsthese: Spiritual Care geht alle an 31
    Verschiedene Kompetenzebenen 32
    Wie erlernt man Spiritual Care? 34
    Spiritual Care ist zuallererst Selbstsorge 35
    Der Tod setzt dem Expertentum eine Grenze 36
Zur Erhebung spiritueller Bedürfnisse 36
Ethische Prinzipien und Ziele von Spiritual Care 37
Zur Funktion von Spiritual Care 39
Würde entsteht in Beziehungen 41
    Engführungen im Würdeverständnis 41
    Würde braucht ein Gegenüber 42
    Würde ist unverlierbar 43

2. Spiritualität versus Religion/Religiosität? ... 45
Birgit Heller

Alltagsverständnis und aktuelle Begriffsdebatte ... 47
   Religiös und/oder spirituell oder keins von beiden ... 47
   Verschiedene Verhältnisbestimmungen von Religion/Religiosität und Spiritualität ... 48
   Spiritualität: ein offener, aber schwammiger Begriff ... 50
Was ist Spiritualität? ... 51
   Spiritualität: Kern jeder religiösen Tradition ... 51
   Spiritualität: persönliche Religiosität und Mystik ... 52
   Spiritualität und religiöse Transformationsprozesse ... 52
   Spiritualität: Demokratisierung mystischer Religiosität ... 54
   Spiritualität: Gegenbegriff zu Religion? ... 55
   Spiritualität: traditionelle und moderne Religiosität ... 57
Gibt es eine nichtreligiöse Spiritualität? ... 57
   Spiritualität wird meist religiös definiert ... 58
   Spiritualität mit oder ohne «große» Transzendenz? ... 59
Moderne oder postmoderne Spiritualität? ... 61
Spiritualität als Ausdruck moderner Selbstbezogenheit? ... 63
   Spirituelle Bastelexistenz, Ego-Trip und «Health Shopping» ... 64
   Eigenverantwortliche Heilssuche und kosmopolitische «Melange-Religiosität» ... 65
Sind alle Menschen spirituell? ... 67

3. Christliche Krankenhausseelsorge: ein Spiegel für Spiritual Care? ... 69
Andreas Heller

Defizite der Gesundheitsberufe und des Gesundheitssystems ... 71
Das Krankenhaus heute ... 71
Kranken-Haus-Seelsorge ... 72
Professionelle Krankenhausseelsorge ... 74
KrankenhausseelsorgerInnen: Spezialisten fürs Sterben? ... 76
Das Multioptionsdilemma ... 79
Die Haltung der Begleitung ... 81
Spannung Seelsorge – Kirche ... 83

Seelsorge: die Erinnerung an Selbstsorge und Sorgebeziehungen 85
Die Haltung der offenen Hände und die Kritik am System 86
Von der Seelsorge zur Spiritual Care? 87

4. Die Spiritualität der Hospizbewegung 93
Andreas Heller

Sterben im Wandel 95
Sterben heute 97
Hospizbewegung: christlich motivierte Gastfreundschaft 99
Spiritualität der offenen Türen 101
Von Sterbenden lernen? 103
Zwei Pionierinnen an der Wiege der internationalen
    Hospizbewegung 104
Konzeptionelle Perspektiven von Hospizarbeit und Palliative Care .. 105
Hospizliche Haltungen 107
    Von der Würde des Lebens und des Sterbens inspiriert 108
    Von der Individualität des Lebens und Sterbens inspiriert 108
    Vielseitig musikalisch und mehrsprachig 110
    Sich kritisch positionieren 111
    Widersprüche aushalten 111
    Die Spiritualität der Gabe 112
    Die Spiritualität der «Umsonstigkeit» (Ivan Illich) 114

5. Zwischen Bindung und Loslösung:
    weibliche und männliche Religiosität/Spiritualität 115
Birgit Heller

Religiosität/Spiritualität und Geschlecht 117
Sex und Gender: Natur versus Kultur? 118
Die «Geburts- und Todeskompetenz» von Frauen 119
Der Tätigkeitsbereich *care* als Geschlechterfalle 121
Von der beziehungsorientierten Sorge zur autonomen
    Selbstentsorgung 122
Trauer ist weiblich: Trauer als Aufgabe und Talent von Frauen? 124
Sind Frauen grundsätzlich religiöser/spiritueller als Männer? 126
Wie lässt sich der Geschlechtsunterschied erklären? 129

Kennzeichen einer femininen Religiosität/Spiritualität 131
Spirituelle Bedürfnisse kranker und sterbender Frauen und Männer . . 134

6. Spiritualität als Aufgabe des Alters? 137
Birgit Heller

«Mythen» über Spiritualität und Alter 139
   1. Mythos: *Spiritualität als Sinnsuche gehört zum Menschsein* 140
   2. Mythos: *Religiosität/Spiritualität verläuft in Stufen* 142
   3. Mythos: *Religiosität/Spiritualität nimmt im Alter zu* 143
   4. Mythos: *Erfolgreiches Altern umfasst die spirituelle Entwicklung* . . 145
   5. Mythos: *Spiritualität ist geschlechtslos oder «altersandrogyn»* 146
   6. Mythos: *Zielvision des Alters: das volle menschliche Potenzial entwickeln* 150
Alter und Spiritualität in religiösen Traditionen 153
Spiritualität ist keine Aufgabe des Alters 157

7. Werde, der/die du bist: Auf der Suche nach Heilung 159
Birgit Heller

Heil und Heilung 161
Zerfall von Körper und Seele/Geist 162
Das neue Interesse am «ganzen» Menschen 164
Heilung von Krankheit oder Heilung als Transformationsprozess? . . 169

8. Schmerz und Leiden: Zugänge zu einer spirituellen Wahrnehmung 175
Andreas Heller

Die Praxis der Narrativität 178
Befund versus Befinden 179
Das größere Ganze erschließen 182
Der Schmerz ist vielschichtig und vielgesichtig 183
Spiritueller Schmerz und Leiden in der Literatur 185
Der instrumentell-technische Umgang mit Schmerz 187
Der existenziell-spirituelle Umgang mit Schmerz und Leiden 189

Schmerz ist nicht immer zu bekämpfen 191
Der Schmerz der Einsamkeit und Sprachlosigkeit 193
Der Sehnsuchtsschmerz der Liebenden 194
Protest gegen den Schmerz 197
Mit dem Leiden umgehen 199
Leiden und Mitleidenschaft *(compathie)* in der jüdisch-christlichen
    Spiritualität 200
Schmerz und Leiden in einer «leidfreien Zukunft»? 201

9. Wohin gehen unsere Toten?
    Jenseitsvorstellungen und Spiritualität 203
    Birgit Heller

Jenseitsverlust in der Moderne? 205
Der Tod als Übergang: Jenseitsvorstellungen in den Religionen 208
    Wo liegt das Jenseits? 208
    Wie lebt es sich im Jenseits? 209
    Der Tod macht nicht alle gleich 211
Beziehungen zwischen Diesseits und Jenseits 213
    Vorsorge 214
    Übergang 214
    Totensorge 217
Spirituelle Suchbewegungen 219
    Leben und Tod als Reise 220
    Jenseitsreisen und Nahtoderfahrungen 221
    Totengericht 223
    Jenseits und Reinkarnation 224
    Jenseits, Raum und Zeit 227
    Jenseits und Identität 229

Autorin/Autor 235

Literaturverzeichnis 237

Internetquellen 255

Sachwortverzeichnis 257

Geleitwort
Spiritual Care in Palliative Care: Wessen Job ist das?

Allan Kellehear

In unserem Verständnis von Spiritual Care in Palliative Care liegt ein tiefgründiges Paradox verborgen. Am besten lässt es sich enthüllen, wenn wir versuchen, die Frage zu beantworten, wer für die spirituelle Begleitung sterbender Menschen und ihrer Familien zuständig ist. Offenbar hat in der Palliative-Care-Literatur jeder eine fertige Antwort darauf parat.

Viele Leute glauben, dass Seelsorger und Kleriker im Allgemeinen die Verantwortung für Spiritual Care übernehmen sollten. Andere meinen, dass die Seelsorger bei dieser Aufgabe durch Pflegedokumentationen unterstützt werden sollten. Wieder andere vertreten die Auffassung, dass die Pflegepersonen, die in der vordersten Front von Palliative Care stehen, diejenige Berufsgruppe bilden, die dazu prädestiniert ist, sich auch um diese Bedürfnisse zu kümmern. Ärzte und Sozialarbeiter haben ebenfalls argumentiert, sie wären besser als andere für diesen Stil oder Typ von Sorge geeignet. Einen Mangel an Freiwilligen für Spiritual Care gibt es jedenfalls nicht.

Wenn ich aber mich selbst oder meine Freunde oder sogar meinen Automechaniker frage, wessen Verantwortung es ist, Sinn zu finden in meinen Verlusten, meinen Hunden, meiner Ehe oder meiner Arbeit, Gott zu finden in welcher Form auch immer ich ihn finden kann oder meine Enttäuschungen und Begrenzungen zu verstehen, würden die meisten sagen, dass es meine Verantwortung ist. Mit anderen Worten stellen die alltäglichen Aufgaben, Sinn zu suchen, Leiden zu bewältigen und etwas Größeres als mich selbst zur Unterstützung bei diesen Aufgaben zu finden, meine eigene, persönliche Herausforderung dar. Spiritual Care ist nicht die Aufgabe meines Mechanikers, meiner Freunde oder meines Arbeitgebers. Alle diese Menschen können mir auf dieser Reise behilflich sein – manchmal bewusst und absichtlich, manchmal unbewusst und unabsichtlich – aber die wesentliche Verantwortung, der erste und der letzte Schritt, muss meiner sein. Das ist die Herausforderung des Lebens selbst und wir sind in Gemeinschaften hineingeboren, sodass wir nicht einsam vor dieser Aufgabe stehen.

Dennoch scheint die Erkenntnis, dass das Selbst in der Health Care im Allgemeinen und in der Palliative Care im Besonderen zentral ist, der Palliative-Care-Literatur zu Spiritualität entlegen und sogar fremd zu sein. Wir betrachten Spiritual Care fortdauernd als etwas, das wir zuteilen, etwas, das *wir für andere tun* und nicht als etwas, das *wir mit anderen tun*, weil es Teil dessen ist, für das wir alle zuständig sind. Wie ist es dazu gekommen?

Spiritual Care wird häufig als eine Abfolge psychologischer «assessments» und Interventionen beschrieben. Es handelt sich um eine verbale Tätigkeit, vielleicht eine Übung in Selbstmitteilung oder eine Art der Beratung. Andere betonen die Fähigkeit des Zuhörens, als könnte man unabhängig von Kontexten und Persönlichkeiten sinnvoll über Handlungen sprechen. Die Palliative-Care-Literatur ist eindeutig problemzentriert, als ob das übliche Zusammentreffen von persönlichem Sinn und seinen sozialen Bezügen in familiären und gemeinschaftlichen (community) Netzwerken immer auf irgendeine Art entfremdet oder dysfunktional wäre. Da ist die Rede von den Krisen in der Zeit der Krankheit oder von den «Symptomen» des spirituellen «Schmerzes», als ob es sich um irgendein medizinisches Problem handeln würde, das durch ein Arsenal an Interventionen in Angriff genommen werden könnte oder vielmehr sollte. Zweifellos sind die Sprache und der Erzählduktus von Care schwergewichtig der Sprache und Kultur der Akutmedizin entlehnt. Dieser Zugang erscheint so selbstverständlich, weil diese spezifischen Zeichen in einem breiteren Kontext auftauchen, der diese Sprache und diese Vorstellungen als natürlich betrachtet. Offenbar hat sich Palliative Care langsam von einem gemeindebasierten (community-based) Ansatz zur Sorge am Lebensende zu einem klinischen Ansatz hinbewegt. Im klinischen Ansatz liegen die Betonung und Sprache auf Diagnose und Management, auf Symptomkontrolle oder «assessments» von Bedürfnissen.

Die Forschung hat betont, was *wir* wissen müssen, um *unseren* Job zu erfüllen, sie hat *Probleme* identifiziert und Modelle zur Lösung dieser Probleme angeboten. Die Spiritual-Care-Literatur ist voll von heroischen Geschichten über Problemfälle und deren erfolgreiche Lösungen aufgrund besonderer pastoraler Interventionen irgendeines Palliative-Care-Spezialisten. Wie können wir derart viel über spirituelle Probleme wissen, wenn die Literatur sich so wenig mit dem Zustand des spirituellen Wohlbefindens beschäftigt? Bedeutet die zeitgenössische Betonung der medizinischen Sprache und psychologischer Zugänge zu Spiritual Care, dass Spiritualität zu einer weiteren klinischen Größe in Palliative Care geworden ist? Und wie könnte ein Public-Health-Ansatz für Spiritual Care aussehen, eine Perspektive, die die Gemeinde (community) betont und die einen eher inklusiven als territorialen Standpunkt einnehmen würde?

Zuhören, Reden, Beraten und gemeinsam Nachdenken mit Professionellen haben durchaus ihren Platz. Aber die Hauptrolle – und der wichtigste Impuls des Handelns – gehören der Person mit der lebensbedrohlichen Krankheit, dem Selbst und seiner oder ihrer sozialen Welt. Spirituelle Bedürfnisse besitzen eine große gemeinschaftsbasierte (community-based) Komponente, die Freunde und Verwandte genauso als ihre Verantwortung wie die des sterbenden Mitglieds wahrnehmen. Das soziale Selbst ist der Hauptakteur, die Person-in-der-Welt, die handeln muss und weiß, dass sie handeln muss. Der klinische und der Public-Health-Ansatz schließen sich nicht aus, sondern sind komplementär. In Public-Health-Ansätzen liegt die Betonung eindeutig auf Fragen der Lebensqualität, die klinischen Strategien stehen bereit, wenn etwas schiefgeht. Gesundheit und Krankheit sind zwei theoretische Konzepte, die gemeinsam betrachtet werden müssen, damit wir das erste vergrößern können, um das zweite zu verringern. Mein Bedenken ist, dass die klinischen Vorstellungen die Spiritual-Care-Literatur zu dominieren scheinen. Diese Sprache und Vorstellungen beziehen sich nicht in ausgewogener Weise auf spirituelle Bedürfnisse – in Hinsicht auf Gesundheit und Krankheit, auf individuelle Interventionen und Gemeindearbeit (community work), auf professionelle Unterstützung und weisen und angebrachten Rückzug.

Wie viele Berufsgruppen würden sich für Spiritual Care zuständig machen wollen, wenn dieser Ansatz als Sorge für eine «Person-in-Gemeinschaft» und nicht eine «Person-im-Bett» definiert wird? Die Fähigkeiten der Gesundheitsförderung – besonders der Gemeindeentwicklung (community development), gemeinschaftliche Sorge (community care) und die Erleichterung sozialer Veränderung – sind keine Fertigkeiten oder Erfahrungen, die in institutionelle Kontexte passen oder dort gefördert werden. Darüber hinaus haben wenige Professionelle Zeit für diese Art der Arbeit außerhalb oder innerhalb ihrer üblichen klinischen Zuständigkeit. Wenn jedoch Spiritualität herabdefiniert und auf Probleme reduziert wird, denen man mit psychologischen Interventionen begegnet, werden die

Komplexität und Verantwortungen der Aufgabe von Spiritual Care ausverkauft. Damit wird Spiritual Care auch als direkte Service-Leistung definiert. Und auf dieser Basis denken wir – wenn wir uns fragen, wer eigentlich für diese Aufgabe zuständig ist – automatisch an professionelle Care-Tätigkeit statt – was richtiger wäre – an gemeinschaftliche Sorge (community care).

Wenn also die Aufgabe von Spiritual Care die Verpflichtung gegenüber der Gemeinde (community) in der Fähigkeit zur Partizipation genauso einschließt wie die Verpflichtung zur Problemlösung an der Bettkante, die Verpflichtung zur Prävention genauso wie zur Intervention in der Zeit der Krise, die Verpflichtung, eher dem sozialen Selbst Priorität einzuräumen als der professionellen Expertise, heißt die Antwort auf die Frage, wessen Job das ist: Zuständig sind jene Professionellen und Nichtprofessionellen, die in der Lage sind, diese Verpflichtungen einzugehen. Interpretiert im Horizont von Public Health ist Spiritual Care Selbstsorge, für die jeder Mensch verantwortlich ist. Der Job von Spiritual Care kann dann nur arbeitsteilig verstanden werden und bezieht sich auf eine Vielzahl von Inhalten, Räumen und Zeiten. Spiritual Care ist mehr als Gespräch oder Präsenz, um spirituelle Fragen zu beantworten. Dazu gehören auch die Teilnahme und das Behüten einer gemeinschaftlichen Suche nach dem Sinn im Leben, Tod und Verlust. Letzten Endes hat gute Spiritual Care genauso wie gute Gesundheitssorge mit der Einsicht in die Grenzen individueller professioneller Praxis zu tun.

Allan Kellehear, PhD, AcSS
Adjunct Professor
Department of Community Health & Epidemiology
Faculty of Medicine
Dalhousie University,
Halifax, Nova Scotia, Canada
Juni 2013

Übersetzt von Birgit Heller

Vorwort
Dem Tod ins Gesicht blicken

Der Sonne und dem Tod kann man nicht ins Gesicht blicken («le soleil ni la mort ne se peuvent regarder en face») – diese oft zitierte Maxime des französischen Schriftstellers François de la Rochefoucauld deckt sich nicht mit der Erkenntnislinie dieses Buches. Die Religionen stellen (durchaus verschiedene) Versuche dar, den Tod, die Tödin anzuschauen. Seit der Frühgeschichte ist es die Erfahrung des Todes, die Menschen dazu anstößt, über das Leben nachzudenken. Der Umgang mit dem Leichnam, die rituelle Behandlung von Schädel und Knochen belegt, dass sich Menschen bereits in der Altsteinzeit nach einer Dimension jenseits der materiellen Existenz ausstreckten. Es ist die religiös-spirituelle Dimension, die sich aus den großen Fragen des Lebens speist und die nicht entwickelt und praktiziert werden kann, ohne den intensiven Blick auf Sterben und Tod. Alle Bemühungen der Menschen in Kunst und Literatur, in Musik und Philosophie, den Tod zu zeigen, dem Tod Gestalt zu geben, als Todesengel zum Begleiter zu machen oder als Tödin musizieren und tanzen zu lassen, gründen in der Erfahrung und Einsicht, dass der Tod nicht irgendein Thema unseres Lebens ist. Den Tod anzunehmen und in die eigene Selbstinterpretation aufzunehmen, ermöglicht Selbstentwicklung und spirituelles Wachsen, aber auch bewussteres und menschlicheres Zusammenleben, wesentlichere Beziehungen, tiefere Freundschaften und entschiedenere Liebe.

Es überrascht nicht, dass sich im Kontext der Auseinandersetzung mit dem Sterben in der modernen Gesellschaft, mit Palliativmedizin, Palliative Care und Hospizarbeit in den vergangenen Jahren die Aufmerksamkeit auf den Tod als existenziellen Schlüssel unseres Lebens verlagert hat. Unter dem Stich- und Suchwort Spiritual Care bündelt und entfaltet sich eine existenzielle Auseinandersetzung, die jenseits von Schmerztherapie und Symptomkontrolle Sinn und Bedeutung des Todes für das menschliche Leben thematisiert. Spiritual Care, die Sorge für den religiös-spirituellen Leitfaden des Lebens, beschränkt sich keineswegs auf die Sterbephase, sondern ist auch im Fall von Krankheit und anderen kritischen Lebenssituationen bedeutsam. Der herannahende eigene Tod oder der bevorstehende

Verlust eines geliebten Menschen spitzen allerdings das Leben in sonst ungekannter Schärfe auf das Wesentliche zu.

Der modernen Medizin ist es nicht gelungen (und wird es nicht gelingen), den Tod zu besiegen. Der Kampf gegen den verachteten Feind Tod hat viele destruktive Formen angenommen, etwa über- und austherapierend die Augen und Herzen zu verschließen. Erst wenn die Medizin in ihrer Gesamtheit die Beziehung zum Tod sehenden Auges in ihr Selbstverständnis übernimmt und integriert, wird sie eine neue, wärmende und freundschaftliche Beziehung zu den Sterbenskranken und zum Sterben gewinnen.

In den Verständigungen über Spiritualität und Spiritual Care in der Zeit der Krankheit und am Lebensende bekommt das Caring, das Sorgen, eine besondere Bedeutung. Spirituelles Sorgen ist zunächst eine Aufgabe der jeweiligen Person, also Selbstsorge, die aber nur möglich ist vor dem Hintergrund der Erfahrung, in der Sorge und Umsorge anderer aufgehoben und gehalten zu sein. Diese Sorgezeit, die andere mir schenken und die ich ihnen geschenkt habe und zu geben bereit bin, begründet die Erfahrung von spiritueller Eigenzeitlichkeit. Hier liegt die Wurzel jener spirituellen Umsorge, aus der heraus das Sterben weder verlängert noch beschleunigt werden muss.

Wir bedanken uns bei all jenen, von denen wir wichtige Anregungen bekommen haben, mit denen wir in den vergangenen Jahren über diese Themen nachgedacht haben und in kreativer Auseinandersetzung waren und sind:

Sigrid Beyer, Karl Baier, Hans Bartosch, Dirk Blümke, Gian Domenico Borasio, Eckhart Frick, Peter Frigger, Günther Gödde, Gerda Graf, Reimer Gronemeyer, Winfried Heidrich, Günther Höffken, Franz Höllinger, Patrick Hofmacher, Stein Husebø, Thile Kerkovius, Ursula King, Frank Kittelberger, Thomas Klie, Cornelia Knipping, Manfred Kremser, Giovanni Maio, Arne Manzeschke, Christian Metz, Monika Müller, Traugott Roser, Thomas Schmidt, Ludger Schollas, Patrick Schuchter, Simone Stahl, Anette Stratmann, Beate Tomczak-van Doorn, Klaus Wegleitner, Erhard Weiher, Claudia Wenzel und last but not least bei den AbsolventInnen der letzten vier Internationalen Masterlehrgänge Palliative Care und Organisationsethik (IFF-Fakultät der Universität Klagenfurt, Wien, Graz): Esther Bersinger, Georg Bollig, Verena Buchli-Gerber, Anette Ester, Susan Faust, Ludwig Franz, Katrin Gapp, Claudia Henneberg, Andrea Jenny, Werner Noah-Goldhausen, Beate Jung-Henkel, Alzbeta Misonova, Katharina

Möhl, Miriam Ohl, Luzia Romagna, Christoph Schmidt, Gerda Schmidt, Miriam Unger, Ingrid Windisch.

Martina Albrecht, Ramona Bruhn, Tanja Busser, Franziska Emrich, Sandra Fluri, Sabine Grüning, Gabriele Heid, Ilka Jope, Renate Karlin, Anita Keller, Sibylle Kathriner, Marion Kleiner, Benjamin Krückl, Nadine Lexa, Maria Mascia, Karin Mattekat, Anne Mauelshagen, Stefan Meyer, Eva-Maria Mörike, Barbara Müller, Dirk Münch, Margret Neumann, Sabine Petri, Ulrike Schmid, Nadia Sterba, Nicole Weis-Liefgen, Ursula Zimmermann, Daniela Züger.

Christine Boß-Engelbrecht, Christine Brunner, Luciana Capoferri, Stephan Dinkler, Heinz-Peter Ebermann, Doreen Fitterer-Hiestand, Axel Gottschau, Katja Goudinoudis, Ulla Mariam Hoffmann, Roswitha Irsigler, Claudia Jaun, Susanne Kränzle, Dirk Müller, Carolina Ohl, Maria Patzlsperger, Günther Rederlechner, Doris Sattler, Ute Seibert, Ursula Schneider-Demmerle, Michaela Szkiba, Maximilian Veigel, Manuela Völkel, Michaela Werni.

Dorothée Ursula Becker, Marion Daun, Johannes Elas, Nicole Gand, Elke Havlicek, Antonius Joos, Christina Liebig, Jutta Müller-Voss, Eva Niedermann, Vesna Nikolic, Claudia Pflugshaupt, Matija Rimac, Gregor Sattelberger, Franziska Schröder, Karola Selge, Birgitt Singer, Barbara Supa, Ellen Üblagger, Heike Wendlandt, Regina Zillober, Beatrice Zobrist, Martina Zumsteg.

Birgit Heller
Andreas Heller

1. Spiritual Care: Die Wiederentdeckung des ganzen Menschen

Birgit Heller und Andreas Heller

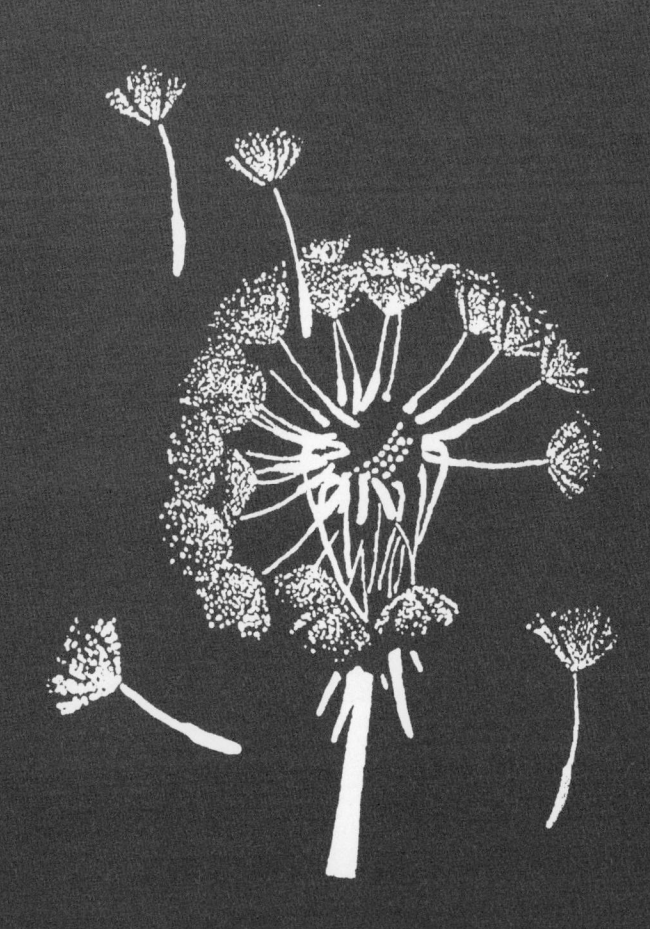

Kranksein und Sterben in der Moderne

Krankheit, Sterben, Tod und Trauer lassen wie unter einem Vergrößerungsglas nicht nur die Probleme und Herausforderungen des modernen, ökonomisch orientierten Sozial- und Gesundheitssystems erkennen. In der Krise und am Ende des Lebens spitzen sich auch die Herausforderungen des Lebens zu. Die menschheitsalten Themen von Autonomie und Fürsorge, von Freiheit und Abhängigkeit, von Hilfe und Hilflosigkeit treten unverstellt zu Tage. Was ist Würde in der Krankheit und am Lebensende? Wie kann die Würde von Menschen geachtet, wie können Demütigungen in Organisationen vermieden werden? Inwieweit soll, darf und kann in den Sterbeprozess eingegriffen, das Sterben beschleunigt werden (verlangsamt wird es in der Regel ohnedies)? Wann sind Behandlungen zu beenden? Welche Rolle spielen Begleitung, Betreuung und Behandlung? Welche Kosten verursacht das Sterben? Und wie verhält es sich mit der Frage nach einem mehr oder weniger «guten» (was auch immer das dann ist) Sterben für alle? Die «Gretchenfrage» an die Politik lautet: Wie hältst du es mit den schwer Kranken und Sterbenden, wie geht eine Leistungsgesellschaft mit den von ihrer Leistung her «Unproduktiven» um? Wie können Kriterien der Gerechtigkeit im Krankheitsfall und am Lebensende wirksam werden? Oder setzt sich ein Erste-, Zweite- und Dritte-Klasse-Sterben durch (in der Behandlung von Krankheiten ist die Klassengesellschaft – trotz gegenteiliger Behauptungen – ohnehin bereits Realität)?

Hospizarbeit und Palliative Care sind zu Brennpunkten gesamtgesellschaftlicher Entwicklungen geworden. Angesichts der Bedrohung des Lebens und der Einsicht in die Zerbrechlichkeit des Lebens in Todesnähe wird deutlicher, was in anderen Bereichen der Gesellschaft noch unspezifisch konturiert ist. Der Soziologe Hubert Knoblauch (2011) spricht in diesem Zusammenhang von einer neuen Popularität des Todes, einer verstärkten Präsenz des Todes in der Öffentlichkeit, die er als postmoderne Entwicklung interpretiert. Im Gegensatz zur Tabuisierung des Todes in der Moderne werde der Tod nun wieder öffentlich sichtbar. Das Lebensende wird zum Diskussionsthema. Das eigene Sterben und der Umgang mit dem Leichnam werden Schauplatz und Arena eines gewandelten gesellschaftlichen Umgangs mit dem Leben. Leben und Sterben werden nicht mehr schicksalhaft erlebt, sondern gelten als zu «machende» Gestaltungsaufgaben. Die ausdifferenzierte Gesellschaft erlässt den Imperativ, dass die BürgerInnen ihr Leben und ihr Sterben selbst in die Hand zu nehmen und quasi als Projekt zu gestalten haben. Der moderne Mensch fügt sich nicht mehr so einfach in sein Lebensende wie seine Vorfahren; er verfügt über Leben und Sterben. Millionenfach verbreitete «Patientenverfügungen» suggerieren Sicherheit, die Wechselfälle des Lebensendes, die Angst vor der Fremdbestimmtheit durch immer ausgetüfteltere Antizipationen von Krankheitsverläufen meistern, kontrollieren und zähmen zu können. Zudem stellt dieser Verfügungsanspruch auch eine Art Misstrauensvotum gegen eine invasive Medizin dar. Die BürgerInnen sind heute so abgrundtief misstrauisch geworden, dass sie Patientenverfügungen als Instrumente der Selbstverteidigung für ihre Würde und ihre Integrität gegen sinnlose Behandlungen, gegen unangemessene Therapieverlängerungen einsetzen. Darin äußert sich ein tiefgreifender Wandel: Leben und auch Sterben werden zu einem Unternehmen selbstbestimmter Planung. Das Augenmerk wird auf die Körperlichkeit, die Identität und Integrität der eigenen körperlichen Existenz gerichtet. War in früheren Zeiten das «Seelenheil» der Fokus perimortaler Aufmerksamkeit, so ist es heute das «Körperheil». Ob nun die beobachtbaren Verschiebungen im Umgang mit dem Tod der Postmoderne geschuldet sind oder eher zu den Ambivalenzen der Moderne gerechnet werden sollten, ist für diejenigen, die in diesem Feld agieren, nicht entscheidend.

Neben der neuen Popularität des Todes – Thomas Macho, Kristin Marek (2007) sprechen von der «neuen Sichtbarkeit des Todes» – sind auch weiterhin Mechanismen der Todesverdrängung wirksam. Ein Blick auf das bunte Gemenge der verschiedenen modernen Bestattungsformen (Gemeinschaftsgrab, Familiengrab, Seebestattung, Waldbestattung, Urnennische, im eigenen Garten, in den Bergen, verstreut in alle Winde etc.) etwa zeigt, dass sowohl die wachsende Zahl der anonymen Bestattungen als auch die von den USA ausgehende Thanatopraxie der Einbalsamierung keineswegs eine verstärkte Wahrnehmung des Todes fördern. Möglicherweise befördern Anonymbestattungen die unbemerkte Selbstentsorgung, die neuen Einbalsamierungspraxen eine Ästhetisierung, Kosmetisierung und Verharmlosung des Todes.

Zur Genese von Spiritual Care

Die deutsche Hospizbewegung erbrachte als soziale Bewegung eine große Thematisierungsleistung, indem sie Sterben und Tod auf die Tagesordnung der Gesellschaft gesetzt hat. Und in der Hospizbewegung wurde vielen

Menschen ermöglicht, Zugänge zu ihrer individuellen und seit dem Ende des Zweiten Weltkriegs auch kollektiv eingefrorenen Trauer zu finden. Die Hospizbewegung ist ein Kontext, ein gesellschaftliches Induktionsfeld, in gewisser Weise ein Gefäß für diese kollektive Trauer. Dass sie in Deutschland verzögert Raum gewinnt, mag damit zu tun haben, dass dort die kollektiven Reaktionen nach 1945 darin bestehen, sich nicht auseinanderzusetzen, sich zu schützen und abzuschirmen, die Schrecken und gefühlsmäßigen Erschütterungen durch millionenfachen Tod und Mord, durch die Leiden aufgrund des Krieges, der Vernichtung der jüdischen Bevölkerung Europas und der Zivilbevölkerung abzubinden und zu verdrängen.

Wer die Biographie von Cicely Saunders (1999) liest, erkennt, dass die Hospizbewegung tiefe religiös-christliche Wurzeln hat. Cicely Saunders betrachtet das Hospiz als christliche Institution fernab von missionarischen Absichten. Für sie stellen Achtung vor der Integrität der Sterbenden, empathische Zuwendung und spirituelle Begleitung christliche Werte dar, die auf der Liebe Gottes zum Menschen basieren.

Mit der Entwicklung des Palliative-Care-Konzepts ist historisch ein Paradigmenwechsel vom Religiösen zum Säkularen verbunden (vgl. zu dieser gängigen Interpretation zusammenfassend Wright, 2004a: 219). Dieser Betonungswechsel spiegelt die gesamtgesellschaftlichen Rahmenbedingungen. An die Stelle der religiös geprägten Sprache von der Liebe Gottes und der Heiligkeit des Lebens treten die Begriffe Würde und Lebensqualität. Derzeit werden wir Zeugen einer weiteren Drehung des Rades, die im englischsprachigen Raum schon vor mehr als 20 Jahren begonnen hat: Spiritualität wird als wesentliches Merkmal der Hospiz- und Palliativversorgung betrachtet, ein regelrechter Spiritualitäts-Boom hat nun auch im deutschsprachigen Raum eingesetzt. Auslösend für die Entwicklung der so genannten Spiritual Care waren zunächst die Erfahrungen mit den modernen multikulturellen und multireligiösen Gesellschaften. Nicht nur eine kleine Minderheit, sondern eine stets steigende Zahl von Menschen unterschiedlicher religiös-kultureller Zugehörigkeit wird in den modernen Gesundheitseinrichtungen behandelt, viele von ihnen sterben in Krankenhäusern, Pflegeheimen oder Hospizen. Diesen Herausforderungen können die traditionellen Formen der christlichen Seelsorge nicht gerecht werden (vgl. Heller, 2012a). Hinzu kommt der moderne Individualisierungsschub im Kontext von Religionen und Spiritualität. In Europa ist die derzeit alternde Generation der über 65-Jährigen absehbar die letzte, die noch mehr oder weniger stark christlich-kirchlich sozialisiert und geprägt ist. In diesen Gesellschaften hat ein erheblicher Teil der Menschen keine religiös-spirituellen Interessen oder aber sehr individuelle Vorstellungen ohne feste Bindung an eine bestimmte religiöse Tradition oder Institution entwickelt. Die individualisierten Formen von Spiritualität gehen einher mit der generellen Tendenz zu Selbstbestimmtheit und einer größeren Unabhängigkeit vom Expertenwissen. Ob modern oder postmodern, Spiritualität im Umgang mit Krankheit und Tod erscheint als ein Weg der Selbstbehauptung. Spiritualität ist daher auch das Zauberwort einer Gegenbewegung zu Desubjektivierung und Entpersonalisierung. Sie wird genährt durch Erfahrungen mit einer objektivierenden Apparatemedizin, immer komplexer werdenden Organisationen und der steigenden reflexartigen Kontrollsucht der späten Moderne. Eine Kontrollsucht, die natürlich auch den Bereich des Sterbens dem Qualitätsmanagement unterwirft, ihn normiert, definiert und das Sterben zu einer behandlungspflichtigen Diagnose macht.

Den Hintergrund der modernen Spiritual-Care-Ansätze bildet eine Vielfalt von Studien, in denen seit den 80er-Jahren des 20. Jahrhunderts Zusammenhänge zwischen Religion bzw. Spiritualität, Coping-Strategien und Gesundheit erforscht wird. Wenngleich sich die Spiritualitätsdebatte in besonderer Weise im Rahmen von Palliative Care entfaltet hat, bezieht sie sich prinzipiell wesentlich breiter auf den gesamten Bereich des Gesundheitswesens. Dass die Berücksichtigung der Spiritualität Teil eines personzentrierten, ganzheitlichen Sorgekonzepts im Gesundheitswesen ist (vgl. z.B. Cobb/Robshaw, 1998), kann mittlerweile als konsensuell angesehen werden. Spiritual Care zeichnet sich durch die starke Orientierung am Subjekt und an individuellen persönlichen Erfahrungen aus. Kontext dieses Ansatzes ist die Kritik am biomedizinischen Maschinenmodell des Menschen und ein neues Nachdenken über die Zusammenhänge von Körper, Seele und Geist/Bewusstsein. Impulse für Spiritual Care gehen von allen Professionen aus, die im Bereich der Palliative Care und darüber hinaus im Gesundheitswesen tätig sind: Seelsorge, Pflege, Medizin, Sozialarbeit, Psychologie. Ihnen gemeinsam mag die implizite Kritik an einem unterkomplexen Bild vom Menschen sein, eine – nicht immer laut geäußerte – Kritik an einem Reduktionismus des Behandelns und Heilens allein auf der Ebene der Körperlichkeit, der Physiologie und der Somatik.

Spannung zwischen traditioneller Seelsorge und Spiritual Care

Die Begleitung kranker und sterbender Menschen ist keine moderne Erfindung. Religiöse Traditionen haben in den meisten Kulturen soziale und rituelle Muster im Umgang mit Sterbenden, Toten und Trauernden entwickelt. Die christliche Krankenhausseelsorge, die ja immer nur als konfessionelle Seelsorge existiert – im englischen Sprachraum *pastoral care* – hat eine längere Geschichte von etwas mehr als 40 Jahren in der modernen Institution Krankenhaus.

Christliche Krankenhausseelsorge betrachtet die derzeit boomenden Spiritual-Care-Ansätze entweder als Konkurrenz oder versucht sich selbst unter dem neuen Etikett zu präsentieren. So hätte man aus der Sicht des Instituts für Kultur und Religion der Evangelischen Fachhochschule Berlin Spiritual Care bis vor kurzem einfach als «Seelsorge» übersetzt (vgl. http://www.inkur-berlin.de/seelsorge.htm: Seelsorge/Spiritual Care [Zugriff: 07.05.2013]). Neuerdings wird dieser Begriff von einer spirituell verstandenen Professionalität im Bereich der Medizin und Psychologie besetzt. In Reaktion darauf wird die kirchliche Seelsorge vor der Aufgabe gesehen, eigene Angebote zu entwickeln. Ob sich parallel zur Krankenhausseelsorge – in Analogie zum gesellschaftlichen Esoterikmarkt – tatsächlich ein Spiritual-Care-Markt im Gesundheitswesen etablieren wird, gilt noch als fraglich.

Diese Neuetikettierung der christlichen Krankenhausseelsorge als Spiritual Care (vgl. Roser, 2007) ist insofern problematisch, als damit die aktuellen Veränderungen des religiös-plural besetzten Feldes verdeckt werden.

Allerdings zeichnet sich in jüngeren Veröffentlichungen eine Ausweitung des engen konfessionell-theologischen Zugangs zu Spiritual Care ab: Spiritual Care wird als systemischer Begriff verwendet, mit dessen Hilfe die Seelsorge der verschiedenen Religionsgemeinschaften organisational in das System Krankenhaus integriert werden soll (vgl. etwa Körtner, 2009: 4). Diese Gleichsetzung von Spiritual Care und Seelsorge provoziert aber auch Kritik. Es gibt KrankenhausseelsorgerInnen, die den Begriff Seelsorge für die traditionellen Formen der Sterbebegleitung nichtchristlicher Religionsgemeinschaften nicht verwendet sehen möchten. Kooperationen werden zwar nicht ausgeschlossen, gelten aber vor allem dann als problematisch, wenn etwa das Recht auf Religionsfreiheit nicht anerkannt wird. Dass die Freiheitsrechte der modernen Gesellschaften in den religiösen Traditionen unterschiedlich akzeptiert werden, wird als Konfliktherd eingeschätzt. In eine andere Richtung bewegt sich Traugott Roser (2009), wenn er konfessionelle Hoheitsrechte relativiert, indem er den Begriff Spiritualität als Garant für Individualität würdigt. Als Faktor eines ganzheitlichen Behandlungsansatzes könne Spiritualität die Freiheit des Individuums gegenüber den Ansprüchen von Religionsgemeinschaften einerseits und Einrichtungen des Gesundheitswesens andererseits verbürgen. An der Schlüsselrolle der Seelsorge als Spiritual Care hält Roser dennoch fest.

Verglichen mit der jetzigen Generation der alten Menschen, die noch relativ stark in konfessionellen religiösen Traditionen verwurzelt ist, wird sich die Bedeutung von Religiosität/Spiritualität am Ende des Lebens in Zukunft zwar nicht auflösen, aber wandeln. Es ist absehbar, dass sich in den nächsten beiden Jahrzehnten die großen Veränderungen, die in den modernen Gesellschaften im religiös-spirituellen Bereich stattgefunden haben und weiter stattfinden, zunehmend auf die Hospiz- und Palliativkultur auswirken werden. Aus der Tatsache, dass die konfessionellen Bindungen stark rückläufig sind, ergeben sich neue Herausforderungen für christliche Seelsorge und Spiritual Care. Die Veränderungen im religiös-spirituellen Bereich sind derzeit zwar noch stärker auf der Seite der «Care»-Gebenden auszumachen, aber spätestens wenn die Generation der jetzt 35- bis 55-Jährigen alt wird, wird sich das spirituelle Umfeld der Palliativversorgung im großen Stil gewandelt haben.

Spiritual Care für alle?

Spiritualität wird in der Spiritual-Care-Literatur als Basisqualität des Menschen aufgefasst – als eine Dimension oder Fähigkeit, die allen Menschen eigen ist – daher wird Spiritual Care auch als Angebot für alle gefordert. Mit dem verbreiteten Motto «Spiritual Care für alle» ist ein möglichst weites Verständnis von Spiritualität verbunden. Vorherrschend ist ein integrierendes bzw. komplementäres Verständnis verschiedener Zugänge, seien sie plurireligiös oder individuell ohne Anbindung an organisierte Religion. Spiritual Care umfasst dann die spirituelle Begleitung kranker und sterbender Menschen sowohl im Rahmen verschiedener etablierter religiöser Traditionen als auch im Horizont individualisierter Spiritualität und Sinnsuche. Das Sinnfinden gilt generell als zentrales Merkmal von Spiritualität, hinzu kommen fast immer die Ebenen

Beziehung, Transzendenz und Persönlichkeitsentwicklung (ein typischer Vertreter dieses integrativen Ansatzes ist beispielsweise Michael Wright, 2004b). Häufig wird der Begriff Transzendenz auf alles bezogen, was die Grenzen des Selbst überschreitet, etwa auf zwischenmenschliche Beziehungen oder den Bezug zur Natur.

Die Gleichsetzung von Spiritualität und Sinnsuche als wichtige Kategorie für das existenzielle Wohlbefinden hängt mit der «Psychologisierung» von Religiosität/Spiritualität eng zusammen. Nicht nur Medizin und Pflegewissenschaften interessieren sich zunehmend für Zusammenhänge zwischen Gesundheit und Religion/Spiritualität. Auch die Psychologie fragt nach der Bedeutung von Religion/Spiritualität für die psychische Gesundheit bzw. die gesundheitsbezogene Lebensqualität. In empirischen Untersuchungen werden Auswirkungen auf die Befindlichkeit, auf Prozesse der Sinnfindung und auf Bewältigungsstrategien für den Krankheitsumgang (vgl. Zwingmann, 2005; Schnell/Becker, 2007; Klein/Lehr, 2011) erhoben. Für die Entwicklung von Fragebogenskalen und Messverfahren zur Erfassung der Bedeutung von Religiosität/Spiritualität im Gesundheitswesen sind weitgehend Konzepte, Definitionsansätze und Operationalisierungen aus der psychologischen Forschung maßgebend (vgl. z. B. Huber, 1996; Zwingmann, 2004). Spiritual Care dient nicht nur als Etikett für die traditionelle christliche Seelsorge, sondern genauso für die psycho-soziale Begleitung. Es ist jedoch unnötig, das Ethos, einen kranken oder sterbenden Menschen als Menschen wahrzunehmen, als Spiritual Care zu etikettieren. Das ist ein Teil der Humanität. Um Spiritual Care von körperbezogener und psycho-sozialer Begleitung und Sorge abzuheben, muss Spiritualität mehr sein als ein Platzhalter für Menschlichkeit.

Was genau unter Spiritual Care als Angebot für alle zu verstehen ist, ist unklar und offensichtlich von mehreren Faktoren abhängig. So meint Traugott Roser (2009: 47), dass der Berücksichtigung der spirituellen Bedürfnisse im gesamten Betreuungskonzept eine wichtige Funktion zukommt, je nachdem, «ob Spiritualität in der individuellen Lebenswelt des Patienten bedeutsam ist oder nicht». Spiritualität scheint hier – anders als die körperliche Dimension des Menschen – etwas zu sein, das einmal mehr und ein anderes Mal weniger wichtig ist. Spiritual Care, verstanden als Angebot, das sich an alle richten will, muss zwangsläufig von einem Spiritualitätsbegriff ausgehen, der stark voneinander abweichende Lebensorientierungen umfasst.

Zu den AdressatInnen gehören in den modernen ausdifferenzierten Gesellschaften:

- stark traditionsgebundene Menschen, die sich einer Religion zugehörig fühlen
- kritische religiöse Menschen, die sich von den Organisationsformen ihrer religiösen Herkunftstraditionen mehr oder weniger ausdrücklich distanziert haben und innerhalb einer bestimmten Tradition eigene Wege gehen
- Menschen, die sich selbst als spirituell bezeichnen, aber in keiner religiösen Tradition verwurzelt sind, sondern sich zu verschiedenen religiösen Melodien hingezogen fühlen und ihre eigene Symphonie komponieren
- religiös-spirituell Suchende mit und ohne Praxis
- religiös/spirituell Interessierte und Desinteressierte
- skeptische und agnostische Menschen genauso wie dezidiert atheistische.

De facto gibt es für diese verschiedenen Gruppen keinen gemeinsamen inhaltlichen Nenner, nicht einmal die Suche nach Sinn wird für alle wichtig sein.

Spiritual Care muss in den modernen Gesellschaften im Respekt vor der Entwicklung und dem Selbstverständnis individueller Menschen gründen. Das bedeutet, dass alle, die sich in Spiritual Care engagieren möchten, nicht nur mit einer Fülle von Spiritualität*en* mit und ohne Bindung an eine bestimmte Organisationsform von Religion konfrontiert sind, sondern auch das Desinteresse an oder die dezidierte Ablehnung von Spiritualität ernstnehmen müssen. Was ist dann aber die Aufgabe von Spiritual Care angesichts dezidierter Ablehnung von Spiritualität? Vielleicht wäre es besser, die Sorge um einen konkreten Menschen nicht generell in die Stopfgans Spiritual Care zu packen. Dann wäre es nicht nötig, davor zu warnen, Menschen, die sich selbst als weder religiös noch spirituell verstehen, als «spirituell defizitär» anzusehen (vgl. Büssing, 2011b: 118). Braucht das Gesundheitssystem tatsächlich einen eigenen Versorgungsauftrag für Menschlichkeit, der an die Implementierung von Spiritual Care geknüpft wird? Es besteht die Gefahr, dass damit die positive Dynamik, die hinter dem starken Interesse für Spiritual Care steckt, institutionell eingefroren wird.

Sterben Gläubige/Spirituelle leichter?

Möglicherweise ist der tiefste Impuls für den modernen Ruf nach Spiritual Care in der Begleitung von Kranken und Sterbenden die Angst vor dem Tod, die alle Menschen – ob Kranke, Sterbende oder Professionelle – verbindet. Die Angst vor Schmerzen lässt sich klinisch beruhigen, der Todesangst kann vielleicht spirituell begegnet werden, aber das ist voraussetzungsvoll. Ob Religion/Spiritualität eine Coping-Ressource darstellt, die zu einem gelassenen und adaptiven Umgang mit schwerer Krankheit und Todesbedrohung führt, hängt von verschiedenen Faktoren, nicht zuletzt von der Art der Erkrankung ab. Es gibt durchaus Hinweise dafür, dass Religiosität/Spiritualität bei (chronisch) kranken Menschen Depression und Todesangst reduziert und mit einer aktiven Krankheitsbewältigung und Sinnsuche einhergeht (vgl. etwa Büssing, 2006b und 2011b; Überblick auch bei Bucher, 2007: 133 ff.). Es gibt Belege für diese Effekte, aber natürlich gilt das in keiner Weise für alle Befragten. Eine Übertragung auf den Umgang mit dem Sterben selbst ist als lineare Verlängerung einer abgefragten Einstellung schon gar nicht möglich. Die vorliegenden Studienergebnisse reichen jedenfalls nicht aus, um zu behaupten, dass Gläubige/Spirituelle leichter sterben.

Leicht sterben – was bedeutet das überhaupt? Meint «leicht» sterben: angstfrei, entspannt, versöhnt, gelassen, schmerzfrei, schnell, friedlich und sanft sterben? Welche Faktoren beeinflussen das Sterben? Da ist zunächst die körperliche Verfassung: das Ausmaß körperlichen Leidens und der Geisteszustand. Hinzu kommen die individuellen Lebensumstände: das soziale Netz, der Ort, der Zeitpunkt und hier vor allem das Lebensalter. Obwohl vieles dafür spricht, dass junge Menschen schwerer sterben als alte Menschen, erlaubt das Lebensalter keine sichere Prognose über die Art des Sterbens. Der Glaube kommt ins Spiel, wenn es um den Umgang mit Angst und Schmerzen und um die Fähigkeit geht, sich dem Sterbeprozess zu überlassen, also die eigenen Widerstände soweit wie möglich aufzugeben. Inwieweit das gelingt, hängt jedoch auch bei gläubigen/spirituellen Menschen stark von den individuellen Lebensumständen und den prägenden Glaubensvorstellungen selbst ab.

Der Faktor Glaube kann sich auswirken auf den Umgang mit dem Sterben, Angst und Schmerzen und auf die Todesbereitschaft. Der Glaube schafft Voraussetzungen, die Weichen stellen können, aber nicht zwangsläufig müssen. Unter den Bedingungen modernen Lebens ist die subjektive

Aneignung religiöser Vorstellungen entscheidend: Es gibt kaum mehr kollektive Überzeugungen, die in Krisensituationen als bindend und tragend erfahren werden. Der Glaube im Sinne des Für-Wahr-Haltens ohne Erfahrungsbezug kippt angesichts des Todes leicht in Zweifel und Verzweiflung. Der Glaube muss zumindest für den modernen Menschen zur Spiritualität geworden sein, um sich auf den Umgang mit dem Sterben auszuwirken. Es gibt auch Glaubensvorstellungen, die stark angstbesetzt sind, wie etwa die Vorstellungen des «Jüngsten Gerichts», Fegfeuer und Hölle – unter diesen Voraussetzungen können es Gläubige beim Sterben schwer haben. In den aktuellen Studien spricht man in diesem Fall vom negativen religiösen Coping.

Glaube bzw. Spiritualität können das Sterben erleichtern – vor allem der Glaube an ein Leben nach dem Tod. Allerdings können gläubige Menschen auch ohne Hoffnung auf ein individuelles Weiterleben Wege finden, den Tod angstfrei anzunehmen. Obwohl der Glaube das Sterben erleichtern kann, so bedeutet das im Umkehrschluss nicht, dass Menschen, die keiner Religion zugehören und sich selbst auch nicht als spirituell bezeichnen würden, zwangsläufig schwer sterben müssen. Beispielsweise hat Sigmund Freud mutig und geduldig sein jahrelanges Leiden getragen. Er setzte sich bewusst mit seiner Krankheit auseinander und bewahrte sich gleichzeitig die innere Freiheit für seine Lebensaufgabe. Zuletzt hat Freud, als er keinen Sinn mehr in der Qual erblicken konnte, bereitwillig seinen Tod angenommen. Er ist seiner Überzeugung, dass es darum geht, die Realität uneingeschränkt anzuerkennen, bis zum Ende treu geblieben.

Fraglich ist prinzipiell der Maßstab für das Sterben: Ist leicht sterben überhaupt ein erstrebenswertes Ziel? Anknüpfend an Rainer Maria Rilke (1987: 347) ist es wichtiger, den *eigenen* Tod zu sterben («Herr, gib jedem seinen eigenen Tod.»). Der Tod wächst im Menschen wie eine Frucht, die reifen muss. Es kommt darauf an, den eigenen Tod zu verwirklichen, der zum eigenen Leben passt. Der Tod ist das Ziel, in dem alle Fäden zusammenlaufen. Rilke selbst stirbt einen schmerzhaften Tod. Er lehnt die Linderung durch Medikamente ab, weil für ihn Leiden unabdingbar zum Dasein gehört. Das eigene Krankheitserleben führt ihn zu der Überzeugung, dass Leiden ertragen werden muss, Schmerzen bedeuten ihm «Siedlung, Lager, Boden, Wohnort» (vgl. Cermak, 1972: 113).

Spirituelles Ringen ist als ein Teil des guten Sterbens anzusehen: Der Tod ist eine Erfahrung des Bruchs, ein endgültiges Abschiednehmen von allem bisher Vertrauten. Auch ein Sterben, das nicht leicht ist, kann ein gutes Sterben sein. Letztendlich scheinen das Erleben einer Krankheit und das Sterben so verschieden zu sein wie die Kranken und Sterbenden selbst. Sterben ist ein Prozess, der sich letztlich trotz aller Vorbereitungen, aller Regulierungsversuche und aller Sterbekunst der Kontrolle und Garantie entzieht.

Wer ist zuständig für Spiritual Care?

War es früher klar, dass religiöse ExpertInnen, Angehörige und der Freundeskreis für die spirituelle Begleitung zuständig sind, so hat sich diese Eindeutigkeit längst aufgelöst. Derzeit scheint ein interprofessioneller Wettbewerb, ein regelrechter Kampf zwischen den Konfessionen und Religionsgruppen, den Haupt- und Ehrenamtlichen ausgebrochen zu sein: Wer hat den besten Zugang zu den PatientInnen? Wer ist zuständig für Spiritual Care?

Ausgangsthese: Spiritual Care geht alle an

Spiritual Care wird nicht nur für alle gefordert, sondern geht auch alle an: Konsequenterweise müsste sie daher im multidisziplinären Team verortet werden. Aktuell sind ein besonderes Interesse an spiritueller Begleitung und die Übernahme von Zuständigkeit auf der Seite der Pflegepersonen festzustellen. Das ist insofern verständlich, als die Pflegenden die höchste Präsenz und Kontinuität in der Sorge für die kranken und sterbenden Menschen haben. Da die schematische Bedürfniserhebung auf diesem Gebiet höchst fragwürdig ist, sind Personen, die durch den täglichen Kontakt Nähe zu den Betroffenen entwickeln, auch prädestiniert für die Wahrnehmung spiritueller Bedürfnisse. Allerdings sind es auch zunehmend Ärztinnen und Ärzte, die eine tragende Rolle im Kontext von Spiritual Care für ihre Profession beanspruchen und sich dabei auf entsprechende Studienergebnisse berufen. Demnach möchten viele PatientInnen ihre spirituellen Belange am liebsten in die Hände des behandelnden Arztes legen (vgl. Borasio, 2009: 113).

In Diskussionen über die Frage nach der Zuständigkeit für Spiritual Care werden immer wieder auch die Putzfrauen, das Reinigungspersonal in den Gesundheitseinrichtungen als Gesprächspartnerinnen für spirituelle Themen genannt. Obwohl deren Tätigkeiten hierarchisch auf der niedrigsten Ebene der Institution angesiedelt sind, scheint die existenziell-spirituelle Dimension hier am meisten Raum zu finden. Offenbar ermöglichen alltagsnahe, niederschwellige, unmittelbare Kontakte eher eine existenzielle Kommunikation, der eine spirituelle Dimension zugeschrieben wird. Implizit äußert sich hier auch eine Kritik an ExpertInnen, als ob nur der ausgebildete und trainierte Profi sich spirituell relevant in Beziehung setzen könnte. Aus diesen Beobachtungen ergibt sich reichlich Stoff zum Nachdenken. Eine erste Vermutung ist, dass dieser Raum des Spirituellen frei ist von Absichten und Erwartungsdruck und vielleicht gerade deshalb geschätzt wird.

Verschiedene Kompetenzebenen

In Bezug auf die Zuständigkeit für Spiritual Care können verschiedene Ebenen unterschieden werden (**Abb. 1-1**). Als allen professionell und ehrenamtlich Tätigen gemeinsame Basis ist eine grundsätzliche Haltung erforderlich, die den jeweils anderen Menschen als Autorität seines spirituellen Lebens absichtslos respektiert (vgl. Rumbold, 2002b: 225). Hier geht

Wer ist zuständig für Spiritual Care?

– Biographiearbeit/Relecture
– Sinnerschließung/Deutungszusammenhänge
– Entlastung/Versöhnung/Integration

Sozialkommunikative, therapeutische, spirituelle Professionalität

Spirituelle Begleitungskompetenz aller im Feld

Spezialisierte Funktionen und Rollen in und durch Organisationen

– Absichtslos umsorgen
– Aktiv zuhören
– Compathisch sein
– Dienen/Demut
– Würdigen/Wertschätzen

– Symbolisch rituelle Interaktionen
– Sozial-kollektive Ritualisierung
– Interpersonale, interdisziplinäre Settings

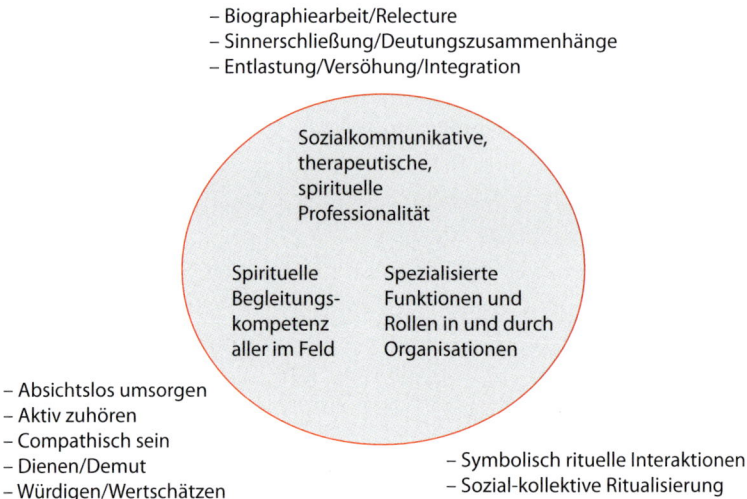

Abbildung 1-1: Ebenen der Zuständigkeit für Spiritual Care (Quelle: Heller/Heller, 2008)

es weniger um spirituelles Sorgen als um eine Spiritualität der Sorge. Spiritual Care als Fundament von Sorgekultur überhaupt setzt voraus, dass Menschen aus der Krankenrolle herausgelöst werden. Nur wer sich selbst mit den Unsicherheiten und den grundlegenden Fragen des Lebens auseinandergesetzt hat, wird die nötige Offenheit und Resonanzfähigkeit in der Beziehung mit Menschen, die sich in einer kritischen Phase ihrer Existenz befinden, entwickeln können.

Von dieser allgemeinen Ebene von Spiritual Care lässt sich eine Ebene der besonderen spirituellen Kompetenz, die eine tief greifende existenzielle Auseinandersetzung voraussetzt, unterscheiden. Hier sind traditionell die professionellen Rollen der Seelsorge und der verschiedenen religiösen ExpertInnen angesiedelt, wobei teilweise die rituellen Kompetenzen viel höher gewichtet sind als die spirituellen. Spirituelle und rituelle Kompetenzen sind zwar nicht deckungsgleich, überschneiden sich jedoch. In der Gestaltung von Abschiedsritualen für die betroffenen Menschen und für diejenigen, die sich ihrer angenommen haben, drückt sich Spiritualität aus.

Neben dieser traditionellen spirituellen Expertise entstehen nun zunehmend Formen einer neuen spirituellen Professionalität. Zum einen sind es einzelne VertreterInnen aus dem Kreis der verschiedenen Professionsgruppen im Gesundheitswesen, die auf individuellen Bahnen ein besonderes spirituelles Interesse ausbilden und in ihren Tätigkeitsbereich einbringen. Zum anderen ist der Bezug auf die spirituelle Dimension ein integrativer Bestandteil der meisten komplementär- und alternativmedizinischen Angebote sowie der ganzheitlichen Körper-Bewusstseins-Praktiken wie z. B. Yoga, Tai Chi oder Shiatsu. Spiritual Care ist hier ein selbstverständlicher Aspekt der professionellen Zuwendung. Neben den traditionellen Formen der Seelsorge für konfessionell-religiöse und interessierte Menschen könnte Spiritual Care auch unterschiedliche komplementär- und alternativmedizinische Angebote sowie energetische Methoden und Meditationsformen in Kooperation mit ExpertInnen umfassen, die Impulse für die spirituelle Entwicklung freisetzen (vgl. Wenzel, 2013). Inwieweit sich spirituelle ExpertInnen, die aus individuell gestalteten Ausbildungswegen hervorgehen, durchsetzen können und welche Wege der Überprüfung oder Evaluation im Dienst der kranken und sterbenden Menschen hier sinnvoll sind, ist derzeit noch nicht absehbar. Diese verschiedenen spirituellen Kompetenzen berühren und überschneiden sich mit therapeutischen und sozialkommunikativen Kompetenzen.

Die dritte Ebene bezieht sich auf Funktionen oder Rollen, die in einer Organisation generell den Rahmen für Spiritual Care herstellen. Hier geht es um Verständigungsprozesse zum spezifischen Zugang zu Spiritual Care im Leitbild der jeweiligen Organisation und um die Koordination der spirituellen Angebote. Wer dafür zuständig gemacht wird, ist nicht von vornherein klar. Prinzipiell kommen VertreterInnen aller Berufsgruppen in Frage, vermutlich ist es sogar günstiger, wenn diese Aufgaben nicht von *spiritual caregivers* wahrgenommen werden. Auch Traugott Roser (2009: 52) spricht von einer organisationalen Ebene von Spiritualität, die für ihn in der gemeinsamen Haltung aller in einer bestimmten Einrichtung Tätigen, dem «Geist» einer Institution, besteht. Spiritual Care gilt demnach als Ausprägung und Garant für die ganzheitliche Haltung aller Berufsgruppen, wobei der Seelsorge eine spezielle (rituelle) Handlungskompetenz zugesprochen wird. So wichtig Spiritualität als Haltung für das ganze Team auch sein mag, scheint für Roser doch weiterhin die Seelsorge für Spiritual Care zuständig zu sein. Da sich letztere in Resonanz auf ihre AdressatInnen immer stärker ausdifferenzieren muss, spricht jedoch einiges dafür, auf der Ebene der Organisation eine Person für die Belange von Spiritual Care zuständig zu machen, die selbst keine spirituelle Professionalität beansprucht.

Wie erlernt man Spiritual Care?

Hinsichtlich der erforderlichen Kompetenzen für die Umsetzung von Spiritual Care scheiden sich die Geister: Gehen die einen davon aus, dass Spiritualität in Kursen – die Palette reicht von Wochenendseminaren, Online-Kursen bis hin zu intensiveren Lehrgängen – erlernbar ist, entwerfen die anderen das Profil des heiligen und daher heilenden Menschen, der ausgestattet sein sollte mit Freundlichkeit, Toleranz, Mitgefühl, Geduld und Weisheit (vgl. z. B. Radzey/Kreutzner, 2007: 39). Demgegenüber steht die relativ ernüchternde Realität aller religiösen Traditionen. Die Zahl der wirklichen spirituellen Meister und Meisterinnen scheint doch sehr begrenzt zu sein. Möglicherweise sind sie deshalb auch so gefragt. Beobachten kann man oft auch, dass diese spirituellen Lehrer und Lehrerinnen eher selten in den Organisationen des Versorgungssystems anzutreffen sind. Man muss sie anderswo suchen, in jedem Fall sich selbst auf die Suche begeben. Sie suchen einen nicht auf.

Spiritual Care ist zuallererst Selbstsorge

Über all den Debatten professioneller Zuständigkeit wird man eines nicht vergessen dürfen: Es liegt zuallererst in der Verantwortung des kranken oder sterbenden Menschen selbst, sich mit dem auseinanderzusetzen, was ihm wirklich wichtig ist, was dem eigenen Leben und Sterben einen letzten Sinn gibt, was hält und trägt in der Erfahrung der Angst und Einsamkeit und was angesichts von Zweifel und Verzweiflung hoffen lässt. Spiritualität ist zuerst Selbstsorge (vgl. auch Kellehear, 2002) und dann Sorge füreinander. Allan Kellehear schärft in der Debatte um die Zuständigkeit für Spiritual Care den Blick für die tragende Rolle der Betroffenen selbst. Er spricht von einem Ungleichgewicht zwischen Unterstützung und Rückzug, der «respektvollen Abwesenheit» der Professionellen und vertritt einen kommunalen Ansatz von Spiritual Care. AdressatIn ist nicht der Patient bzw. die Patientin, sondern eine Person, die Teil einer Gemeinschaft ist. Demnach könne das Grundprinzip von Spiritual Care, die zu umfangreich sei, um den Klinikern überlassen zu werden, nur das der Arbeitsteilung sein. Neben dem betroffenen Menschen selbst werden es dann zunächst auch die Angehörigen, Freunde und Freundinnen und andere wichtige Personen seiner sozialen Welt sein, die hier als Mit-Sorgende bedeutsam sind.

Die Gefahr einer paternalistischen Vereinnahmung der PatientInnen durch therapeutisch Tätige benennt auch Eckhardt Frick (2009: 106 f.). Auch er betont, dass Spiritual Care zunächst Selbstsorge sei. Um die spirituellen Bedürfnisse und Wünsche der PatientInnen nicht zu missachten, sei auch Fürsorge vonnöten. Die behutsame Abwägung zwischen Autonomie und «schwachem Paternalismus» gehöre zum klinischen Alltag. Anders als im kommunalen Verständnis von Kellehear bleibt Spiritual Care nach Frick jedoch eine Aufgabe der Klinik.

Traut man den Ergebnissen von aktuellen Wertestudien, wächst die Gruppe der so genannten «Glaubenskomponisten» (Zulehner, 2010: 29), also jener Menschen am stärksten, die auch im religiös-spirituellen Bereich die Verantwortung für sich übernehmen. Gerade diese Menschen, die den Kontakt mit traditionellen religiösen ExpertInnen und damit auch den klassischen Formen der Krankenhausseelsorge nicht suchen, brauchen auch keine Spiritual-Care-ExpertInnen. Sie werden sich standardisierten Assessment-Verfahren verweigern und lassen sich von institutionellen *spiritual caregivers* weder leiten noch belehren. Diese Einschätzung teilt auch Rumbold (2002a: 7).

Der Tod setzt dem Expertentum eine Grenze

In der aktuellen Spiritual-Care-Diskussion werden weniger die Ressourcen von Spiritualität thematisiert als vielmehr die Defizite und deren Therapiebedarf. Der Blick richtet sich zu oft auf Defizite, die man bei PatientInnen zu erkennen glaubt. Aus dieser «spirituellen Defizitdiagnose» erwächst dann der scheinbare Bedarf nach einem spirituellen Sterbeexperten. Versteht man Spiritual Care nicht als Defizitkompensation, sondern als Resonanzangebot, werden sowohl paternalistische Haltungen als auch Standard-Assessments obsolet. Nicht immer müssen die Kranken und Sterbenden die Bedürftigen sein. Manchmal sind sie es, die trösten, die Halt geben, deren Lebenstapferkeit Sinn erschließt. Immer ist es wohl ein Geben und Nehmen. Die Rollen können wechseln. Es ist nicht eindeutig, wer der *spiritual caregiver* ist. Wie in jeder Phase des Lebens können Menschen auch am Ende einander den Rücken stärken, achtsam und mitleidenschaftlich füreinander da sein. Spirituelle Angebote von Professionellen müssen nicht bedeutsam werden. Keineswegs alle werden sie in Anspruch nehmen wollen. Wann immer Menschen spirituell füreinander sorgen wollen, tun sie das in redlicher Weise auf Augenhöhe, vereint in dem menschheitsalten Wissen, dass wir diesen letzten Tanz mit dem Tod alle tanzen müssen, jede(r) auf ihre/seine Weise.

Zur Erhebung spiritueller Bedürfnisse

In einer Gesellschaft und erst recht in Krankenversorgungsystemen, die danach trachten, alles unter Kontrolle zu haben, ist es üblich, Sterben und Trauern zu domestizieren, in Phasen einzuteilen oder durch Qualitätskontrollen einzuhegen. Es erleichtert den Umgang mit dem Unkontrollierbaren, wenn Ordnungsschablonen zur Verfügung stehen. Ein beträchtlicher Teil der jüngeren Spiritual-Care-Literatur setzt sich mit Phasenmodellen, Assessment-Verfahren und Spiritual-Care-Plänen auseinander. Die Erhebung spiritueller Bedürfnisse gilt als Sektor der Lebensqualität, verbreitet ist beispielsweise die Korrelation von spirituellem Wohlbefinden und Angst. Auffällig ist dabei neben der Defizitorientierung eine entsprechende Therapielastigkeit: Es ist viel die Rede von psychischen/emotionalen Beeinträchtigungen, wie Unruhe, Schuldgefühlen, Wut, Verzweiflung, Entfremdung, die als Indikatoren für die mangelnde Anpassungsfähigkeit an die

Situation gelten. Allerdings kann das Assessment-Verfahren selbst zur Quelle jener Störung werden, die man zu diagnostizieren glaubt: Aufregung und Widerstand einer Person können entstehen, wenn ein fremder Mensch versucht, den spirituellen «Status» festzustellen (vgl. Rumbold, 2002b: 223).

Spirituelle Bedürfnisse werden erhoben, dokumentiert, therapiert und evaluiert. Die Auffassung, es sei unmöglich, Spiritualität in einem formalisierten Verfahren zu erheben (vgl. Rumbold, 2002a: 19 und 2002b: 225), nimmt in den Spiritual-Care-Ansätzen derzeit nur eine Randstellung ein. An dieser Stelle entstehen viele Fragen: Kann ein Anamnesegespräch tatsächlich der Ort spiritueller Selbstmitteilung sein? Lassen sich spirituelle Einstellungen abfragen wie Diätbesonderheiten? Wie kann das, was Menschen als Grundlage ihrer Existenz erfahren, statistisch erfasst, zahlenmäßig operationalisiert und gemessen werden? Spiritual Care ist keine planbare Technik, sondern wächst aus Beziehungen. Spirituelle Begegnung braucht wechselseitiges Vertrauen, eine Nähe, in der Verstehen und Gleichklang ein achtsames Sein-Lassen, Halt gebende Erfahrungen und Sinnzusammenhänge öffnen können. Die Vorstellung, dass die festgestellten spirituellen Bedürfnisse eines Kranken zu einer Kategorie der Pflegeplanung werden, die dann bei der Dienstübergabe im Schichtwechsel zu bedienen ist, mutet eigenartig, instrumentalisierend an.

Ethische Prinzipien und Ziele von Spiritual Care

Die verschiedenen Entwürfe zu Spiritual Care (vgl. z.B. Cassidy, 1995; Renz, 2003; Müller, 2004; Puchalski, 2006; Weiher, 2008) folgen ethischen Grundprinzipien, die zwar verschieden akzentuiert werden, aber generell bedeutsam sind: Mitgefühl/Empathie, Verantwortung, Absichtslosigkeit, Demut und Dienst. Wiederholt taucht der Gedanke auf, dass das Mitgefühl in der Erfahrung der eigenen Verletzlichkeit gründet. An diesem Punkt unterscheiden sich Entwürfe, die stärker von einem therapeutischen Beziehungsrahmen bestimmt sind, von jenen, die den kranken und sterbenden Menschen auf «Augenhöhe» begegnen. Es ist ein großer Unterschied, ob sich der Blick auf Defizite richtet oder den betroffenen Menschen auch als Spiegel des eigenen Weges wahrnimmt. Das Prinzip der Würdigung, von dem auch immer wieder die Rede ist, ist grundsätzlich nur realisierbar, wenn sich Menschen auf derselben Ebene begegnen. Kranke und Sterbende würdigen heißt, ihnen in einer symmetrischen Beziehung, authentisch, offen und einfühlsam zu begegnen. Kranke und Sterbende unterscheiden sich nur peripher von anderen Menschen. Alle teilen das ausrinnende gemeinsame Leben miteinander in dem Bewusstsein, Gäste des Lebens zu sein. Im Miteinander-Sprechen, im gehaltenen Schweigen kann eine Ahnung einer anderen Dimension des Lebens entstehen.

Spiritual Care verfolgt hohe Ziele und kann zu einem Überforderungsprogramm für alle Beteiligten ausarten. Wird Spiritualität zur Leistung in der Sterbephase? Welche Rolle sollen Therapieangebote in der Begleitung sterbender Menschen spielen? Da ist die Rede von menschlichem und geistlichem Wachstum, Hoffnung, Versöhnung, Bewahrung der Würde, Integration, Ganzheit und Friede. Man wird geradezu geblendet und eingeschüchtert von diesem Blitzlicht religiös-spiritueller Vollkommenheitsrhetorik. Dieses Idealbild des spirituell vollendeten Menschen als Leitbild von Spiritual Care auszugeben ist eine maßlose Überforderung. Derartige Idealbildungen sind aus vielen religiösen Traditionen überliefert, allerdings verknüpft mit dem Ringen eines ganzen Lebens, wenn nicht einer ganzen Kette von Existenzen. Es ist modern geworden, das Streben nach Weisheit mit Spiritualität zu verzahnen. Weder das eine noch das andere kann jedoch an das Lebensende oder an das Alter delegiert werden.

Spiritualität ist Weg und Ergebnis eines lebenslangen Prozesses, der nicht erst in der Phase der Krankheit oder des Sterbens beginnt. In den religiösen Traditionen wird das ganze Leben als ein spiritueller Weg gesehen. Es gibt keine Abkürzungen. Der Vorgang des Alterns hat wohl ebenso viel mit dem vorangegangenen Leben zu tun, wie es vom Sterben behauptet wird. Nur vereinzelt werden Ziele dieser Art in der Spiritual-Care-Literatur heruntergeschraubt, etwa mit dem Hinweis, dass die Orientierung am sterbenden Menschen der einzige Maßstab für Spiritual Care sein kann. Wenn Spiritual Care diese Grenze überschreitet, entgleist sie zu einem therapeutisch ausgerichteten Spiritualisierungsprogramm. Auch wenn die Todesnähe häufig Sinnfragen provoziert und das Sterben zu einem Prozess der Selbst- und Sinnsuche werden kann, ist es fragwürdig, wenn das Sterben zur letzten «Lebenskarriere» (Heinz, 1994) stilisiert wird.

Die beliebten Stufenschemata einer spirituellen Entwicklung führen zu normativen Idealbildungen und moralischen Bewertungen. Menschen, die auf den unteren Stufen einer so gedachten Entwicklung stehen bleiben, sind zu bedauern oder zu erziehen. Stufen suggerieren eine kontinuierliche Aufwärts- bzw. Abwärtsbewegung, die stark von einem linearen naturwissenschaftlichen Modell fortschreitender evolutiver Entwicklung geprägt ist. Menschliches Leben bleibt immer ein Fragment, der Traum von der Ganzheit ist für die meisten Menschen ein Lichtstreifen am Horizont. Für individuelle Integrität und Stabilität gibt es im menschlichen Leben keine Garantie. Der Erfahrungsalltag lehrt, dass gutes Sterben nicht machbar, nicht manipulierbar ist. Wir Menschen leben nicht nach Schema, und wir sterben nicht nach Schema. Das friedliche, versöhnte, integrierte Sterben kann zum Maßstab eines alle überfordernden Sinnfindungsterrorismus werden, einer Zwangsvorstellung von Spiritual Care, die alle beschädigt. Es muss Platz sein für menschliche Not und abgrundtiefe Verzweiflung, für die Widersprüche des Lebens, die nicht lösbar sind, für die laute Klage und die Trostlosigkeit der Tränen und all das, was unvollendet bleibt, das sich nicht sedieren lässt, ohne dass Menschlichkeit verloren geht. Wie viel in unserem Leben bleibt angesichts des Todes unvollendet, ungelebt, offen und sehnsuchtsvoll leer und lässt sich im Sterben nicht mehr entwickeln. Aber: Wer wird schließlich bestreiten, dass nicht auch in den Fragmenten eines scheinbar gebrochenen Lebens der Glanz einer spirituellen Dimension aufleuchten kann?

Zur Funktion von Spiritual Care

Spiritual Care erfüllt verschiedene Funktionen, die klar hervortreten, wenn die Frage gestellt wird, wem sie dient. Steht Spiritual Care im Dienst klinischer Interessen, wird Spiritualität instrumentalisiert. Seit zahlreiche Studien positive Auswirkungen von Religion und Spiritualität auf die mentale Verfassung kranker Menschen, auf ihre Anpassungsfähigkeit und den Bedarf an Schmerzmitteln usw. vermelden, interessieren sich sogar die Krankenkassen dafür. Wen wundert das, wenn es stimmen sollte, dass spirituelle Menschen weniger Kosten verursachen. Das in den vergangenen Jahren stetig wachsende medizinische Interesse an Religion und Spiritualität kann durchaus in dem Bemühen wurzeln, PatientInnen als ganze Menschen wahrnehmen zu wollen. Manchmal entsteht jedoch der Verdacht, dass die zu erwartende Coping-Funktion im Vordergrund steht, gelten doch religiöse Menschen als therapeutisch belastbarer, konsensbereiter und zufriedener. Sie scheinen einfach pflegeleichter zu sein, weniger Ressourcen zu beanspruchen und zu verbrauchen, weil unterstellt wird, dass sie besser, gefasster und sinnbezogen mit Krankheit und Sterben zurechtkommen.

Professionelle Sinnvermittlung wird zur Karikatur spiritueller Begleitung, wenn Sinn und Hoffnung wie Beruhigungsmittel verfügbar gemacht werden sollen. Wird Spiritual Care als etwas verstanden, das verabreicht wird, so ist das eine Folge des klinischen Zugangs (vgl. Kellehear, 2002). Auf Assessment-Verfahren zur Erhebung der spirituellen Bedürfnisse/Defizite mit anschließender Diagnose folgen Management und Symptomkontrolle, die durch bestimmte Interventionen sichergestellt wird, welche wiederum spezifische *skills* erfordern. Spiritualität wird zum Instrument, mit dem ein Mensch in einer kritischen oder der letzten Phase des Lebens von außen manipuliert wird. Bemühungen um Spiritual Care müssen sich daher kritisch befragen lassen, ob sie nicht dazu dienen, Menschen in eine letzte Bereitschaft zur Anpassung und Unterwerfung gegenüber Therapie und Organisation zu bringen. Im Gegenteil: Spirituelle Bedürfnisse von kranken und sterbenden Menschen auf- und ernst zu nehmen, verlangt von den *caregivers*, ihre professionellen Standards im Behandlungsverlauf befragen zu lassen und darauf abzustimmen. Spirituelle Bedürfnisse hängen mit körperlichen, psychischen und sozialen Bedürfnissen zusammen und wirken sich daher auf Wünsche und Entscheidungen im Hinblick auf medizinische Maßnahmen und deren Unterlassung aus. Das kann eine große Herausforderung sein. Spiritualität ist kein Placebo, sondern hält Räume offen. Spiritual Care als Haltung der Resonanzfähigkeit und Offenheit für existenzielle Nöte und Wünsche, für Fragen oder Entschiedenheiten bedarf keines Assessments.

Spiritual Care kann eine große Entlastung für die Professionellen bedeuten – oft scheint die eigene Auseinandersetzung mit Spiritualität wichtiger zu sein als die Notwendigkeit einer spirituellen Sorge für die Kranken und Sterbenden. Die Faszination der Professionellen in Bezug auf Spiritual Care mag zu einem Gutteil in dem eigenen Bedürfnis nach Spiritualität wurzeln, das sich angesichts der ständigen Konfrontation mit der Fragilität des Lebens verstärkt. Berufsgruppen, die sich für kranke und sterbende Menschen engagieren, interessieren sich vermutlich deshalb für Spiritual Care, weil sie durch eine durchaus legitime Selbstsorge motiviert sind, sich mit ihrer eigenen Spiritualität auseinanderzusetzen. Viele von ihnen betrachten den Schutz vor dem Burnout als eine wichtige Funktion von Spiritual Care.

Die Frage, inwiefern Spiritual Care den betroffenen Menschen dient, ist schwer zu beantworten. Die Antwort hängt von verschiedenen Faktoren ab. Bezogen auf die allgemeinste Ebene von Spiritual Care ist die Würdigung eines individuellen Lebens und darüber hinaus die Haltung des Respekts vor einem spirituellen Lebensentwurf insofern grundlegend, als der einzelne Mensch dadurch aus der Rolle des Patienten bzw. der Patientin herausgelöst wird. Wie viele Menschen in Phasen der Krankheit und am Lebensende tatsächlich (klinische) *spiritual caregivers* brauchen, ist unklar. Was kranke, sterbende und tote Menschen jedoch alle benötigen, sind ein Schutzraum und die Stärkung der menschlichen Personalität. Garant dafür wird nicht die klinische Ausrichtung von Spiritual Care sein, sondern viel eher eine «*health promoting spiritual care*» (Kellehear, 2002), die den Menschen vor entwürdigenden Zugriffen, vor Verrechenbarkeit und Kontrolle schützt, die Sand im Getriebe des qualitätskontrollierten Sterbens ist und die eine Brücke in einen Transzendenzraum baut, der das menschliche Leben übersteigt.

Würde entsteht in Beziehungen

Würde ist ein zentrales Schlagwort in der modernen Auseinandersetzung mit Krankheit und Sterben. Nicht nur die Angst vor dem Tod, sondern zuallererst die Angst vor einem «unwürdigen» Tod treibt heute zunehmend mehr Menschen in verschiedene Formen der Todesbeschleunigung, insbesondere den (assistierten) Suizid. Als Kehrseite dieser Entwicklung kann die terminale Sedierung verstanden werden, die den Schwerkranken (oder dem professionellen Team?) einen würdelosen Tod ersparen will. Um welche Würde geht es dabei, wovon hängt sie ab und was hat sie mit Spiritualität zu tun?

Engführungen im Würdeverständnis

Die heute verbreitete Vorstellung der Menschenwürde ist wesentlich geprägt durch die europäischen philosophischen Traditionen, die durch einen differenzierenden oder egalisierenden Würdebegriff gekennzeichnet sind. Würde/Ehre wird zunächst differenzierend als Auszeichnung einer Person (*dignitas* meint einen besonderen Status, deutlich etwa in dem Wort Würdenträger), später als Auszeichnung des Menschen gegenüber dem Tier aufgefasst. Die prinzipielle Gleichheit der Menschen im Hinblick auf ihre Würde ist zwar schon in der stoischen Philosophie greifbar, hat sich aber erst im Laufe der Geschichte als allgemeine Anschauung durchgesetzt. Das deutsche Wort Würde ist etymologisch verwandt mit Wert. Die Diskussion nach Immanuel Kant hat nachdrücklich betont, dass es um einen inneren Wert geht, der als angeboren, unteilbar, unverrechenbar und unableitbar gilt. Der Blick auf die verschiedenen religiös-kulturellen Äquivalente macht deutlich, dass sich das europäische Würdeverständnis mehrfach eingeschränkt entwickelt hat. Es handelt sich um rationale, individualistische, androzentrische und anthropozentrische Engführungen.

Die rationale Engführung hat ihre Wurzeln bereits in der stoischen Philosophie, die *dignitas* als menschliche Fähigkeit begreift, die Leidenschaften kraft der souveränen Vernunft zu beherrschen. Insbesondere seit der Epoche des Humanismus und der Aufklärung wird die Würde durchgängig in der Vernunftnatur des Menschen verankert. Charakteristisch für die Aufklärung ist darüber hinaus die Betonung von Autonomie, Willensfreiheit und Selbstverantwortung, die letztlich eine individualistische Engführung bedingt. Die Freiheit des einzelnen wird nur begrenzt durch die Freiheit der anderen. Die Solidargemeinschaft verschwindet zugunsten des autonomen Subjekts in den Hintergrund, Leben begründende und Freiheit ermöglichende Interdependenzen geraten aus dem Blick. In Zusammenhang mit der rationalen Engführung steht die androzentrische Engführung der Menschenwürde. Mit der Teilhabe an der einen Weltvernunft begründet die Stoa die Idee der Würde und Gleichheit aller Menschen, die als Brüderlichkeit definiert wird. Eine ziemlich gerade Linie kann gezogen werden bis hin zur Proklamation der Freiheit, Gleichheit und Brüderlichkeit in der Französischen Revolution. Olympe de Gouges (1999) hat mit ihrer Forderung nach Bürgerrechten für Frauen im Jahre 1791 kein Gehör gefunden und ist bis zum Aufleben der Frauenforschung in den 70er-Jahren des 20. Jahrhunderts in Vergessenheit versunken. Die androzentrische Engführung der Gleichheit aller Menschen ist in der Menschenrechtsdeklaration auf der sprachlichen Ebene noch immer präsent. Dazu kommt noch eine anthropozentrische Engführung des Würdebegriffs, insofern die Würde in der europäischen Tradition ein auszeichnendes Wesensmerkmal des Menschen ist, das ihn deutlich von seiner Umwelt unterscheidet.

Würde braucht ein Gegenüber

In den großen religiösen Traditionen gründet Würde nicht primär in bestimmten Eigenschaften oder Fähigkeiten des Menschen. Wird Würde mit einer bestimmten Qualität wie Rationalität, Vernunft und/oder intellektueller Erkenntnis gekoppelt, so ist das immer auch mit Einschränkungen und Ungleichbehandlungen verbunden. Zum einen wird unter allen Lebewesen nur dem Menschen Würde zugesprochen. Zum anderen ist die volle Würde dann einem bestimmten Teil der Menschen vorbehalten, beispielsweise den Männern im Unterschied zu den Frauen, nur den gebildeten Männern oder den Männern der oberen Gesellschaftsschichten. Tendenzen dieser Art sind zwar überall anzutreffen, dominieren aber nicht das Gesamtbild. Meistens wird die Würde nicht nur auf das rationale Denken bezogen, sondern mit einem vieldimensionalen Begriff des Geistes verknüpft. Zu den vielen Facetten des Geistes zählen Intuition und Weisheit, aber auch verantwortliches, gerechtes Handeln sowie die achtsame Verbundenheit mit anderen Menschen oder allen Lebewesen. Die Fragen nach Autonomie, Willensfreiheit und Selbstverantwortung des Menschen fließen in unterschiedlichen Akzentsetzungen in den Horizont der Reflexionen ein, stehen aber nicht im Vordergrund. Die menschliche Würde scheint davon weitgehend unabhängig zu sein.

Würde ist in erster Linie ein relationaler Begriff und erwächst aus der Beziehung zwischen Gott und Mensch oder aus der fundamentalen kosmischen Verbundenheit. Der Mensch kann eng auf eine personal vorgestellte Gottheit bezogen sein – in theologischer Sprache gilt der Mensch dann als Ebenbild, Stellvertreter oder Teilhaber an einer Gottheit. Die Liebesmystik bedient sich der Metaphern zwischenmenschlicher Beziehungen wie Mutter/Vater und Kind oder Braut und Bräutigam, wobei der Mensch gegenüber Gott jeweils die Rolle des Kindes bzw. der Braut einnimmt. Die Verbundenheit alles Lebendigen hingegen bildet die Basis einer Einheitsmystik, die sich quer durch die religiösen Überlieferungen zu Wort meldet und stets damit zu tun hat, die Verhaftung an das Ich zu überwinden. Der Mensch erkennt sich selbst in allen anderen Lebewesen, Würde entsteht aus der Identifikation mit den anderen.

Würde ist unverlierbar

Welche Perspektiven ergeben sich aus diesen Überlegungen für die Bedeutung der Menschenwürde in der Krise der Krankheit und am Lebensende bzw. für die moderne Forderung nach einem menschenwürdigen Sterben? Aus den religiösen Traditionen lässt sich eine Achtungsverpflichtung gegenüber sterbenden Menschen ableiten, die nicht auf bestimmten Fähigkeiten beruht. Würde, die aus der Beziehung zu einer transzendenten Wirklichkeit oder aus einer kosmischen Verbundenheit resultiert, kann nicht verloren gehen, auch dann nicht, wenn bestimmte menschliche

Eigenschaften oder Fähigkeiten wie Verstand und Erinnerungsvermögen abhandenkommen. Ein Mensch, der die Möglichkeit verliert, sich würdig zu zeigen, kann Würde erfahren, indem er von anderen gewürdigt wird. Aus interreligiöser Sicht stehen daher Fragen zur Praxis aktiver Sterbehilfe (vgl. Heller, 2012b: 196–240) nicht im Fokus einer Würdediskussion am Lebensende. Würde ist nicht verknüpft mit Autonomie, sondern eingebunden in Beziehungen, in größere Zusammenhänge und Interdependenzen. In den religiös-spirituellen Traditionen wird der Mensch nicht als isoliertes Individuum und das Leben nicht als Selbstzweck betrachtet, sondern in ein größeres Ganzes eingebettet und auf ein transzendentes Ziel hin geordnet.

Ist das Kriterium der Relation und nicht der Autonomie zentral für den Zugang zur Würde, so rückt automatisch die Rolle der spirituellen Begleitung von kranken und sterbenden Menschen in den Vordergrund. Deren Würde bedarf demnach keiner besonderen individuellen Anstrengung, sondern der Korrespondenz einer spirituellen Haltung, die sich in den verschiedenen religiösen Traditionen in einer Vielfalt von Unterstützungsangeboten konkretisiert hat. Die verschiedenen Formen der spirituellen Sterbebegleitung reichen von Ritualen der Solidarität, der Stärkung, der Versöhnung und des Abschieds über den Beistand in Gebet und Meditation bis hin zu Schutz- und Segensriten. Heute eher selten bedacht wird, dass die menschliche Würde nicht mit dem Tod endet. Totenwürde ist zwar durchaus ein geläufiges Stichwort, wird aber meist auf das Bestattungsrecht bezogen. In der Moderne hat sich die Blickrichtung immer stärker auf die Überlebenden und psychologische Bewältigungsformen des Todes verlagert. Obwohl die Sterbenden und ihre Bedürfnisse durch die Hospizbewegung und die Entwicklung der Palliative Care seit geraumer Zeit wieder öffentlich wahrgenommen werden, bleiben die Toten weitgehend an der Peripherie des modernen Lebens. Im Gegensatz dazu halten die meisten bekannten Kulturen und religiösen Traditionen ein reichhaltiges Erbe der Totensorge bereit, das der Würde der Toten entspricht. Totensorge ist nicht therapeutische Trauerbewältigung, sondern hält die Beziehung zwischen den Lebenden und den Toten aufrecht. So bleibt auch die Würde der Toten Teil einer lebendigen Solidargemeinschaft.

2. Spiritualität versus Religion/Religiosität?

Birgit Heller

Alltagsverständnis und aktuelle Begriffsdebatte

Spiritualität ist heute ein Modewort, ein schillernder und unscharfer Begriff. Wer das Wort Spiritualität verwendet, muss zwangsläufig nach seiner Bedeutung fragen. In der Literatur zu Spiritual Care bzw. genereller in den Gesundheitswissenschaften schwankt der Begriff zwischen konfessionellen, transkonfessionellen, religiösen, anthropologischen und existenziell-psychologischen Perspektiven. Spiritualität wird als Basisqualität des Menschen aufgefasst – als eine Dimension oder Fähigkeit, die allen Menschen eigen ist – daher wird Spiritual Care auch als Angebot für alle gefordert. Sinnsuche, Sinngebung und Fähigkeit zur (Selbst-)Transzendenz sind Kategorien, die in den Definitionen von Spiritualität überwiegen.

In der Frage nach der Beziehung zwischen Spiritualität und Religion/Religiosität spaltet sich die aktuelle Begriffsdiskussion. In ihr spiegelt sich die Selbsteinschätzung eines repräsentativen Anteils der Bevölkerung in Europa und in den USA hinsichtlich Religiosität bzw. Spiritualität.

Religiös und/oder spirituell oder keins von beiden

In den vergangenen Jahren wurden in Europa und in den USA verschiedene Untersuchungen durchgeführt, die in ihren Fragestellungen erstmals zwischen Religiosität und Spiritualität differenziert haben.[1] Demnach betrachtet sich ein Teil der Befragten als religiös *und* spirituell zugleich, wobei es hinsichtlich der Größenordnung dieser Gruppe offenbar große Unterschiede zwischen einzelnen europäischen Ländern (die Zahlenangaben schwanken hier extrem zwischen rund 10 % und 37 %) und generell zwischen Europa und den USA (rund 40–55 %) gibt. Wer sich selbst als religiös und spirituell bezeichnet, verfügt prinzipiell über verschiedene Möglichkeiten, das Verhältnis von Religiosität und Spiritualität näher zu bestimmen: Den Begriffen kann die gleiche Bedeutung zugeschrieben werden, sie können einander überschneidend verwendet oder einer dem anderen untergeordnet werden. Ein großer Teil der EuropäerInnen stuft sich als *weder* religiös *noch* als spirituell ein – die Zahlenangaben schwanken hier zwischen 35 %

---

[1] So etwa bereits relativ früh die Untersuchung zum religiösen und moralischen Pluralismus (RAMP), die 1997 bis 1999 in elf europäischen Ländern durchgeführt wurde (vgl. dazu Barker, 2008). Eine übersichtliche Tabelle mit Umfrageergebnissen, die 2008 in Deutschland und in den USA erhoben wurden, findet sich bei Utsch/Klein (2011: 30).

und fast 50 %. In den USA hingegen zählt sich nur eine kleine Minderheit zu dieser Kategorie. Der Rest der Befragten teilt sich in diejenigen, die sich als religiös, aber (eher) *nicht* spirituell und umgekehrt in diejenigen, die sich als spirituell, aber (eher) *nicht* als religiös verstehen.[2] Für diese Menschen haben Religiosität und Spiritualität also wenig bis nichts miteinander zu tun – sie bezeichnen sich selbst als religiös *oder* eben als spirituell. In Ländern wie Deutschland oder Österreich versteht sich ein relativ großer Prozentsatz (um die 30 %) als eher oder *ausschließlich* religiös, in anderen europäischen Ländern und in den USA fällt diese Zahl geringer aus. Jene Menschen, die sich selbst als eher oder *ausschließlich* spirituell bezeichnen, bilden allerdings in Europa eine Minderheit: Es sind kaum mehr als 10 % der Gesamtbevölkerung.[3] Für die USA liegen hier weitaus höhere Zahlen vor. Ungeachtet dieser Größenordnungen, die in den einzelnen Studien auch mehr oder weniger stark variieren (was wohl auch mit den unterschiedlichen Befragungsmodi zu tun hat) und daher nur bestimmte Trends aufzeigen, ist aus allen empirischen Untersuchungen klar ersichtlich, dass sowohl Religiosität als auch Spiritualität heute für viele Menschen wichtige Kategorien der Selbstbezeichnung sind, wobei die Bezeichnung «religiös» (noch?) deutlich häufiger verwendet wird. Spiritualität wird sowohl auf Religiosität bezogen als auch davon abgegrenzt. Aber nur eine Minderheit trennt de facto scharf zwischen Religiosität und Spiritualität, und zwar deshalb, um sich von christlich-kirchlicher Religiosität abzugrenzen.

Verschiedene Verhältnisbestimmungen von Religion/Religiosität und Spiritualität

In der aktuellen Begriffsdebatte, die von Fachleuten aus unterschiedlichen Disziplinen im Rahmen von Spiritual Care bzw. in den Gesundheitswissenschaften geführt wird, zeigen sich dieselben Muster. Teilweise wird

---

2 Nicht alle Untersuchungen arbeiten mit exklusiven Fragestellungen, aber zumindest wird jeweils ein Pol – religiös oder spirituell – deutlich stärker betont.
3 In der RAMP-Untersuchung sind es 12 % (vgl. Barker 2008: 194), deutsche Umfragen haben 9,7 % bzw. 11,5 % ergeben (vgl. Utsch/Klein, 2011: 30) und in einer Bevölkerungsumfrage, die 2008 in Österreich durchgeführt wurde, bezeichneten sich 7,7 % als ausschließlich spirituell und weitere 7,7 % konnten sich nicht entscheiden, ob sie sich zusätzlich als religiös oder nichtreligiös einstufen sollten (persönliche Auskunft von Franz Höllinger auf der Basis von Eigenberechnungen mit dem österreichischen Datensatz der Studie ISSP-2008 «Religion»).

Spiritualität als Synonym für Religion bzw. Religiosität gebraucht. Dieses integrierende Verständnis von Religion(en) und Spiritualität schließt sowohl die verschiedenen etablierten religiösen Traditionen als auch die Formen individualisierter Spiritualität ein – Religion(en) und Spiritualität gehören eng zusammen und beziehen sich auf eine transzendente, metaphysische Dimension der Wirklichkeit. Für die meisten überschneiden sich diese Begriffe irgendwie. Einige betrachten Spiritualität als eine Unterform der Religiosität. Häufig gilt jedoch Spiritualität als der weitere Begriff und meint dann so etwas wie eine zentrale, Sinn stiftende Lebenseinstellung, die sich sowohl auf eine überweltliche (göttliche) Dimension als auch auf nichtmaterielle Dimensionen (wie Humanität, Familie, Freundschaft, Natur, Kunst, Arbeit, Selbstentfaltung), die die empirische Wirklichkeit nicht transzendieren müssen, beziehen kann.

Manche bemühen sich darum, Spiritualität und Religion/Religiosität deutlich voneinander abzugrenzen. Während Religion meist als System betrachtet bzw. an eine Glaubensgemeinschaft gebunden wird, gilt Religiosität als die subjektive Dimension von Religion. Spiritualität tritt neben die Religion und wird als Gegensatz oder Alternative zu religiösen Organisationsformen (vor allem Kirchen) gesehen. Spiritualität gilt als modern, offen, erfahrungsorientiert und authentisch – Religion hingegen als rückständig, einengend, formal und dogmatisch.

Im Rahmen von psychologischen Forschungen zur Lebensqualität umfasst der Begriff der Spiritualität schließlich schlicht personale Ressourcen, die das subjektive Wohlbefinden stärken, das als spirituelles Wohlbefinden bezeichnet wird (so bereits Moberg, 1971). Von diesem Standpunkt aus ist es eigentlich nur ein kleiner Schritt zum Ersatz des spirituellen Wohlbefindens durch das existenzielle Wohlbefinden, wenn die so genannten «religiösen Anteile» der Spiritualität als unwesentlich oder sogar kontraproduktiv erachtet werden (vgl. Edmondson et al., 2008).

Übrig bleiben Sinn, Wert und Würde. Im Grunde ein logisches Unterfangen, das sich in die Gleichung bringen lässt: Spiritualität minus Religion ergibt Existenz. Diese kritische Abgrenzung von Religion ist für die Begriffsdebatte hilfreich und klärend, weil sie aufzeigt, dass die Trennung von Spiritualität und Religion in eine Sackgasse führen muss. Spiritualität verdunstet, wenn sie sich nicht von anthropologischer Existenzialität unterscheidet.

Spiritualität: ein offener, aber schwammiger Begriff

Der Begriff Spiritualität bringt einerseits eine größere Offenheit als Religion mit sich und andererseits tendiert er zum Sammelbehälter für eine Fülle disparater Inhalte. Häufig wird bedauert, dass er so unklar und schwammig sei, manchen gilt seine Unschärfe aber auch als spezifische Stärke (so Roser, 2007: 50 und 2009: 53), weil der Begriff dadurch anschlussfähig werde an das weite Feld individuell verschiedener (religiöser und nichtreligiöser) Lebensentwürfe und die Unverfügbarkeit des Patienten verbürge. Die Begriffsoffenheit wird positiv auf die Personzentrierung im modernen Gesundheitswesen und die individuellen Ausprägungen selbstbestimmter Spiritualität bezogen. Das eigentliche Problem der terminologischen Unbestimmtheit besteht aber doch darin, dass Spiritualität teilweise so weit gefasst wird, dass darunter nur mehr eine vage Sinnsuche oder eine existenzielle Lebenseinstellung verstanden wird. Die Definitionen von Spiritualität klaffen jedenfalls so weit auseinander, dass die daraus resultierende Begriffsunschärfe zwar vielleicht der Vielfalt individueller Spiritualitätsentwürfe entsprechen mag, aber einem schlüssigen Konzept für Spiritual Care hinderlich ist.

Darüber hinaus drängt sich der Verdacht auf, dass die ganze mühsame Begriffsdiskussion letztlich pragmatischen – klinischen oder professionsbezogenen – Interessen dient (in diese Richtung denken auch Rumbold, 2002a: 19; Körtner, 2009: 5; Roser, 2009, 49). Die verschiedenen Definitionen von Spiritualität sind keineswegs «objektiv» im Sinne einer rein sachlichen Beschreibung, die unabhängig von den involvierten Subjekten zustande kommt. Sie geben vielmehr Auskunft über die weltanschauliche Position derer, die sich damit auseinandersetzen. Die jeweiligen Definitionen sind nicht nur Ausdruck von Erkenntnis, sondern privilegieren bestimmte Perspektiven, dienen bestimmten Interessen und begründen teilweise auch Kompetenzansprüche und professionelle Zuständigkeit. Es ist aufschlussreich, in den verschiedenen Spiritual-Care-Ansätzen nach Antworten auf die folgenden Fragen zu suchen:

- Wozu dient die Verknüpfung bzw. die Trennung von Religion/Religiosität und Spiritualität?
- Wem nützt sie?
- Welche Erkenntnis ermöglicht sie?
- Welche Praxis begründet sie?

Zunächst geht es jedoch darum, die Bedeutungsvielfalt von Spiritualität näher auszuloten.

Was ist Spiritualität?

Der Begriff Spiritualität umfasst verschiedene Bedeutungsebenen, die sich überschneiden. Aus religionswissenschaftlicher Perspektive bildet Spiritualität zunächst einen wesentlichen Teil der organisierten religiösen Traditionen. Das lateinische Wort *spiritualis* bezeichnete im christlich geprägten europäischen Mittelalter geistliche Dinge im Unterschied zu weltlichen, materiellen und körperlichen Dingen und wurde häufig auf das Mönchtum bezogen. Noch weiter zurück in die Geschichte führt das Wort *spiritus*, das die lateinische Übersetzung des hebräischen bzw. griechischen Wortes für den Geist Gottes, den Heiligen Geist, ist. Das Wort Spiritualität wird in der christlichen Ordenstheologie in Frankreich seit dem Ende des 19. Jahrhunderts verwendet und meint hier vor allem Frömmigkeit, Askese und Mystik. Um 1940 tritt es erstmals in deutscher Sprache auf und wird im Rahmen des katholischen und dann auch des evangelischen Christentums zu einer umfassenden Kategorie des christlichen Glaubenslebens (vgl. Bochinger, 1994: 378–385; Baier, 2006: 26–29).

Spiritualität: Kern jeder religiösen Tradition

Heute wird allerdings selbstverständlich von christlicher, jüdischer, buddhistischer, muslimischer usw. Spiritualität gesprochen. Auch wenn hier ein ursprünglich im christlichen Kontext verwurzelter Begriff auf nichtchristliche Religionen übertragen wird, wie das ja analog auch für das lateinische Wort *religio* gilt, kann es keinen Zweifel daran geben, dass Spiritualität der Sache nach in den verschiedenen Religionen vorkommt, auch wenn sie anders bezeichnet wird. Spiritualität ist wohl als der eigentliche Kern jeder religiösen Tradition zu betrachten. Alle bekannten Religionen beziehen sich auf die religiösen Erfahrungen, das lebendige religiöse Erleben von Stifterfiguren, auf visionäre Persönlichkeiten, auf Propheten und Prophetinnen, auf Mystiker und Mystikerinnen. Am Beginn einer Religion stehen nicht Dogmen, sondern Erfahrungen, Visionen, Offenbarungen, intuitive Einsichten. Lehren, Dogmen, Riten entwickeln sich im Prozess der Tradition und Institutionalisierung. Nimmt die Formalisierung überhand, kann das Pendel wieder in stärkere Erfahrungsorientierung umschlagen.

Spiritualität: persönliche Religiosität und Mystik

Spiritualität und Mystik sind eng miteinander verwandte Phänomene und wurden auch immer wieder miteinander identifiziert. Spiritualität bedeutet so viel wie persönliche Religiosität, die auf der Einübung und Reflexion religiöser Erfahrung basiert und die Gestaltung des Lebens prägt. Der evangelische Theologe Ernst Troeltsch hat bereits zu Beginn des 20. Jahrhunderts die Vorzeichen einer zunehmenden Neuformation von Religiosität erkannt und zugleich in ihre historischen Bezüge eingeordnet. Er hat zwischen den religiösen Sozialformen Kirche, Sekte und Mystik innerhalb des Christentums unterschieden. Troeltsch (1994: 850) definierte Mystik im weitesten Sinn des Wortes als «das Drängen auf Unmittelbarkeit, Innerlichkeit und Gegenwärtigkeit des religiösen Erlebnisses». Urchristlicher Enthusiasmus und Christusmystik sowie mittelalterliche christliche Mystiker können nach Troeltsch als Vorläufer einer Entwicklung gelten, die sich im Laufe der Neuzeit gegen die konkrete Religion und ihre etablierte Sozialform, die Kirche, verselbstständigt hat und die Mystik bzw. den «Spiritualismus» zu einem selbstständigen religiösen Prinzip werden ließ. Der modernen, von traditionellen religiösen Bindungen emanzipierten Bildungsschicht zu Beginn des 20. Jahrhunderts hat Troeltsch den religiösen Sozialtyp der Mystik zugewiesen. Diesen modernen «Spiritualismus» deutete er als «Reflex des radikalen, atomisierenden Individualismus der modernen Kultur» (Troeltsch, 1994: 983). Ein Phänomen, das zwar unkirchlich, aber deshalb nicht unreligiös ist: Mystik oder Spiritualismus bezeichnet bei Troeltsch eine «individuelle Religionskultur» (vgl. Bochinger, 1994: 98), die tiefe Wurzeln in den Traditionen des Christentums hat.

Spiritualität und religiöse Transformationsprozesse

Im Kontext der Moderne haben sich die traditionellen religiösen Strukturen und Bindungen stark aufgelöst (Stichwort: Entkirchlichung), wider Erwarten ist damit aber nicht das Phänomen Religion verschwunden. Die Moderne wurde in der Religionssoziologie lange Zeit mit Säkularisierung und dem Bedeutungsverlust von Religion gekoppelt. Religion werde sich in den privaten Raum zurückziehen oder sogar verschwinden, lautete das Urteil. Erst jüngere Analysen haben deutlich gemacht, dass diese Einschätzungen aus einem stark verengten Blickwinkel auf die Entwicklung in Europa stammen. Erst der Vergleich verschiedener Religionen und Kulturen lässt erkennen, dass Modernisierung nicht zwangsläufig mit Säkularisierung und Religionsverlust gekoppelt sein muss (vgl. z. B. Joas/Wiegandt, 2007). Die weltweit prognostizierte Säkularisierung – also die abnehmende Bedeutung der Religion – hat sich auf Europa beschränkt. Abgesehen von dieser eingeschränkten Wahrnehmung ist seit dem Ende des 20. Jahrhunderts allerdings auch hinsichtlich der Lage in Europa klar, dass an die Stelle des verkündeten Untergangs von Religion das Paradigma der Wiederkehr treten muss. Die europäischen Gesellschaften sind einerseits durch Migrations- und Globalisierungsprozesse mehr als je zuvor von religiöser Vielfalt geprägt. Und obgleich die traditionelle christlich-kirchlich gebundene Religiosität seit Jahrzehnten (länderspezifisch unterschiedlich) rückläufig ist und immer noch an Bedeutung verliert, ist Religiosität in Europa nicht verschwunden, sondern in verschiedenen neuen Formen anzutreffen (vgl. Polak/Schachinger, 2011).

Gegenwärtig werden die seit den 70er-Jahren des 20. Jahrhunderts beobachtbaren Transformationsprozesse im religiösen Feld meist als Entsäkularisierung, Wiederkehr der Religion bzw. Respiritualisierung gedeutet. Einerseits haben religiöse Traditionen weltweit an Bedeutung gewonnen, wie sich beispielsweise an der Ausbreitung des Islam, am politisch radikalisierten Hinduismus, am Aufleben des Buddhismus in China oder an den Zuwachsraten der christlichen Pfingstbewegung und der charismatischen Bewegung (vor allem außerhalb Europas) zeigt. Lediglich am fortschreitenden Prozess der Entkirchlichung in Europa hat sich nichts geändert. Andererseits ist eine facettenreiche Spiritualitätskultur entstanden, die zwar unkirchlich, aber nicht unreligiös ist. Diese moderne Spiritualität ist nicht plötzlich vom Himmel gefallen, sondern knüpft an religiöse Bewegungen an, die im 19. Jahrhundert vor allem im angelsächsischen Raum entstanden sind. Im Rahmen dieser neuen religiösen Bewegungen, die Elemente asiatischer Religionen rezipierten, hat sich eine Form von Spiritualität entwickelt, die sich von den etablierten religiösen Institutionen abgrenzt, erfahrungsorientiert, subjektiv und plural ist. Neben dem engeren christlichen Verständnishintergrund ist also eine zweite Traditionslinie des Begriffs Spiritualität erkennbar (vgl. dazu Bochinger, 1994: 385–393; Baier, 2006: 22–26). Spiritualität wird synonym mit traditionsübergreifender Religion verwendet oder auch als höhere Stufe von Religion betrachtet. Charakteristisch ist die Behauptung, dass es einen universalen, die Kulturen übergreifenden Kern der Religionen gibt, auf den sich die Spiritualität des einzelnen Menschen unabhängig von den etablierten religiösen Traditionen bezieht. Im deutschen Sprachraum ist dieses Verständnis von Spiritualität seit den 70er-Jahren des 20. Jahrhunderts verbreitet. Alternativ-religiöse Bewegungen, die unter dem Titel New Age zusammengefasst werden, haben in der zweiten Hälfte des 20. Jahrhunderts maßgeblich zur weltweiten Popularisierung des Begriffs Spiritualität beigetragen.

Aufgrund dieser Entwicklungen wurde das Säkularisierungsparadigma als Deutungsmuster der gesellschaftlichen Entwicklung brüchig. In der Folge entstanden die religionssoziologischen Konzepte der Privatisierung und Individualisierung. Ausgangspunkt dieser Überlegungen war, dass Religion zwar nicht verschwunden, aber zur Privatsache des Individuums geworden war. Die These der Privatisierung musste allerdings schon wieder revidiert werden (vgl. etwa Casanova, 1994; Gabriel, 2003). Untersuchungen haben gezeigt, dass sich moderne Spiritualität nicht nur im «privaten Kämmerlein» abspielt. Aus einer kleinen intellektuellen Subkultur ist in den vergangenen Jahrzehnten ein kultureller Mainstream geworden, der wiederum eigene Organisationsstrukturen, Schulen und Märkte hervorgebracht hat. Die spirituelle Praxis führt unter anderem auch zu neuen Sozialformen und Institutionen.

Spiritualität: Demokratisierung mystischer Religiosität

Religion ist in den modernen Gesellschaften unbestritten zur Angelegenheit des Individuums geworden. Moderne Spiritualität ist einerseits unter dem Vorzeichen der Individualisierung und der damit verbundenen Bedeutungssteigerung des Subjekts zu verstehen, andererseits steht sie aber auch im Rahmen einer Demokratisierungsbewegung mystischer Religiosität. Wie die Religionsgeschichte zeigt, ist diese Tendenz der Demokratisierung allerdings keine Errungenschaft der Gegenwart, sondern kann mit Erneuerungsprozessen und Institutionskritik verbunden sein, die im Entwicklungsprozess religiöser Traditionen stattfinden. Mystik bzw. Spiritualität steht immer in einer gewissen Spannung zur institutionalisierten Form der Religion. Auf den ersten Blick scheinen sich persönliche religiöse Erfahrungen auf Ausnahmegestalten wie männliche und weibliche Märtyrer, Heilige oder Mystiker zu beschränken. Diese einseitige Wahrnehmung wird jedoch beispielsweise für die christliche Überlieferung durch die breite Bewegung der Frauenmystik (Dinzelbacher, 1993: 9, spricht von «religiösen Frauenbewegungen im Mittelalter») und die Laienmeditationsbewegungen im europäisch-christlichen Mittelalter (vgl. dazu Baier, 2009: 47 ff.) korrigiert. Martin Luther, für den jeder einzelne Mensch in der Unmittelbarkeit der Gottesbeziehung steht, fungiert als Galionsfigur des religiösen Demokratisierungsprozesses im Christentum. Es finden sich jedoch auch Beispiele aus anderen religiösen Kontexten – so gilt etwa die hinduistische Bewegung der Lingāyats, die sich im 12. Jahrhundert unter anderem gegen die Monopolisierung der Gottesbeziehung durch die brahmanische Priesterklasse richtete, als Protestbewegung gegen die etablierten religiösen Machtstrukturen. Sie war wesentlich getragen von Persönlichkeiten, die sich von ihren eigenen, unmittelbaren Gotteserfahrungen leiten ließen. Aus dem historischen Vergleich wird deutlich, dass erfahrungsorientierte Subjektivität in jedem Fall ein zentrales Merkmal von Spiritualität ist – sei es in Form der subjektiven Aneignung einer religiösen Tradition, wie es beispielsweise schon seit vielen Jahrhunderten durch MystikerInnen in allen großen Religionen der Gegenwart geschieht, oder in der modernen persönlichen Suche nach dem tragenden Letztgrund der Wirklichkeit, die meist über die Grenzen der herkömmlichen religiösen Institutionen hinausführt. Spiritualität ist in beiden Fällen ein Teil des religiösen Feldes.

Spiritualität: Gegenbegriff zu Religion?

Viele Menschen tun sich heute schwer mit dem Begriff Religion. Religion wird in Europa – trotz der interkulturellen und damit auch interreligiösen Entwicklungen – meist mit den christlichen Kirchen gleichgesetzt. Da die Kirchen mit Institution, Dogma, Hierarchie, Starrheit und, schlimmer noch, Gewalt und Missbrauch verknüpft sind, ist Spiritualität – in Europa – für einen Teil der Menschen zu einem Gegenbegriff zu Religion geworden. Die Organisationsform der Kirche ist für die Definition von Religion jedoch nicht maßgeblich, sondern stellt nur eine bestimmte historische Ausprägung von Religion dar. Religion ist nicht identisch mit einer Organisationsform: Die schon totgesagte Religion ist längst zurückgekehrt, wenn auch in vielen neuen Gewändern. Es wäre auch ein Fehler, die Distanzierung von den christlichen Kirchen pauschal als völlige Ablehnung der Kirchen bzw. des Christentums zu interpretieren. Moderne Spiritualität und traditionelle Religiosität stehen einander nicht nur abgegrenzt gegenüber. Empirische Untersuchungen zu den religiösen Transformationsprozessen in Europa zeigen, dass sich Kirchlichkeit und Religiosität zwar entkoppeln, aber dieser Vorgang nicht zu einer völligen Distanzierung vom Christentum führen muss (vgl. Polak/Schachinger, 2011: 207). Umgekehrt rezipieren oder entwickeln auch Menschen, die dem Christentum und in einem geringen Ausmaß den Kirchen verbunden bleiben, in selbstbestimmter Weise religiöse Vorstellungen, die nicht zur engeren christlichen Überlieferung gehören. So glauben mittlerweile im Schnitt etwa 25 % der EuropäerInnen an die Reinkarnation, die Wiedergeburt der Seele in ein irdisches Leben. Viele von ihnen haben offensichtlich kein Problem damit, sich gleichzeitig einer christlichen Kirche zugehörig zu fühlen oder zumindest der christlichen Religion verbunden zu bleiben. Der Theologe und Soziologe Paul Zulehner (2002: 29) hat aus den Ergebnissen der Europäischen Wertestudie von 1999 den Schluss gezogen, dass die Gruppe der so genannten «Glaubenskomponisten», die christliche, «esoterische» und «magische» (über diese Bezeichnungen lässt sich streiten) Glaubenselemente zusammenfügen, eindeutig die Mehrheit bildet, und zwar offenbar innerhalb und außerhalb der traditionellen christlichen Kirchen.

Untersuchungen zufolge bezeichnet sich ein Teil der Bevölkerung (in verschiedenen europäischen Ländern im Schnitt etwas mehr als ein Zehntel) als nichtreligiös, wohl aber als spirituell. Diese Trennung zwischen Religion und Spiritualität resultiert vorwiegend aus der Distanz zu den christlichen Kirchen und zumindest Teilen ihrer offiziellen Lehren. Der Religionssoziologe Hubert Knoblauch (2009: 38 ff.) versteht moderne Spiritualität als Transformation von Religion, allerdings dehnt er mit seinem breiten Verständnis von Religion und Spiritualität die Grenzen sehr weit aus. Moderne Spiritualität äußert sich für ihn vor allem als «populäre Religion» (a. a. O.: 193 ff.), die den ganzen Lebensalltag mit mehr oder weniger seichten Esoterikwellen durchspült, die vom Wünschelrutengehen über das moderne Halloween-Brauchtum bis zu Ufo-Glaube, Vampir-Mode oder dem starken öffentlichen Interesse an Nahtoderfahrungen reichen. Aus dem Phänomen des Wandels einen Gegensatz abzuleiten – etwa, dass die Religion von der Spiritualität abgelöst wird (so Heelas/Woodhead, 2005) –, erscheint angesichts der vielfältigen Religionsgeschichte verkürzt. Religionen haben sich im Laufe der Geschichte immer wieder verändert oder transformiert, sind verschwunden oder neu entstanden. Auch die Grenzziehungen zwischen Religion und anderen Lebensbereichen verlaufen in verschiedenen Kulturen und historischen Epochen unterschiedlich. Es bleibt aber grundsätzlich fraglich, wie weit die Grenzen des Begriffs Spiritualität ausgedehnt werden sollten. Letztlich führt genau diese Praxis dazu, dass niemand mehr sagen kann, was Spiritualität eigentlich ist.

Spiritualität: traditionelle und moderne Religiosität

Die religiöse Situation der Moderne ist charakterisiert durch plurireligiöse Gesellschaften, durch Entinstitutionalisierung, Individualisierung und Subjektivierung. Der zeitgenössische Spiritualitätstrend repräsentiert in weiten Teilen den modernen Typ abendländischer säkularisierter Religion und ist der typische Ausdruck der modernen europäischen Religionsgeschichte. Hier zeigt sich die Ambivalenz des modernen Säkularisierungsprozesses: Trotz zunehmender Desintegration der Bevölkerung aus traditionellen Bindungen blüht eine neue nicht oder nur wenig organisierte Religiosität. Religiosität und Spiritualität lassen sich nicht voneinander abgrenzen. Spiritualität ist einerseits ein wesentlicher Bestandteil jeder religiösen Tradition und kann andererseits als Synonym für das moderne religiöse Feld dienen. Die moderne Spiritualität repräsentiert einen Typ von Religiosität, der antidogmatisch, antiinstitutionell, erfahrungsorientiert, plural, subjektiv und teilweise, aber nicht zwangsläufig privat ist.

Gibt es eine nichtreligiöse Spiritualität?

Viele Religionssoziologen vertreten die Auffassung, dass zeitgenössische Religiosität dazu tendiert, den Raum des Religiösen prinzipiell zu erweitern. Wenn die Bezugnahme auf eine Dimension, die die empirische Alltagswirklichkeit transzendiert, völlig fehlt, erscheint Religion als ein Phänomen der populären Kultur, das über herkömmliche Definitionsgrenzen hinausgeht und immer schwerer greifbar wird. Religiöse Äquivalente werden in sämtlichen Lebensbereichen entdeckt: Die Bereiche Wellness, Medizin, Sport, Wirtschaft, Politik, Medien, Popmusik usw. sind religiös aufgeladen. So drehen sich die Massen begeistert um «Gott Fußball» oder Warntafeln am Straßenrand ermahnen Motorradfahrer, «ihrem Schutzengel eine Chance zu geben». Die Diagnose lautet, dass sich das religiöse Feld so weit ausdehnt, dass seine Grenzen verschwimmen oder sich gar auflösen. Gleichzeitig wird beobachtet, dass der Inhalt des *Alltags*verständnisses von Religion abnimmt. Vor allem in Mitteleuropa hat der Begriff Religion offenbar semantisch an Umfang verloren: «Vieles, was wir herkömmlich als religiös bezeichnen, wird von immer mehr Menschen nicht mehr als religiös angesehen.» (Knoblauch, 2006: 108). Was früher als religiös galt, wird heute verbreitet als spirituell bezeichnet. Spiritualität ist offenbar für viele Menschen zu einem Alternativ- oder gar Gegenbegriff zu Religion geworden. Religion wird häufig auf eine organisierte religiöse Tradition, nämlich die Institutionsform der christlichen Großkirchen reduziert.

Spiritualität wird meist religiös definiert

Die Literatur zu Spiritualität im Gesundheitswesen tendiert zu einer möglichst weiten Definition, einem möglichst inklusiven Verständnis, das religiöse und so genannte *nichtreligiöse bzw. humanistische* Spiritualität verbinden möchte. Nach der US-amerikanischen Psychologin Susan McFadden (vgl. Kreutzner, 2007: 52 f.) bezieht sich die derzeit größte Kontroverse darauf, ob Spiritualität ein transzendentes Objekt beinhalten muss oder ob es eine humanistische Spiritualität gib. McFadden selbst definiert Spiritualität als ein Konstrukt, das die Suche nach sinnhafter Verbundenheit mit dem Heiligen beschreibt (ebd.). Nichts anderes liegt aber dem traditionellen christlichen Verständnis des Begriffs *religio* (Rückbindung) zugrunde. In den konkreten Definitionsversuchen werden de facto weitgehend klassische Religionsdefinitionen gegeben. An der Wurzel des Paradoxes, so genannte nichtreligiöse Spiritualität religiös zu definieren, liegt meist ein völlig verkürztes Verständnis von Religion: Religion wird meist gleichgesetzt mit der formalen, kultischen, organisierten Tradition – zu den religiösen Bedürfnissen zählen Gebet, Gottesdienst, Rituale, Beichte usw. –, bei den spirituellen Bedürfnissen soll es hingegen um die «großen» Fragen des Lebens gehen: um Sinn, Vergebung, Transzendenz, Wert des Lebens, Schmerz, Gott, Weiterleben usw. Diese Fragen berühren jedoch seit jeher die eigentlich wichtigen religiösen Themen.

Was zum Feld von Religion gehört, hängt letztlich davon ab, wie Religion definiert wird. Die Definition von Religion ist nämlich alles andere als klar und eindeutig, auch wenn das in der Gesundheits- und Spiritual-Care-Literatur immer wieder behauptet wird. Tatsächlich geht die Zahl der angebotenen Definitionsversuche von Religion in die Hunderte (vgl. Pollack, 1995: 163). Angesichts der historischen und kulturellen Vielfalt religiöser Erscheinungsformen, ist es aus religionswissenschaftlicher Perspektive jedenfalls überhaupt nicht sinnvoll, Religion mit einer bestimmten Organisationsform – also etwa mit Kirche – zu identifizieren. In der Religionswissenschaft finden sich verschiedenste Ansätze zur Definition von Religion. Seit Jahren wird heftig darum gestritten, wie weit der Begriff gefasst werden sollte. Allerdings besteht mittlerweile ein breiterer Konsens in Hinblick auf eine Mischdefinition, die Funktions- und Wesensbestimmungen von Religion integriert. Dabei wird die Frage, welche Funktion Religion für einen Menschen bzw. die Gesellschaft erfüllt, mit der inhaltlichen Frage verbunden, worauf sich Religion bezieht. Religionen gelten dann etwa als umfassende Sinngebungssysteme mit einem Transzendenzbezug, der über die empirische Alltagswelt hinausweist.

Spiritualität mit oder ohne «große» Transzendenz?

Der Begriff Transzendenz meint Selbst-Überschreitung oder besser Ich-Überschreitung: Während beispielsweise der Kauf eines Autos oder der Bau eines Hauses Beispiele für so genannte kleine Transzendenzen darstellen, sind große Transzendenzen mit den fundamentalen Lebensfragen nach dem Woher, dem Wohin und dem Warum verbunden. In den Versuchen zur Unterscheidung von Religion und Spiritualität werden der Religion die großen Transzendenzen zugeordnet, für die moderne Spiritualität hingegen wird eine Ausdehnung in Richtung kleine Transzendenzen konstatiert. Interessant ist es, zu beobachten, wie sich am Begriff der Spiritualität dieselben Fragen wiederholen, die bis vor kurzem am Begriff Religion durchgespielt wurden. Die Frage etwa, wie weit der Begriff gefasst werden sollte:

- Umfasst der Begriff (Religion) Spiritualität jede Weltanschauung?
- Sind beispielsweise der Kommunismus, der Faschismus, der Nationalismus (Religion) Spiritualität?
- Und wie steht es mit dem Materialismus?
- Wenn Spiritualität ganz weit und neutral (um möglichst alle Menschen integrieren zu können) mit Weltanschauung gleichgesetzt wird, ist dann auch der Materialismus eine Form von Spiritualität?

Spiritualität ist im öffentlichen Sprachgebrauch teilweise zu einem inflationären und ausdruckslosen Begriff geworden, zu einer Worthülse, die alles und nichts bedeuten kann. Vage Rückerinnerungen an den Wortursprung *spiritus/spiritualis*, also Geist/geistlich, sind noch vorhanden, wenn der Mannschaftsgeist, der Geist des Kapitalismus oder des Sozialismus beschworen wird. Es wäre hilfreich, den Begriff Spiritualität auf eine geistige Dimension zu beziehen, die die empirische Alltagswelt transzendiert. Fehlt jeder Bezug auf eine große Transzendenz, die sich natürlich auch im größeren Ganzen des Kosmos, in der Natur, anderen Menschen und nicht zuletzt im Selbst erschließen kann, so handelt es sich auch nicht um Spiritualität. Diese Auffassung scheint sich interessanterweise mit dem dominanten Alltagsverständnis von Spiritualität zu decken, wenn es um die Frage der Selbstbezeichnung geht. Eine relativ kleine Anzahl von Menschen bezeichnet sich in diversen Umfragen und qualitativen Untersuchungen selbst als ausschließlich spirituell (nichtreligiös). Sie meinen damit kaum, dass sie einfach eine – wie auch immer geartete – Einstellung zum Leben besitzen oder nach irgendeinem Sinn in ihrem Leben suchen. Wenn Menschen sich selbst als spirituell bezeichnen, glauben sie meist an eine höhere spirituelle Kraft (zumindest teilweise an Gott); ein hoher Prozentsatz glaubt an ein Leben nach dem Tod und die meisten üben regelmäßig Praktiken wie Yoga oder eine Form der Meditation.[4] Viel mehr Menschen betrachten sich überdies als spirituell und religiös zugleich.

Die Konzepte einer nichtreligiösen Spiritualität, die die Begleitung kranker und sterbender Menschen unter das Paradigma einer beinahe krampfhaften Suche nach dem individuellen Lebenssinn stellen, führen letztlich zu einer völligen Aushöhlung des Begriffs. Der Begriff Spiritualität wird wie ein Gummiband so weit gedehnt, dass damit alles und letztlich nichts mehr gemeint ist. Genau betrachtet stehen ohnehin oft auch dann, wenn zunächst nur sehr generell von Sinnsuche die Rede ist, de facto religiös besetzte Vorstellungen von endgültigen Zielen, Werten und einer als Sinn gebend erfahrenen letzten Wirklichkeit im Hintergrund. So möchte etwa der Mediziner Arndt Büssing (2006a: 11; 23) Religion und Spiritualität voneinander unterscheiden und bezieht die folgende Position: Religion sei eine Weltanschauung, bei der ein gemeinsamer, überlieferter Glaube im Vordergrund steht und gemeinschaftlich praktiziert wird, Spiritualität hingegen bezeichne eine nach Sinn und Bedeutung suchende Lebenseinstellung, bei der sich der/die Suchende ihres «göttlichen» Ursprungs bewusst sei. Mit dieser Definition führt sich die Trennung von Religion und Spiritualität einmal mehr ad absurdum. Das folgende Modell veranschaulicht ein integratives Verständnis von Religion und Spiritualität (**Abb. 2-1**).

---

4 Es gibt bislang nur wenige qualitative Untersuchungen, die sich mit moderner Spiritualität auseinandersetzen. Aufschlussreich sind die auf Österreich bezogenen Erhebungen und Interviews, deren Ergebnisse in der Studie von Höllinger/Tripold (2012) ausgewertet wurden. Zum Profil von Menschen, die sich selbst als spirituell bezeichnen vgl. a. a. O.: 121 ff.

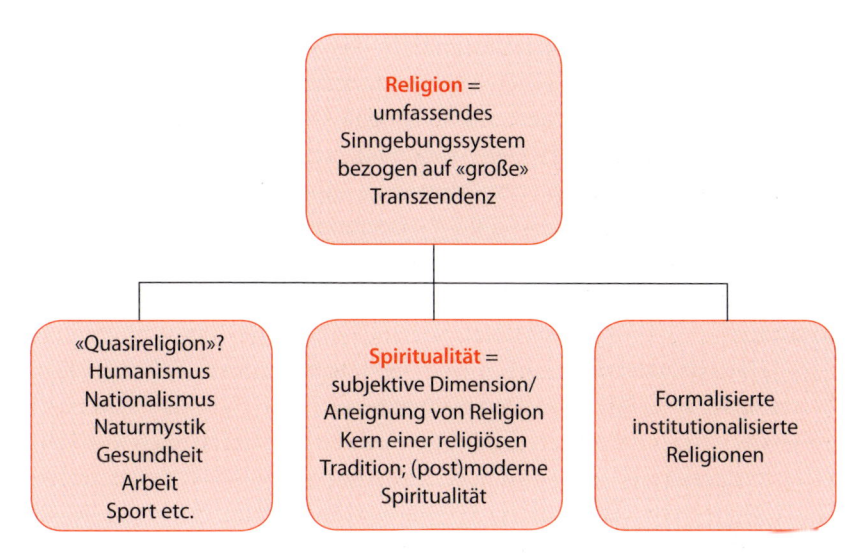

```
                    ┌──────────────────┐
                    │   Religion =     │
                    │   umfassendes    │
                    │  Sinngebungssystem│
                    │  bezogen auf «große»│
                    │    Transzendenz  │
                    └──────────────────┘
        ┌───────────────────┼───────────────────┐
┌───────────────┐  ┌──────────────────┐  ┌──────────────────┐
│ «Quasireligion»?│  │  Spiritualität =  │  │                  │
│   Humanismus   │  │ subjektive Dimension/│ │  Formalisierte  │
│  Nationalismus │  │ Aneignung von Religion│ │institutionalisierte│
│   Naturmystik  │  │  Kern einer religiösen│ │   Religionen    │
│   Gesundheit   │  │ Tradition; (post)moderne│ │                │
│     Arbeit     │  │    Spiritualität │  │                  │
│    Sport etc.  │  │                  │  │                  │
└───────────────┘  └──────────────────┘  └──────────────────┘
```

Abbildung 2-1: Integratives Verständnis von Religion und Spiritualität (Quelle: Heller)

Moderne oder postmoderne Spiritualität?

Es ist eine Frage der Perspektive, ob die neue Spiritualität als ein modernes oder ein postmodernes Phänomen eingestuft wird. Soziologische und theologische Untersuchungen diagnostizieren in den westlichen Gesellschaften das Phänomen der religiös-spirituellen Bastelexistenz, die im Rahmen moderner individualistischer Selbstentfaltung angesiedelt wird. Für diese Entwicklung wurde eine ganze Reihe kritisch-abwertender Begriffe kreiert: Da ist die Rede von Bastelreligiosität, Patchwork-Religiosität, Religions-Bricolage, «Do-it-yourself»-Religion, spirituellen HeimwerkerInnen. Als typisches Kennzeichen der Postmoderne gilt die Praxis, eine Vielfalt von Perspektiven und Wahrheitsansprüchen gleichberechtigt nebeneinander zu stellen. Ausgehend von der Einschätzung, dass sich die Einzelperson ihren Glauben in der Manier postmoderner Beliebigkeit aus dem reichhaltigen Angebot des religiösen Supermarkts zurechtzimmert, wird von postmoderner Spiritualität gesprochen.

Konsens besteht darüber, dass die zeitgenössische Spiritualität individualisiert ist und auf der persönlichen Erfahrung des einzelnen Menschen beruht. Damit ist jedenfalls eine Bedeutungssteigerung des Subjekts verbunden. Vorläufer der neuen Spiritualität sind – im Rahmen des europäischen Christentums – Mystik (die seit der frühchristlichen Zeit in verschiedenen Formen auftritt) und Protestantismus und deshalb ist sie kein Produkt der Postmoderne. Der (unter anderem auch) spirituelle Emanzipationsprozess des modernen Menschen kann als Prozess der Selbstermächtigung des religiösen Subjekts (Bochinger et al., 2009: 77–81), als Generalisierung des Charisma (Knoblauch, 2009: 130; 245) oder, in abgewandelter Begrifflichkeit, auch als Demokratisierung von Mystik gedeutet werden.

Jüngere soziologische Studien, wie die von Ulrich Beck (2008), heben hervor, dass die zeitgenössische Spiritualität nicht pauschal mit dem postmodernen Muster der Beliebigkeit gedeutet werden kann. Aus europäischer Sicht postmodern ist die moderne Spiritualität insofern, als sie die Logik der Eindeutigkeit, das Entweder-oder-Modell, durch die Logik der Mehrdeutigkeit, das Sowohl-als-auch-Modell, ersetzt. Das Attribut «postmodern» ist jedoch nur eingeschränkt brauchbar, weil die mehrdeutige Logik nicht neu ist, sondern in vielen Kulturen seit jeher das Denken dominiert. In diesem Rahmen wurden auch die Grenzen zwischen Religionen nie vergleichbar rigid gezogen. Die alt-neue Grundhaltung des Einschließens, der Integration, die festgelegte Grenzen überwindet, schafft eine wesentliche Voraussetzung für die ganzheitliche Ausrichtung (post)moderner Spiritualität.

Während sich die christliche Religion seit der europäischen Neuzeit in erster Linie auf die seelisch-geistige Dimension des Menschen bezieht, versteht sich (post)moderne Spiritualität in den westlichen Gesellschaften umfassend: Sie will Mensch und Kosmos, Rationalität und Intuition, Materie und Geist verbinden und ganzheitlich sein. Ganzheitlichkeit ist ein charakteristisches Merkmal der heute verbreiteten Spiritualität. Aus soziologischer Perspektive wird diese Ganzheitlichkeit hergestellt, indem die einzelnen Lebensbereiche aufeinander bezogen werden und der «ganze» Mensch in der Verknüpfung von Psyche, Körper, Gesundheit, Sozialbeziehungen, Politik angesprochen wird. Die Bedeutung des Körpers und alternativ-medizinischer Praktiken wie Homöopathie oder Ayurveda, Osteopathie und Akupunktur für die (post)moderne Spiritualität werden auf die ganzheitliche Grundausrichtung zurückgeführt (vgl. Knoblauch, 2009: 126 f.). Die zeitgenössische Wende zur Ganzheitlichkeit ist jedoch keine neue Modewelle, sondern kann auch als Ausdruck des Leidens an der Aufspaltung des Menschen am Beginn der Moderne gedeutet werden.

Die Trennung zwischen Materie/Körper und Seele/Geist ist in den verschiedenen Kulturen der Menschheitsgeschichte selten absolut. In den meisten Kulturen außerhalb der westlichen Welt wird die Trennung des Menschen in Materie und Geist nicht so strikt vorgenommen wie in der europäischen Wissenschaftstradition seit Descartes. Die Kulturgeschichte menschlicher Weltbilder zeigt deutlich, dass Materie und Geist selten dualistisch voneinander getrennt werden. Sie bilden keine absoluten Gegensätze. Das gilt auch für Leben und Tod. Der Kosmos des Lebens, die belebte Materie, bildet die Grundlage der Wirklichkeit. Geburt und Tod werden als Übergangsphänomene im Kontinuum des Lebens betrachtet. Vor diesem Hintergrund wird deutlich, dass postmoderne Spiritualität das moderne dualistische Denken hinter sich lässt und wieder an traditionale Weltbilder anknüpft. So gesehen stellt die vermeintlich neue Ganzheitlichkeit eigentlich eine Rückwende dar.

Spiritualität als Ausdruck moderner Selbstbezogenheit?

Die Selbstverwirklichung ist eigentlich ein Thema der Religionen, das von den verschiedenen Richtungen der Psychotherapie im 20. Jahrhundert so stark besetzt wurde, dass es heute in erster Linie mit Psychologie verknüpft wird. Alltagssprachlich wird Selbstverwirklichung vielleicht sogar noch mehr mit Karriere als mit Persönlichkeitsentwicklung in Verbindung gebracht. Die Begriffe Selbstaktualisierung, Selbstkultivation oder Selbstverwirklichung sind bezeichnend für den Bewusstseins- und Wertewandel, der sich in verschiedenen gesellschaftlichen Bereichen der späten Moderne vollzogen hat und noch nicht abgeschlossen ist. Überschreitet moderne Spiritualität, die sich als *self-spirituality* (Heelas/Woodhead, 2005) in den Dienst der Selbstverwirklichung stellt, tatsächlich die Grenzen von Religion? Die große Aufmerksamkeit für das körperliche Wohlergehen im Rahmen der (post)modernen Spiritualität und umgekehrt die steigende Bedeutung von Spiritualität im Gesundheitsbereich werden als Belege für die Ausdehnung, Entgrenzung bzw. Popularisierung des Religiösen gedeutet (u. a. Knoblauch, 2009: 166–172). Angeblich verändert sich der Bereich der Religion, indem die Grenzen zu anderen Lebensbereichen durchlässig werden oder sich gar auflösen. Hinter dieser Beobachtung steht die zweifelhafte Annahme, dass die verschiedenen Bereiche der Kultur klar voneinander abgrenzbar sind bzw. waren. Diese Einschätzung trifft vielleicht auf moderne, stark ausdifferenzierte und spezialisierte Gesellschaften in Europa zu, kann aber keine generelle Gültigkeit beanspruchen. Die Trennung des Religiösen oder Sakralen von den «profanen» Bereichen der Kultur ist eigentlich ein Sonderfall der Religionsgeschichte. In den meisten Kulturen lässt sich die religiöse Orientierung von den anderen Lebensfeldern nicht abgrenzen.

Spirituelle Bastelexistenz, Ego-Trip und «Health Shopping»

Übereinstimmend lautet die religionssoziologische Diagnose, dass das neue religiöse Feld die Qualität von Religion verändert, die eine stärker persönlich-subjektive, erlebnis- und erfahrungsbezogene Form annimmt. In diesem Zusammenhang wird auch von einer «Schrumpfung der Transzendenz» (Luckmann, 1990) oder von einem Sinken der «Transzendenzspannweite des Religiösen» (Gabriel, 2003: 121) gesprochen, weil sich so genannte große Transzendenzen, wie Gott, eine göttliche Kraft, die absolute Wirklichkeit, nur noch schwer ohne herstellbare Bezüge zur Erlebniswelt des einzelnen vermitteln lassen. Maßgeblich ist die jeweils eigene spirituelle Erfahrung. Christliche Theologen betonen zwar häufig ihre prinzipielle Wertschätzung der zeitgenössischen Spiritualität, werfen ihr aber zugleich subjektive Beliebigkeit und Selbstbezogenheit vor. So wird die neue Spiritualität beispielsweise als eine rein selbstbezogene Reise ins Innere (als «Massentourismus» in die Innenwelt) ohne Interesse an der Entwicklung einer guten und gerechten Gesellschaft beurteilt. Das von Soziologen beschriebene Phänomen der Ausdehnung wird als Unübersichtlichkeit wahrgenommen, in der die Grenzen zwischen «Heil und Heilung, Meditation und Magie, Entspannungsverfahren und Esoterik, Gesundheit und Wellness, Bewegungsübungen und Psychotherapie, Religion und Psychologie» verschwimmen (Remele, 2004: 47 f.). Spiritualität soll nach dieser Einschätzung im Rahmen der modernen «Therapiegesellschaft», die sich seit einiger Zeit dem Gesundheitstrend verschrieben hat, ein Mittel der Heilung sein, wobei ein Heil angestrebt wird, in dem das eigene Wohlbefinden in Form von Persönlichkeitsentwicklung sowie seelischer und körperlicher Gesundheit im Mittelpunkt steht.

Die zeitgenössische Religions- bzw. Spiritualitätskultur wird sehr unterschiedlich bewertet. Neben differenzierten Einschätzungen stehen kritische Stellungnahmen, die teilweise in voreingenommene Diffamierungen der neuen «Esoterikwelle» abrutschen (vgl. Höllinger/Tripold, 2012: 83–

96; 206 f.). Charakteristisch für die abwertenden Perspektiven sind folgende Schlagworte: Bedürfnisbefriedigung, Konsumismus, Bastelexistenz, Ego-Kult und narzisstischer Subjektivismus, der sich nur auf persönliches Glück und Gesundheit richtet. Die Kritik am marktförmigen Gebrauch von Spiritualität/Religion im Sog einer subjektiven Gesundheitssucht ist, oberflächlich betrachtet, nicht von der Hand zu weisen. Bei einem kurzen Rundgang durch das Internet zeigen sich viele abstruse Beispiele reichlich flacher Formen spirituell-religiöser Versatzstücke, die in den Dienst von Gesundheit, Glück und Reichtum gestellt werden. Hier paart sich wahlloser Konsum von kommerzialisierten und verdünnten Sinnaufgüssen mit einem orientierungslosen «Health Shopping»[5]. Die religiös-spirituelle Individualisierung ist ambivalent und bringt Banalisierung und Trivialisierung mit sich. Besonders eindrückliche Beispiele dafür finden sich in der Wellness-Szene: Viele Wellness-Hotels sind derzeit trendig dekoriert mit Buddha-Figuren in allen Größen, in der Gestaltung der Gärten scheinen sie die Gartenzwerge zu ersetzen. Die Hauspost versorgt den Hotelgast am Morgen mit buddhistischen Weisheiten oder Sinnsprüchen anderer religiös-spiritueller Herkunft, die in einem Gemenge mit Gesundheitstipps inklusive «Wohlfühlkost» und örtlichem Wetterbericht situiert sind.

Eigenverantwortliche Heilssuche und kosmopolitische «Melange-Religiosität»

Verschiedene Beobachtungen widersprechen jedoch der meist pauschal geäußerten Kritik. So erscheinen die betonte Körper- und Gesundheitsorientierung moderner Spiritualität sofort in einem anderen Licht, wenn sie als Reflex auf das Defizit der christlichen Tradition, die den Einbezug des Körpers in das Heilsgeschehen vernachlässigt hat, verstanden werden. Der griechische Begriff Therapie zeigt übrigens, dass medizinische Behandlung und religiöse Praxis einmal als zusammengehörig betrachtet wurden, weil er sowohl den Gottesdienst als auch den Krankendienst bezeichnen kann – dem Schlagwort «Therapiegesellschaft» kann daher eine durchaus positive Bedeutung zukommen, weil ihre Mitglieder nicht prinzipiell um sich

---

5 Mit den Motiven für die Nutzung kulturfremder Heilmethoden und der Problematik dieser interkulturellen Transfervorgänge hat sich Claudia Wenzel (2003) ausführlich auseinandergesetzt. Sie ermöglicht eine differenzierte Einschätzung des ambivalenten Phänomens «Health Shopping», das unter bestimmten Bedingungen weit ernsthaftere Anstrengungen erfordert als der Name suggeriert.

selbst kreisen. Häufig verstellt auch der Blick auf die banalen Formen des religiös-spirituellen Marktes die differenzierte Wahrnehmung. Soziologische und theologische Einschätzungen beruhen oft auf pauschalen (Vor-)Urteilen des modernen religiösen Feldes. Die Ernsthaftigkeit der aktuellen spirituellen Suche vieler Menschen wird unterschätzt.

Darüber hinaus ist die so genannte Reise ins Innen das Herzstück der mystischen Traditionen aller Religionen. Die Relativität der religiösen Lehre und jeder religiösen Autorität, abgesehen von der eigenen Erfahrung, ist durchaus auch in den historischen religiösen Überlieferungen verankert. Das bekannte zen-buddhistische Koan «Wenn du Buddha triffst, so töte ihn» (vgl. Thich Nhat Hanh, 1996: 55f.) illustriert diese Tatsache in unüberbietbarer Schärfe. Diese auf den ersten Blick verwirrende Anweisung eines Zen-Meisters an seinen Schüler meint, dass das Klammern an Begriffen, Autoritäten und Wissen dem Erwachen, der endgültigen spirituellen Einsicht, im Weg steht. Die Wahrheit muss ein Mensch demnach in sich selbst wahrnehmen. Die Reise nach Innen blieb in der Geschichte jedoch häufig einer religiösen Elite vorbehalten, weil der eigenständige Zugang zu spiritueller Erfahrung mit der Machtausübung religiöser Organisationen und Experten nicht vereinbar ist. Erst seit der späten Moderne wird die Expertenhoheit, vor allem die Trias aus Priester, Lehrer und Arzt, in Frage gestellt. Immer mehr Menschen möchten nicht länger passive Empfänger von objektiven Heilswahrheiten, von objektivierten und standardisierten Therapien sein, sondern die Verantwortung für das eigene Leben übernehmen. Die ExpertInnen müssen sich daher zu unterstützenden MitakteurInnen in einem Lern- und Heilungsprozess entwickeln.

In der näheren Auseinandersetzung mit moderner Spiritualität wird deutlich, dass Individualisierung nicht zwangsläufig mit selbstbezogener Innerlichkeit und Ignoranz der sinnlich-endlichen Welt einhergehen muss. Gegenläufig zu dem verbreiteten Trend, die subjektive und multiple Bastelreligiosität zu bespötteln, entdeckt Ulrich Beck (2008: 89–113) in den neuen Glaubensformen einen weltreligiösen Kosmopolitismus. Dessen Kennzeichen sind durchlässige Grenzen, und zwar nicht primär im globalen Außen, sondern im Inneren, in der eigenen Biographie und Identität. Religiöse Andersheit wird als bereichernd erlebt und in die eigene Religiosität einbezogen. Dadurch besitzt diese «zweitmoderne» Form der Religiosität/Spiritualität das Potenzial, die öffentliche Rolle der Religion neu auszuüben und zu gestalten. Beck sieht in der modernen, Religionsgrenzen überschreitenden «Melange-Religiosität» (a.a.O.: 174f.) eine

Chance für den Umgang mit drängenden gesellschaftlichen Problemen. Konkrete Daten aus jüngster Zeit belegen für die moderne spirituelle Szene – entgegen der Annahme der Selbstbezogenheit – ein überdurchschnittliches ökologisches Bewusstsein und sozialpolitisches Engagement (vgl. Höllinger/Tripold, 2012: 205–222).

Sind alle Menschen spirituell?

Jeder Mensch ist ein spirituelles Wesen. Spiritualität ist Teil des Menschseins, sie unterscheidet den Menschen vom Tier. Die spirituelle Dimension bildet das Zentrum des menschlichen Wesens. Menschen sind von Natur aus Sinnsucher und die Suche nach letztgültigem Sinn ist ein spirituelles Konzept. Diese und ähnliche Aussagen sind typisch für den Spiritualitätsdiskurs im Kontext von Palliative Care. Die Behauptung, dass Religion eine anthropologische Konstante bildet, also unausweichlich zum Menschsein dazugehört, war in der frühen Phase der Religionsforschung weitverbreitet. Heute wird diese These kritisch betrachtet und findet wenig Zustimmung.

Auf der Grundlage empirischer Untersuchungen jüngeren Datums muss die Annahme, dass alle Menschen spirituell (bzw. religiös, das sollte im Folgenden immer mitgedacht werden) sind, zurückgewiesen werden. Es ist davon auszugehen, dass sich im Schnitt mindestens ein Drittel, wenn nicht die Hälfte der Europäer und Europäerinnen selbst als *weder* religiös *noch* spirituell einschätzt.[6] Diese Ergebnisse hängen natürlich auch vom jeweiligen Verständnis von Religion und Spiritualität ab. Aus Parallelfragen in den diversen Umfragen wird jedoch ersichtlich, dass andererseits auch viele Menschen, die sich selbst als *nicht*religiös und *nicht*spirituell bezeichnen, angeben, dass sie beispielsweise an ein Leben nach dem Tod glauben, manchmal beten oder dass Gott oder eine göttliche Kraft eine gewisse Rolle in ihrem Leben spielt. Der Anteil derer, für die Spiritualität

---

6 In der europäischen RAMP-Untersuchung sind es 35 % (vgl. dazu Barker, 2008: 194), nach einer persönlichen Auskunft von Franz Höllinger, die auf Eigenberechnungen mit dem österreichischen Datensatz der Studie ISSP-2008 «Religion» beruht, sind es 18 % der befragten ÖsterreicherInnen, wobei in die Nähe dieser Gruppe noch etwa 20 % der Befragten gehören, die sich für keine Selbstbezeichnung entscheiden können oder sich nicht festlegen wollen. Umfragen aus dem Jahre 2008 haben für Deutschland die Zahlen 43,8 % bzw. 47,8 % ergeben (vgl. Utsch/Klein, 2011: 30).

(Religiosität) gar keine Bedeutung hat, ist also vermutlich wesentlich geringer als die erhobenen Daten der Selbstzuschreibung annehmen lassen. Aber auch wenn dieser Faktor mitbedacht wird, ist davon auszugehen, dass sich etwa ein *Viertel* der EuropäerInnen von Religiosität und Spiritualität abgrenzt. Angesichts der weitverbreiteten These, dass alle Menschen spirituell sind, müsste der Schluss gezogen werden, dass diese Menschen selbst nicht wissen, dass sie eigentlich spirituell sind. Der Respekt gegenüber einer individuellen, einzigartigen Person erfordert, dass das jeweilige Selbstverständnis anerkannt wird, auch wenn es vielleicht nicht mit der eigenen Weltanschauung übereinstimmt.

Die Behauptung, jeder Mensch besitze – bewusst oder unbewusst – eine spirituelle Dimension (so etwa Wright, 2001: 145; Hagen/Raischl, 2009: 281), ist problematisch (kritisch äußert sich bereits Walter, 2002). Wenn ein erheblicher Teil der Menschen sich selbst als weder religiös noch spirituell bezeichnet, sollten sie weder religiös noch spirituell vereinnahmt werden. Auch wenn jeder Mensch potenziell Zugang zu einer geistigen Dimension hat, muss das nicht zur Folge haben, dass er Spiritualität und eine spirituelle Praxis entwickelt, also spirituell *ist* und als spirituell bezeichnet werden möchte. Es kann nicht sein, dass einerseits die religiöse oder spirituelle Selbsteinschätzung zu bestimmten Prognosen oder gar zur Legitimation von religiösen bzw. spirituellen Angeboten in Institutionen führt, andererseits das Selbstverständnis nichtreligiös/nichtspirituell heruntergespielt bzw. uminterpretiert wird, indem ein «säkularer Humanismus» zu einer Spielart von Spiritualität erklärt wird (vgl. etwa Büssing, 2011b).

3. Christliche Krankenhausseelsorge: ein Spiegel für Spiritual Care?

Andreas Heller

Defizite der Gesundheitsberufe und des Gesundheitssystems

«So gut wie Sie möchte ich es auch einmal haben.» Diesen Satz hören KrankenhausseelsorgerInnen immer wieder. Diese Außenperspektive deckt sich natürlich nicht mit ihren Selbsteinschätzungen, ist aber aussagekräftig. Seelsorge im Krankenhaus wird zum Wunsch- und Gegenbild der Alltagserfahrungen der anderen Gesundheitsberufe, das ist sprechend. Warum? In der Krankenhausseelsorge werden wie unter einem Vergrößerungsglas die Defizite und einseitigen Ausprägungen des Gesamtsystems erkennbar.

Seelsorge hat Zeit und nimmt sich Zeit. Sie geht in Beziehungen und bleibt in Beziehungen. Sie kommuniziert. Ihre Arbeit ist im weitesten Sinne Kommunikations- und Beziehungsarbeit. Sie steht nicht unter dauerndem Leistungsdruck und steter Fremdbestimmung. Sie teilt sich diese Arbeit selbstständig ein. Sie hat keinen unmittelbaren «Chef», unterliegt kaum Kontrollen, erst recht nicht dem Controlling und ist selten rechenschaftspflichtig. Auf alle Fragen nach Wirkung, Effizienz und Erfolg, den Zumutungen des Qualitätsmanagements kann sie gelassen theologisch kontern mit einem Hinweis auf Martin Buber, demzufolge Erfolg keiner der Namen Gottes ist. Das Image des Berufs ist relativ gut, im Unterschied zu dem der entsendenden Institution Kirche. Von außen wird auf die KrankenhausseelsorgerInnen daher positiv projiziert, was den meisten anderen Berufsgruppen im Krankenhaus zu fehlen scheint: Zeit, Beziehung, Kommunikation, Selbstgestaltung, Freiraum.

Das Krankenhaus heute

Die gegenwärtige Situation im Krankenhaus ist empirisch dadurch geprägt, dass der Druck auf die KrankenhausmitarbeiterInnen ständig zunimmt. Die ökonomische Rationalität formt Alltagshandeln, Abläufe, Prozesse und Strukturen. Die Rahmenbedingungen machen es immer schwerer, entsprechend dem eigenen professionellen und ethischen Selbstverständnis zu handeln. Pflegepersonal wird aus Kostengründen systematisch abgebaut. Dienstleistungen werden «outgesourced». Die Medizin gilt dann ökonomisch als erfolgreich, wenn sie sich seriell, fließbandmäßig organisiert. Die Austauschbarkeit und Reproduktion, die industrielle

Wiederholbarkeit von Interventionen charakterisiert immer mehr den Alltag medizinischen Handelns. Die so genannte Arzt-Patient-Beziehung, die in einem humanen ärztlichen Verständnis wichtiger Teil, ja die Grundlage der ärztlichen Heilkunst war, hat keinen Platz mehr, ist nicht verrechenbar und wird ersetzt durch medizintechnische Handlungsketten (Maio, 2012). Damit wird das Divergieren der Vorstellungen von einer guten und fachlich angemessenen medizinisch-pflegerischen und therapeutischen Arbeit, die immer eingebettet ist in menschliche Beziehungen, zu einer «ausbrennenden» Herausforderung. Das Gesundheitssystem ist weitgehend am maximalen Gewinn orientiert. Die daraus resultierenden Spannungen werden personalisiert. Man muss eben selbst damit zurechtkommen. Demotivations- und Deprofessionalisierungsdynamiken werden offensichtlicher und wahrscheinlicher.

An eben dieser Bruchstelle entstehen die positiven Projektionen auf die Krankenhausseelsorge. Die Krankenhausseelsorge steht für all jene Dimensionen, die im routinisierten und betriebswirtschaftlich durchrationalisierten Alltag des Krankenhauses bis zum Verschwinden an den Rand gedrängt werden.

Wofür steht Seelsorge? Wie versteht sie sich selbst im Spannungsfeld von Beziehungen und Begegnungen, von Gespräch und Kommunikation im irden-mystischen Dreieck von Seelsorge, Religion und Spiritualität? Und wie lassen sich die Relativierung, Ergänzung und Neupositionierung einer christlichen Krankenhausseelsorge durch Spiritual Care verstehen? Entsteht die Diskussion um Spiritualität und Spiritual Care nicht erst vor dem Hintergrund eines dehumanisierenden Gesundheitssystems, in dem ihre Leitdisziplin, die Medizin, zu einer ingenieurhaft technischen Invasion in die Maschine Mensch zu verkommen droht? Man könnte auch anders sagen: Die Diskussion um Spiritualität und Ethik offenbart die Notwendigkeit einer humanen Re-Orientierung der gesamten Grundlagen und Ausrichtung unseres derzeitigen Systems.

Kranken-Haus-Seelsorge

Einer der Pioniere der modernen Krankenhausseelsorgebewegung in der Schweiz, der niederländische Pfarrer und Theologe an der Universität Zürich, Hans van der Geest, beschreibt 1981 ein breites, allgemeines Verständnis von Seelsorge:

> *Mit Seelsorge ist dann alles Zuhören, Mitfühlen, Verstehen, Bestärken und Trösten gemeint, das der eine Mensch einem anderen gewährt. In diesem Sinn hat Seelsorge eine so weite Bedeutung, dass sie fast mit Begriffen wie Menschlichkeit und Herzlichkeit synonym wird. Seelsorge in diesem umfassenden Sinn ist nicht ein Beruf oder an einen bestimmten Beruf gebunden. Sie ist eine Haltung, die jeden Menschen qualifiziert, wenn er mit Mitmenschen in irgendwelcher Not zusammentrifft. Das Verlangen nach dieser Art der Seelsorge wird laut in der Anklage an eine technisierte, unpersönliche und leistungsbezogene Welt. Von Krankenschwestern und Ärzten, von Betriebsleitern und Lehrern, von allen, die Macht haben und Verantwortung tragen, wird eine aufmerksame Haltung erhofft, die sich in der Bereitschaft zum persönlichen Gespräch und im Interesse für die Probleme der Anderen zeigt. Der Mensch in Not fühlt sich zuinnerst verstanden, beachtet und in diesem Sinne geliebt, wenn ihm jemand seelsorgerlich entgegenkommt.*
>
> (van der Geest, 1981: 223)

Ersetzt man in diesem Zitat den Begriff Seelsorge mit Spiritual Care, so hat man wesentliche Dimensionen der heutigen Debatte um Spiritual Care im Gesundheitssystem im Blick.

Folgende Thesen lassen sich formulieren:

- Spiritual Care ist kein Beruf.
- Spiritual Care ist eine Haltung.
- Spiritual Care entsteht vor dem Hintergrund einer technisierten, unpersönlichen und leistungsbezogenen Welt.
- Spiritual Care geht alle (Berufsgruppen) an.
- Spiritual Care meint eine «aufmerksame Haltung» für Menschen in Not.
- Spiritual Care vermittelt Achtung und Verstehen, Liebe.

Ist Spiritual Care die moderne, attraktivere Variante von dem, was man früher unter allgemeiner Seelsorge gefasst hat? Der Palliativmediziner Gian Domenico Borasio hat in München Spiritual Care als akademisches Fach etabliert und Spiritual Care in die Aus- und Fortbildung der Medizinstudierenden integriert. Er schreibt:

> *Spiritualität ist Teamarbeit. [...] Dazu gehört zunächst die Reflexion der Teammitglieder über ihre eigene Spiritualität als wesentliche Voraussetzung für ihre Arbeit in diesem Bereich. [...] Es sind oft beiläufige Andeutungen, Halbsätze oder*

> *Traumerzählungen, die über die spirituellen Nöte und Bedürfnisse eines Patienten am besten Auskunft geben, und es ist auch keineswegs immer ein und dieselbe Person, an die sich diese Mitteilungen richten. [...] Die Wahrnehmung dieser Signale ist Aufgabe aller Mitarbeiter im Palliativteam. Entsprechend ist Spiritual Care nicht nur Aufgabe der Seelsorger, sondern des gesamten Teams. Der Patient sucht sich die Person aus, von der er spirituell begleitet werden möchte. Das kann die Krankenschwester, der Psychologe, die Hospizhelferin, der Seelsorger oder auch der Arzt sein.*
>
> (Borasio, 2011: 95 f.)

Macht man sich bewusst, dass Seelsorge heute mit den institutionalisierten Formen christlicher Religion, also mit Kirche, konnotiert wird und sieht, dass deren Bedeutung seit mehr als 30 Jahren kontinuierlich abnimmt, so lässt sich verstehen, warum möglicherweise Spiritual Care ein neuer Begriff für eine verloren gegangene «Haltung» sein kann. Eine Haltung, die an keinen «bestimmten Beruf gebunden» ist, die eine Offenheit für «spirituelle Nöte» signalisiert, die im Alltagsbetrieb keinen Platz haben, für die Betroffenen allerdings von existenzieller Bedeutung sind und die das Team auch zusammenbringen, um sich auf Wesentlicheres als die Funktionalität der Abläufe zu beziehen.

Professionelle Krankenhausseelsorge

Neben diesem breiten und allgemeinen Verständnis von Seelsorge hat sich in den vergangenen Jahrzehnten im Krankenhaus, ein professionelles Bild von Seelsorge als Krankenhausseelsorge entwickelt und durchgesetzt. Krankenhausseelsorge hat sich in den letzten etwa 40 Jahren in Deutschland theoretisch und praktisch als Profession etabliert. Krankenhausseelsorge ereignet sich heute auf der Basis von staatskirchenrechtlichen Verträgen. Die SeelsorgerInnen agieren im Auftrag der Kirchen. Implizit werden damit Auftrag, Sendung und Selbstverständnis gesetzt.

Heute ist Krankenhausseelsorge eine relevante Profession im Orchester anderer Gesundheitsprofessionen. Professionen sind bekanntlich jene Berufsgruppen, die Tätigkeiten und Dienstleistungen anbieten, die gesellschaftlich als relevant und bedeutsam eingeschätzt werden. Dafür erhalten sie Status, Rolle, Auftrag und die Möglichkeit, Gegenleistungen in Form von Bezahlung oder Honoraren zu beziehen. Gesellschaftlich werden den

Professionen die Freiheit und Aufgabe zugestanden, ihre eigene Fachlichkeit und Dienstleistungsqualität selbst zu regulieren. Die Erwartung bezieht sich darauf, dass sich diese Selbstregulierung dem Wohl des Klienten bzw. Patienten verpflichtet weiß, der nicht als Mittel zum Zweck missbraucht werden darf. Im Gesundheitssystem müssen die Professionen miteinander interagieren. Die Krankenhausseelsorge bringt sich in diesen interaktiven Kommunikationsprozess ein. In den Kirchen ist sie der «Spezialfall von Seelsorge» und macht deutlich, dass Kirche mehr ist als Gemeinde, dass Kirche «in absichtsvoller Absichtslosigkeit» präsent ist, wo Menschen in Not und Krisen sind, leiden, sterben und trauern.

Das Krankenhaus ist *der* Ort der Krankenhausseelsorge, die sich unter anderem von dieser Organisation her definiert. Sie ist eben nicht Hauskrankenseelsorge oder Krankenseelsorge, sondern Krankenhausseelsorge. Die Organisation Krankenhaus formatiert die Seelsorge. Die Seelsorge wird durch die Verortung im Krankenhaus gezwungen, sich auf das Krankenhaus und seine Eigenlogik zu beziehen. Ihr Platz ist im Krankenhaus. Dort einen Platz zu gewinnen und auszugestalten, heißt immer auch, sich zu spezialisieren, zu differenzieren. Die Erfolgsgeschichte des Krankenhauses ist die Erfolgsgeschichte der modernen Medizin und ihrer zahlreichen Fächer und intradisziplinären Binnendifferenzierungen.

Rein zahlenmäßig ist Krankenhausseelsorge marginal. Ihre Präsenz kann entweder nur symbolisch sein, oder muss sich konzentrieren auf wenige Felder der komplexen Organisation Krankenhaus. Undenkbar, dass konkrete KrankenhausseelsorgerInnen in allen Teams eines durchschnittlich großen Krankenhaus präsent wären. Wie und wer sollte diesen Einsatz bezahlen? Wie behelfen sich Krankenhausseelsorge und das System? Über Spezialisierung bleibt und wird sie anschlussfähig, sichtbar und kann auf dieser Seite ihre professionelle Kompetenz einbringen. Es wundert nicht, dass vor allem existenziell besonders prekäre Stationen (Krise, Sterben, Tod) im Krankenhaus die Praxis und Theorie der Krankenhausseelsorge präfiguriert haben: zunächst die Intensivstationen, dann die Onkologie und Gynäkologie, manchmal die Pädiatrie und Neonatologie und schließlich die Palliativstationen.

Krankenhausseelsorge hat durchaus auch aus einer theologischen Tradition heraus die existenziellen Brüche in den Biographien von Menschen als besondere Herausforderung aufgenommen, Sterben, Tod und Trauer bilden wichtige Ausgangs- und Schlüsselerfahrungen für seelsorgliche Begleitung und Kommunikation. Hier braucht es Kompetenz, Empathie,

Kommunikation, eine schwer zu entfaltende Haltung des Zeithabens, eine über Selbsterfahrung erschlossene Haltung des absichtslosen Daseins und die kompetente Präsenz zum symbolischen Handeln sowie die Fähigkeit, Ohnmacht und Hilflosigkeit in interpersonalen und systemischen Bezügen auszuhalten und ihr Raum zu geben.

KrankenhausseelsorgerInnen: Spezialisten fürs Sterben?

Die Krankenhausseelsorge hat inzwischen viel Kredit und Glaubwürdigkeit aufgebaut und gewonnen. Vor allem in der Fokussierung auf ihre Rolle im Prozess des Sterbens, in der Begleitung der Sterbenden, der Bezugspersonen und der Trauer hat sie Bedeutung und Relevanz. Diese Praxis hat lange Wurzeln, die im biblischen Selbstverständnis grundgelegt, in den Werken der Barmherzigkeit volkskirchlich praktiziert, in eine *ars moriendi* übersetzt wurden und in der modernen Hospizbewegung ihre letzte Aktualisierung erfahren haben.

Es fällt auf, dass viele Gründergestalten der deutschen Hospizbewegung und solche, die Sterben bereits in den 70er-Jahren des 20. Jahrhunderts thematisiert haben, aus einer im weitesten Sinne kirchlich-seelsorglichen und theologischen Tradition kommen. Auch wenn die beiden großen Kirchen erst Ende der 80er- und Anfang der 90er-Jahre ihre Skepsis und Zurückhaltung gegenüber der Hospizbewegung überwunden hatten, gab es doch maßgebliche Frauen und Männer, die aus einer christlichen Tradition heraus, in «Amt und Würden» sehr früh die Tragweite und Bedeutung der Hospizidee erkannten, anders einschätzten als ihre Kirchenleitungen und Vorgesetzten und gemäß ihrer eigenen Überzeugung auch ohne deren Segen handelten. Zum einen sind es Ordensleute wie P. Reinhold Iblacker als Jesuit, Paul Türks als Oratorianer in Aachen, P. Reinhold Zielinski als Dominikaner in Köln, dann Hans Overkämping als Diözesanpriester des Bistums Münster, Heinrich Pera als Diözesanpriester des Bistums Magdeburg und Peter Godzik als evangelischer Gemeindepfarrer sowie Ordensfrauen wie die verstorbene Franziskanerin Sr. Reginalda in Recklinghausen, die Pallottinerin Gerburg Vogt in München oder auch die Franziskanerinnen in Oberharmersbach, die das erste AIDS-Hospiz in Deutschland gründeten, oder Sr. M. Hannelore Huesmann und ihre Mitschwestern in Berlin, die den ambulanten Hospizdienst Tauwerk für AIDS-Kranke eröffneten. Sie alle standen in einer religiösen Tradition, der die Auseinandersetzung mit Sterben und Tod vertraut war. Ja, sie entdeckten möglicherweise so etwas wie den *kairos*, die Gunst der Stunde, den günstigen Augenblick, um wichtige Themen und Inhalte, aber vor allem eine aus der Nächstenliebe gespeiste Praxis zu aktualisieren. Sterben wurde konkret in sterbenden Menschen. Und die Osterbotschaft der Auferstehung musste erst durch die Erfahrungen des Leidens Sterbender, sozusagen durch den theologischen Karfreitag und Karsamstag durchgelebt werden. Es waren Ordensgemeinschaften wie die Franziskanerinnen, die sich erinnerten, dass der hl. Franziskus von Assisi in seinem Sonnengesang den Tod als Bruder lobte oder auch die Barmherzigen Brüder, die entdeckten, dass die Hospizidee mit einer jahrhundertealten Tradition der Krankenpflege, des Respekts vor den «Herren Kranken», wie es der Ordensgründer Johannes vom Kreuz 500 Jahre vorher gepredigt hatte, verbunden werden konnte.

Vor allem die KrankenhausseelsorgerInnen der beiden großen Kirchen in Deutschland kamen in der Praxis ihrer Arbeit in den riesigen, teilweise auch neu errichteten, oft fabrikmäßig anmutenden Universitätskliniken ganz unmittelbar und alltäglich mit den schwerkranken und sterbenden PatientInnen zusammen, die auf Intensivstationen lagen, die aufgrund von Krebserkrankungen und Therapien immer wieder zu Aufenthalten auf den onkologischen Stationen gezwungen waren. Wie unter einem Vergrößerungsglas konnte man hier die Kehrseite der modernen Spezialisierung und Ausdifferenzierung, der Technikorientierung, ja der Industrialisierung des Krankenhauses erkennen. Damals war wohl keine Berufsgruppe im Krankenhaus besser auf diese psychische, die seelische Seite der Problementwicklung vorbereitet als die Krankenhausseelsorge. Warum?

Seit den 60er-Jahren des 20. Jahrhunderts hatte sich zunächst in der evangelischen Kirche und hier vor allem in den Niederlanden eine langsame Transformation des überkommenen Pfarrerbildes beobachten lassen. Diese war nicht allein theologisch motiviert, sondern bezog sich auf gesellschaftliche Veränderungen, auf die Kirche und Pfarrer zu reagieren hatten. In der Katholischen Kirche hatte das II. Vatikanische Konzil die Rolle von Kirche in der modernen Gesellschaft thematisiert. Einen enormen Einfluss auf die praktische seelsorgliche Arbeit im Krankenhaus ging zweifelsohne von der in den 20er-Jahren des vergangenen Jahrhunderts in den USA entstandenen Clinical Pastoral Education (CPE) aus. Anlass war die breiter werdende Kluft zwischen der Theologie als wissenschaftlicher Disziplin und der Erfahrung der Menschen; der Wunsch nach einer theologischen

Rede und einem Handeln, das sich gerade in den Krisen menschlicher Erfahrungen bewährt und der Notwendigkeit, eine Seelsorgeausbildung zu entwickeln, die theologisches Wissen und praktische Seelsorge nicht trennt, sondern verbindet:

> *Als Gründer von CPE gelten der Theologe Anton T. Boisen, der ein Clinical Pastoral Training (CPT) anbot, und der Mediziner Richard Cabot, der die Case-study Methode und ein klinisches Jahr im Theologiestudium konzipierte.*
>
> (Pulheim, 1996: 138)

Diese Entwicklungen führte in den USA 1967 zur Gründung der Association for Clinical Pastoral Education, einem Zusammenschluss von mehr als 3000 CPE-Zentren. Paul Türks hatte in den USA eine Ausbildung als Krankenhausseelsorger gemacht.

> *Eigentlich hat es begonnen 1978 als Herr Dr. Paul Türks aus Amerika zurückkam. Er war von 68 bis 84 Visitator der Oratorianer in Rom und somit kam er auch nach Nordamerika, Südamerika, Spanien und Ecuador, Mexiko, überall sind Oratorianer zu Hause. 78 hat er gesagt, was mach' ich denn, wenn meine Zeit abläuft in Rom? Und dann bot sich das an, in Washington in der Uni-Klinik eine Ausbildung zu machen als Krankenhausseelsorger. Das hat er wahrgenommen. Diese Ausbildung lief über drei Monate. Als er zurückkam Ende Oktober 78 sagte er kurz entschlossen: «Wie wäre es, wenn wir ein Hospiz aufbauten?»*
>
> (Clementine Louven, in: Heller et al., 2012: 73–74)

Diese Entwicklung wurde in Europa zunächst von niederländischen Theologen (etwa Heije Faber) aufgenommen und kam auf diesem Weg auch nach Deutschland. Hier wird man sich vergegenwärtigen müssen, dass Hans-Christoph Piper 1970 das erste deutsche evangelische KSA (Klinische SeelsorgsZentrum) an der Medizinischen Hochschule Hannover (MHH) gründete. Piper war evangelischer Theologe und Seelsorger, mit einer Niederländerin verheiratet und sprach fließend Niederländisch. Dieser kleine Hinweis von Ernst Engelke, damals katholischer Klinikseelsorger in Hannover, mag ausreichen, um zu verstehen, wie die Clinical Pastoral Education aus den USA über die Niederlande nach Deutschland kam. Piper übersetzte die Klassiker der Seelsorgeliteratur. In den Anfängen bildete man in Hannover auch katholische Krankenhausseelsorger aus, bis in Heidelberg 1979 das erste katholische KSA-Zentrum gegründet wurde, das Josef Mayer-Scheu leitete. Hier machte etwa Hans Overkämping, der Mitbegründer des ersten deutschen Hospizes in Recklinghausen, seine Ausbildung. In den Anfängen stand die moderne Krankenhausseelsorge also für ein neues, situationsgerechteres Verständnis von Seelsorge im fremden Kontext Krankenhaus. Das Paradigma der Begleitung (gegenüber der Bekehrung), der Korrelation von menschlicher Lebensgeschichte und biblischer Geschichte Jesu, die Kritik an inhumanen Situationen im Krankenhaus und das Eintreten für Humanität und Würde waren ihre Kennzeichen. Krankenhausseelsorge war der «modernisierte Platzhalter» der Kirchen in der Welt des Krankenhauses, menschlich, begleitend und kommunikativ, symbolisch und rituell-religiös handelnd.

Begründet wird die Seelsorge in ihren Anfängen auf den biblischen Geschichten vom heilenden Handeln Jesu. Aus diesen Geschichten werden grundlegende Paradigmen der Seelsorge abgeleitet, etwa Begleitung, Berührung, Heilung, Sinn, Hoffnung, Trost. Das Krankenhaus wird für die Seelsorge selbst ein exemplarisch wichtiger Ort der Praxis des Christlichen. Man könnte sogar zuspitzen, dass die Kirchen das Krankenhaus und darin auch den Umgang vor allem mit den Sterbenden aufgesucht haben und aufsuchen müssen, um ihre eigene Botschaft vom Leben, Sterben und Auferstehen Jesu Christi aktualisieren zu können. Nicht in dem Sinne, dass die Sterbenden Mittel zum Zweck der theologischen Interpretation werden, sondern vielmehr, dass in der Konfrontation und Auseinandersetzung mit dem Leiden und Sterben von Menschen hier und heute die Botschaft von Leiden, Sterben, Tod und Auferstehung Jesu Christi bleibend neu ermittelt und vermittelt werden kann. Die zentrale Aufgabe ist und bleibt die Begegnung mit den Menschen.

Das Multioptionsdilemma

Seelsorge im Krankenhaus bewegt sich immer an den Grenzen von Gesundheit und Krankheit, von Leben und Tod. Krankenhausseelsorge ist Grenzgängerschaft. Diese existenziellen Herausforderungen stiften Sinn und offenbar auch Zweifel und Sinnlosigkeit. Die KrankenhausseelsorgerInnen sind einerseits willkommen, als Gast gern gesehen, als sozial-kommunikative, kompetente MitarbeiterInnen gern zu Beteiligungen eingeladen und angefragt. Was Krankenhausseelsorge praktisch im Alltag des Krankenhauses, in den Kliniken und auf unterschiedlichen Stationen ist, sein soll und sein kann ist immer schwerer zu sagen. Sie steht in einem «Entweder-und/oder-Dilemma». Sie soll ...

- ... spezialisiert sein und gleichzeitig generalisierend für Viele und Vieles zuständig sein.
- ... die Menschen im Blick haben und gleichzeitig die Organisation.
- ... die Patienten aufsuchen und gleichzeitig die MitarbeiterInnen.
- ... sich an der Entwicklung des ganzen Hauses oder der Subsysteme darin (Aus- und Weiterbildungszentren, Schule, Palliativstation, Onkologie, Qualitätsmanagement, Leitbild, Ethikkomitee etc.) beteiligen und gleichzeitig ihre Gottesdienste, ihre sakramentalen Dienste anbieten.
- ... die Kirchennahen besuchen, aber die Kirchenfernen nicht vergessen.
- ... nicht nur im eigenen Haus Profil entwickeln, sondern sich auch an der Profilierung der Kirche, der eigenen Berufsgruppe beteiligen.

Krankenhausseelsorge muss ständig (schwer vereinbare) Widersprüche in einen Ausgleich oder in Entscheidungen bringen. Dabei spielen unterschiedliche Kriterien, implizite/explizite Prinzipien eine Rolle, beispielsweise auf die Patientinnen und Patienten bezogen:

- Wer ruft, wird besucht (Dringlichkeit und Aufmerksamkeit).
- Wer schlimm dran ist, bekommt am meisten (Schwere der Erkrankung).
- Wer bekannt ist, wird wieder besucht (Beziehungsfaktor).
- Wer länger krank ist und auch noch schwer, wird ebenfalls wieder besucht (Warteliste, Anciennitätsprinzip).
- Besucht wird,...
  - ... wer bald entlassen wird oder wessen Leben bedroht ist (Unaufschiebbarkeit)
  - ... wer Stützung braucht und das signalisiert (Entlastungsprinzip)
  - ... wer als Helfende Zuwendung braucht (Entlastung).
- Wer als Angehöriger da ist, braucht Zeit und Zuwendung, Trost, geteiltes Schwiegen, Erklärung, Information und Zuspruch (Prinzip: Für alle da sein).

Neben den menschennahen Tätigkeiten und Einsätzen gibt es zudem eine Vielzahl organisationsbezogener Rollen und Optionen, die von der Seelsorge wahrgenommen werden können, darunter:

- Unterricht und Lehre
- Forschung und Ausbildung
- Ethik und Qualitätsmanagement
- Öffentlichkeitsarbeit
- große bzw. kleine Ökumene
- stationsbezogene Schwerpunktsetzungen.

Auch die Selbstorganisation der Krankenhausseelsorge hat sich geändert. War die Seelsorge früher eher ein «Alleingang des Pfarrers», so ist sie heute zur Mitspielerin im interprofessionellen Team und interdisziplinären Alltag des Krankenhauses geworden. In den großen Krankenhäusern, erst recht in den Universitätskliniken hat sich die Seelsorge teamförmig (manchmal auch ökumenisch) organisiert und schafft sich so eine stabilere fachlich-soziale Ausgangslage. Zudem beziehen sich die einzelnen Seelsorgenden auf therapeutische Teams, um sich selbst soziale und professionelle Zugehörigkeit zu erschließen. Heute gilt christliche Krankenhausseelsorge als ein Beruf, der im interprofessionellen Team, im Konzert der Gesundheitsberufe zwar nicht die erste Geige spielt, aber Platz und Rolle behaupten kann und Teil der «Orchestrierung von Behandlung und Begleitung» ist.

Die Haltung der Begleitung

Die Person der Seelsorgerin bzw. des Seelsorgers ist das «Angebot». Die Person ist das Medium der Seelsorge. Indem die Seelsorgerin selbst in Beziehungen (früher hätte man gesagt: in einer lebendigen spirituellen Beziehung zum Gott Jesu Christi und zu den Menschen) lebt, kann sie Beziehungen eingehen. In der Geschichte der Krankenhausseelsorge stand die Metapher von der «Instrumentenlosigkeit» (Mayer-Scheu, 1977) für das Proprium einer mitgehenden, beziehungsorientierten, kommunikationsintensiven Seelsorge, in die sich der gläubige Selbstvollzug und die Ausdeutung des Lebens der Menschen durch das Evangelium einlagerten. Das orientierungstiftende «Paradigma der Begleitung» hat sich in der seelsorglich-theologischen Reflexion und Praxis als situativ und kontextuell angemessen herausgeschält. Seelsorge wird immer als Beziehungsseelsorge und -geschehen gesehen; im Selbstbezug der seelsorgenden Person, in der Beziehung zum tragenden Grund und zum Horizont des eigenen christlichen Lebensvollzugs, also in der betenden und meditierenden Kommunikation mit Gott, um mit den leidenden Menschen, in denen die Präsenz Gottes erkannt werden kann, in Beziehung zu treten.

Begleitung meint immer eine offene Haltung der Begegnung, meint die Bereitschaft und Fähigkeit, sich auf die Geschichte fremder Menschen einzulassen, Momente davon absichtslos wahrzunehmen und sie im Sinne eines möglichen expliziten religiös-kirchlichen Handelns zu deuten, zu segnen, sakramental zu verdichten. Die Erfahrungen im Alltag der Krankenhausseelsorge lehren, dass Gott und Jesus Christus explizit wenig vorkommen – eher indirekt durch die «Präsenz an den Bruchstellen des Lebens», in dem Ringen darum, mit dem Leben der Menschen in Berührung zu bleiben und die Gebrochenheiten menschlichen Lebens auszuhalten, die Hoffnung auf ein Leben in Fülle nicht aufzugeben. Hier stellt sich die Frage des Erfolgs und der Erfolgskriterien von Seelsorge im Allgemeinen und im Konkreten sowie die Frage nach Sichtbarkeit und Unterscheidbarkeit, nach dem «Profil» der Seelsorge. Denn Krankenhausseelsorge bringt faktisch ein grundlegend anderes Konzept und eine qualitativ andere Haltung in die Zweckrationalität des Krankenhauses ein und provoziert dadurch strukturell und persönlich, allein durch ihre Präsenz und ihr Selbstverständnis. Wie andere psychosoziale Berufe ist sie mit dem Dilemma konfrontiert, Wirkungen zu erreichen, die aber nicht quantitativ zu «vermessen» sind. Manchmal wird dem System erst bewusst, was Seelsorge «leistet», wenn sie nicht mehr da ist. Die Seelsorge wird im Kern aus der Haltung der Absichtslosigkeit betrieben. Die Offenheit und Bereitschaft für mögliche Begegnung, für eine Beziehung, in der Menschen sich selbst zur Sprache bringen, bilden die Grundhaltung. Sie kann nichts erzwingen und kann weder ihre Effizienz steigern noch die Intensität der Begegnung auf einer auch nur irgendwie gedachten Skala vermessen. Was sich ereignet, ist im Grunde ein Geschenk in der Haltung der «Umsonstigkeit» (Illich, 2006).

Dieses orientierungstiftende Modell der Begleitung hat sich in den vergangenen Jahren immer deutlicher aufgelöst. Die Selbstorganisation des Krankenhauses führt zu immer kürzeren «Liegezeiten», die Aufenthalte der Patientinnen und Patienten folgen einer situativen und punktuell operativ-invasiven Logik. Begleitung über Wochen ist selten und die absolute Ausnahme. Punktuelle Begegnungen, kurze Gelegenheiten werden zum Alltagsmodus der Seelsorge. Man darf diese tiefgreifende Veränderung in der Struktur und den Ablaufprozessen des Krankenhauses nicht unterschätzen. Für die Seelsorge verändert sich tiefgreifend ein tragendes Selbstverständnis.

Spannung Seelsorge – Kirche

Durch ein Studium, durch Zusatzqualifikationen in Form der Klinischen Seelsorgeausbildung (KSA), durch Supervision und Intervision, die zum festen Bestandteil des beruflichen Handelns gehören, ist die Krankenhausseelsorge auf den interprofessionellen Dialog und die Teamarbeit gut vorbereitet. Damit ist sie der modernste Seelsorgeberuf der Kirchen, sozusagen die Avantgarde der Kirche in der pluralen Gesellschaft des Krankenhauses.

Heije Faber, einer der Pioniere der KSA in Europa, hat 1993 aus Anlass des 20-jährigen Jubiläums des Pastoralklinikums Hannover[7] eine Art Zwischenbilanz der KSA gezogen. In diesem Zusammenhang hat er die Auffassung vertreten, der Kontakt mit der KSA sei für viele Seelsorgende eine «Art Revolution in ihrem Leben» gewesen. Es sei ein chronisches Missverständnis, wenn die KSA lediglich Handwerkzeug für Gespräche im Krankenhaus vermittelte, so eine Art Methodenrepertoire eröffne. Viel mehr als solche technische Kommunikationsverbesserung ziele die KSA darauf ab, den «pastoralen Habitus» zu erneuern:

> *Es geht um die Fähigkeit zur Solidarität mit dem anderen, um ein Lernen zuzuhören und um das, was in der modernen Psychotherapie ein Grundbegriff geworden ist: um Empathie. In dieser Solidarität mit den Anderen besteht Seelsorge, [...] in dem gemeinsamen Hören auf das, was das Evangelium in der gegenwärtigen Situation zu sagen hat [...]. Die klinische Seelsorgeausbildung reflektiert nicht nur die Person des Seelsorgenden, sondern auch seinen kirchlichen Auftrag. Wir müssen uns Rechenschaft darüber ablegen, dass die kirchliche Arbeit in der modernen Gesellschaft, in der wir leben, stagniert [...]. Welche Haltung nehmen*

---

7 In Hannover fanden die ersten ökumenisch geführten KSA-Kurse statt, bis die Deutsche Bischofskonferenz entschied, es müsste einen konfessionell getrennten Ausbildungsgang geben.

> *die Kirchen diesen Tatschen gegenüber ein? Ihr Verhalten ist vor allem defensiv und autoritär. Kirchen betrachten es – allgemein gesehen – als ihre vornehmste Aufgabe, ihre Organisation am Leben zu erhalten, auf dem Gebiet der Politik und Theologie vorsichtig, in manchen Fällen ausgesprochen defensiv zu sein und von ihren Dienern und Dienerinnen vor allem Folgsamkeit und Gehorsam zu verlangen. [...] Die Kirche muss sich fragen lassen, ob diese Haltung gut und richtig ist und sie muss sich vor allem die Frage stellen lassen, ob sie im Blick auf die Menschen, mit denen sie es zu tun hat, genügend Solidarität und Empathie zeigt.*
>
> (Faber, 1993: 471 ff.)

In diesem Zitat wird die Spannung zwischen Seelsorge und Kirche deutlich. Kirche wird heute im weitesten Sinne immer wieder auch als reaktionär, dogmatisch erstarrt, unglaubwürdig wahrgenommen, weil sie das, was sie lehrt, nicht selbst anwendet und praktiziert. Kirche wird als Modernisierungsverlierer gesehen, als eine Einrichtung, die Menschen an ihrer Entfaltung eher hindert, als sie zu unterstützen. Vielleicht liegt hier auch einer der Gründe, warum sich Spiritual Care von Seelsorge abgrenzt. Aber auch in Spiritual Care heute geht es darum, den «Habitus» zu erneuern, dieses Mal sehr kraftvoll und ehrgeizig den «Habitus aller Gesundheitsberufe»:

> *Spiritual Care ist weit mehr als konfessionell geprägte (christliche) Seelsorge. Sie stellt die umfassende Sorge um den kranken Menschen dar, die den Berufen des Seelsorgers und des Arztes und im Grunde allen Berufsgruppen im Gesundheitswesen gemeinsam ist.*
>
> (Borasio, 2011: 93).

Die Loyalität zur Kirche ist gerade in der (katholischen) Krankenhausseelsorge immer wieder strapaziert und (schwer) zu erbringen. Faktisch wird die Seelsorge mit den ambivalenten Erfahrungen der Menschen konfrontiert und dient immer wieder als «negative Projektionsfläche» für Kirche (schlechte Erfahrungen mit autoritativem Handeln, sexueller Missbrauch etc.). Das erfordert eine hohe Frustrationstoleranz der einzelnen SeelsorgerInnen und bindet Energie. Man darf nicht unterschätzen, wie dieser kognitive und emotionale Stress sich auf die Personen in der Krankenhausseelsorge auswirken kann, die ja oft auch die eigenen Ambivalenzen gegenüber solchen Vorgängen zu bearbeiten haben.

Seelsorge: die Erinnerung an Selbstsorge und Sorgebeziehungen

Theologisch meint die Identität von Seelsorge immer auch die Identität des und der Seelsorgenden selber. Die Person und ihre Kompetenz und Motivation, ihr Glaube und Ringen sind der Schlüssel für die Interpretation und Praxis der Seelsorge. Beziehungsintensive Arbeit ist aufwändig und anstrengend und tendenziell unendlich. Die Ressourcen aller Seelsorgenden sind endlich. Das ist Realität, aber auch erlebte Last. Die Begrenztheit zwingt dazu, Grenzen zu setzen und zu ziehen. In der Regel wird die Arbeit der Seelsorge innerlich getragen und inspiriert von Mitgefühl, vom Einsatz für Gerechtigkeit, von Verantwortung, Parteinahme, Optionen des eigenen Glaubens, der Inspiration durch die eigene Berufung etc., auch wenn sich diese Einsichten äußerlich, politisch im Alltag nicht immer übersetzen können. Die Seelsorgenden müssen sich selber gut und umfassend, eben auch spirituell nähren, um im Krankenhaus aus verschiedenen Gründen nicht zu «verhungern», auszubrennen, traurig und lebensschwer, frustriert und müde zu werden, ihren Dienst nicht mehr gut und motiviert tun zu können. Faktisch ist der Umgang mit den eigenen körperlichen und seelischen Ressourcen ein wichtiges Thema. Die Grundlage der Krankenhausseelsorge ist das eigene Gesundsein, die eigene Leib- und Seelsorge, die eigene Spiritualität, was immer auch heißt, mit eigenen Beeinträchtigungen umgehen zu können. Das bedeutet, auf gesunde Ernährung, regelmäßigen Schlaf, eine gute Balance von Anspannung und Entspannung, von Unter- und Überforderung, also von Herausforderungen im Alltag, sowie auf Ruhezeiten und individuelle und kollektive Spiritualität zu achten. Diese salutogenetische Sorge um das eigene Gesundsein und Kranksein, das umfassende Wohlbefinden, die Lebendigkeit von Leib, Geist und Seele werden zur wichtigen Aufgabe des professionellen Selbstverständnisses, zur Basis des eigenen seelsorglichen Tuns. Diese mühsam zum professionellen Selbstverständnis gehörende Erkenntnis findet sich heute wieder in den Diskussionen um «spirituelle Sorge als Selbstsorge» und hat unter dem Stichwort Resilienz praktische Relevanz für alle Gesundheitsberufe:

> *Nicht nur Material, auch Menschen können lernen, sich unter äußerem Druck zu biegen, statt daran zu zerbrechen. Das nennen wir Resilienz. Resilienz ist ein wichtiges psychologisches Konzept, das sich gegen die übliche Orientierung an*

dem, was ein Mensch nicht kann, wendet. Beim Konzept «Biegen statt brechen» geht es darum, wie Menschen trotz schwerer Verluste und Beeinträchtigungen gut leben, und was man daraus lernen kann. Zwei Fragen stellen wir uns dazu: Warum ist dieses Thema wichtig? Und: Was ist dabei anders, als wenn man einfach von Ressourcen-Orientierung im Leben und in der Beratung redet?

Es gibt folgende Erklärungen zum Warum:

- *Das Thema «Resilienz – Gedeihen trotz widriger Umstände», also der Umgang mit eigenen und professionelle Grenzen, wird immer mehr zu einem persönlichen und einem beruflichen Anliegen. Es gibt Gründe für diese Entwicklung im eigenen Leben und im Feld der Psychotherapie, das sich nicht entlang von menschlichen Defiziten entwickelt, sondern offen ist für Fragen, wie Menschen mit Grenzen umgehen.*
- *Gedeihen trotz widriger Umstände schließt in einer Welt, die auf effiziente Lösungen von Problemen ausgerichtet ist, zusätzliche wichtige Aspekte ein, zum Beispiel den Umgang mit unklaren Diagnosen oder mit Problemen, die bei aller Anstrengung nicht gelöst werden können, wie zum Beispiel Krankheit, Sterben und Tod.*
- *Angehörige beratender Professionen fühlen sich manchmal überfordert, wenn sie mit Menschen zu tun haben, die bei allem guten Willen keine passenden Lösungen finden. Das Thema «Grenzen der Machbarkeit» betrifft nicht nur Individuen, sondern auch Projektgruppen im Gemeinwesen.*

(Welter-Ederlin, 2010: 16)

Die Haltung der offenen Hände und die Kritik am System

Was machen der medizinisch-technische Fortschritt, die Ökonomisierung des Krankenhauses, der Gesellschaft mit der Krankenhausseelsorge? Auf welche dieser – manchmal verführerischen, aber auch sinnvollen «Einladungen» lässt sich die Seelsorge mit welchen theologischen Gründen ein? Offene Hände, also der Verzicht auf Rezepte gegenüber einer Haltung, die alles in den Griff zu bekommen (managen) vorgibt; gegenüber dem Beschleunigungsanspruch den Mut zur Entschleunigung, möglicherweise sogar den Mut, sich aus dem System herauszuziehen und nicht mehr auf dem Gleis der Beschleunigung und Entschleunigung hin und her zu fahren. Das Verlassen der eingefahrenen Gleise scheint theologisch eine wichtige Aufgabe zu sein. Gegenüber der Verführung der Standardisierung und Optimierung wird Seelsorge immer parteiisch auf der Seite der Personen, der

«Armen» die individuelle Situation von Menschen aufzunehmen haben. Die Gefahr der Seelsorge im techniklastigen Krankenhaus besteht darin, selbst zu einem weiteren Mittel zu werden, um die Behandlungsmaschinerie mit Schmieröl zu versorgen. Eine Seelsorge der «offenen Hände», zeitreich, aber geldarm, erscheint als ein «Märchen aus vergangenen Zeiten». Seelsorge setzt eine Differenz zum ökonomischen Diktat der Atemlosigkeit. Krankenhausseelsorge kann und muss Themen (verobjektivierender Umgang mit Menschen: Befund/Befinden; ungerechte Arbeitssituationen etc.) prophetisch freisetzen und formulieren, ohne sie alle selbst in die Hand zu nehmen und zu glauben, sie in den Griff zu bekommen. Sie ist konzipiert in der Solidarität mit Menschen, die leiden, deren Lebenserfahrung durch Gebrochenheit und Zerbrechlichkeit, durch Gefährdungen und Gefahren charakterisiert ist. Hier präsent zu sein, heißt eben auch empathisch und achtsam da zu sein, für sich selbst und für andere. Krankenhausseelsorge war und ist den Kranken verpflichtet, nicht dem System. Die Freiheit, die aus der Finanzierung durch die Landeskirche bzw. die Diözese erwächst, erlaubt Unabhängigkeit und Offenheit, Kritik und Differenz, die sich verändern, wenn die Geldgeberin die Klinik ist, wenn sich Krankenhausseelsorge unter den Rechenstab des Geschäftsführers begibt und im standardisierten Controlling rechenschaftspflichtig ist. Die Debatten um die Verschwiegenheit, das Beichtgeheimnis und die Erwartung von Teams und Häusern, zu erfahren, was die Seelsorge tut und redet, was sie «behandlungsrelevant» von den Betroffenen weiß, zeigen, dass die ökonomische Steuerung für die Freiheit und Abhängigkeit im Alltag nicht trivial ist. Muss die Krankenhausseelsorge ihre Gespräche in die Dokumentation eintragen? Haben nicht alle einen Anspruch darauf, zu erfahren, was hier gesagt worden ist, was biographisch relevant sein könnte? Inwieweit wird dies als Standard für eine interprofessionelle Teamarbeit erwartet, erzwungen, erst recht, wenn die Spiritual-Care-Fachkraft auf der Gehaltsliste desselben Arbeitgebers steht?

Von der Seelsorge zur Spiritual Care?

Die Beschäftigung mit der Krankenhausseelsorge lohnt sich für die Diskussionen um Spiritual Care. Im Bemühen um eine gute palliative Versorgung am Lebensende hat die Weltgesundheitsorganisation in besonderer Weise auf die spirituellen Bedürfnisse Sterbender hingewiesen. Das ist eine kleine Revolution mit wahrscheinlich nachhaltigen Wirkungen. Für die Kirchen und die Krankenhausseelsorge bedeutet dies einerseits eine Bestätigung ihrer Arbeit und ihrer Anthropologie und gleichzeitig eine Art Enteignung im Zuständigkeitsbereich. Waren Sterben und Tod die Domänen der Kirchen und lange Jahre eben auch der Krankenhausseelsorge, so wird durch die Weltgesundheitsorganisation (WHO) eine offene Auseinandersetzung um die spirituellen Bedürfnisse kranker und sterbender Menschen ausgerufen. Spiritualität wird auf Weltebene, für alle Gesundheitssysteme in allen Ländern zum Thema gemacht: seriös, ernsthaft, wissenschaftlich beforschbar, mit hoher Relevanz und Reputation ausgestattet. Noch stehen wir am Anfang, aber die Diskrepanz zu früheren Ausblendungen und Abwertungen «des Spirituellen» scheint langsam vorbei zu sein. Das ist alles andere als selbstverständlich. Exemplarisch kann dafür eine Beobachtung der Therapeutin Welter-Enderlin gelten:

> *Spiritualität ist [...] kein bevorzugtes Thema von Beratung und Therapie, vor allem dann nicht, wenn menschliches Gedeihen sich auf spirituelle Ressourcen bezieht, die außerhalb des alltäglichen Mainstream liegen (Walsh 1999, S. 28f).*
> *Die Gründe für das fehlende Interesse an Resilienz und Spiritualität sind vielseitig. In meinen bisherigen Ausbildungen bin ich kaum auf Interesse bezüglich der Frage gestoßen, wie Resilienz, Spiritualität, Religion und Therapie miteinander verbunden werden könnten. Ich habe übrigens nie ganz verstanden, warum zum Beispiel Sigmund Freud sich so vehement abgewendet hat vom Thema Spiritualität und Religiosität.*
> *Inzwischen ist mir klar geworden, dass «Spiritualität mit den Füßen am Boden» – also nicht als Luftgespinst – eine machtvolle Dimension der menschlichen Erfahrung ist, und dass ihre Bedeutung im Umgang mit kritischen Lebensereignissen in einer sich rasch wandelnden Welt ständig zunimmt. Die Blindheit für dieses Thema aufseiten professioneller Forscher und Begleiter von Menschen in kritischen Lebenslagen mag mit seiner Tabuisierung im Feld psychotherapeutischer Theorie zu tun haben, wie Freud und andere sie vertreten. Ich meine aber, dass die Ängste seitens Professioneller vor Spiritualität auch damit zu tun haben könnten, dass mit Spiritualität eine persönliche Dimension verbunden ist, welche in den von «Neutralität» geprägten Theorien vermieden und Pfarrern überlassen wird. – Aus Angst, dass eigene weltanschauliche oder religiöse Vorstellungen für Klienten erkennbar sein könnten, wird eine strenge neutrale Grundhaltung professioneller Begleiterinnen und Begleiter gefordert.»*
>
> (Welter-Endelin, 2010: 85)

Hatte sich die Krankenhausseelsorge in der Tradition der Sorge um die Kranken – «Ich war krank, und ihr habt mich besucht.» (Mt 25, 36) – über

Jahrhunderte durch das kirchlich-theologische Selbstverständnis ausgeprägt, so stehen wir heute vor einer gänzlich anderen Situation. Nicht die Kirchen, nicht die religiösen Traditionen definieren Religion und religiösspirituellen Bedarf. Seit die Weltgesundheitsorganisation (WHO) im Kontext ihrer konzeptuellen Bemühungen, Palliative Care zu beschreiben, konstatiert hat, dass sterbende Menschen in ihrer bio-psycho-sozialen und spirituellen Gesamtheit gesehen werden müssen und spirituelle Bedürfnisse in ihrer letzten Lebensphase haben, hat sich im Gesundheitssystem ein Verständnis von Spiritualität und Spiritual Care unabhängig von den institutionalisierten Religionen und den christlichen Kirchen entwickelt.

Verschiedene Linien können nachgezeichnet werden. Spiritualität wird nicht mehr einer kirchlichen Domäne zugerechnet, sondern aus kirchlich-theologischen Bezügen herausgelöst. Spiritualität gilt als individuelle Ausdrucksform einer Suche nach Sinn und Hoffnung, nach Krisenbewältigung und impliziert die größere Fähigkeit, zu einer stabileren Gesundheit und einer besseren Lebensqualität zu gelangen. Damit geraten die etablierten Kirchen unter Druck, verlieren sie doch ihre Zuständigkeit, ihr (ohnedies bröckelndes) Monopol, ihren Einfluss in diesem Bereich. Faktisch findet im Mikrobereich des Gesundheitssystems, im Kontinuum von Gesundsein und Kranksein, von Leben, Sterben und Tod eine Re-Orientierung statt, in der die Kirchen selbst nicht länger Themengeberinnen und erst recht nicht Themensetzerinnen sind. Hier wiederholt sich, was auch gesamtgesellschaftlich als Ausdifferenzierungsprozess, als Säkularisierung beschrieben werden kann. Es gibt keinen Bereich selbstverständlicher kirchlicher Zuständigkeit in der gesellschaftlichen Öffentlichkeit. Oder anders gesagt: Selbst das menschliche Sterben ist im Zuge von Hospizarbeit und Palliative Care nicht nur aus den Händen der christlichen Theologie und der Seelsorge gerutscht. Mittlerweile wird auch die (Allein-)Zuständigkeit der Medizin für diesen Bereich bestritten. «Gutes Sterben» ist eine Herausforderung aller, der sich alle stellen müssen. Zunächst einmal in einem breiten zivilgesellschaftlichen Zugang (Hospizbewegung), dann in einem engeren Sinne, idealiter in Ergänzung und Unterstützung in einem interprofessionellen Zugang. Folglich ist auch die Erhebung dessen, was jetzt konkret spirituelle Bedürfnisse und Ressourcen Sterbender sind, eine Frage des gesamten interprofessionellen Teams. Alle können etwa den an der Universität München erstellten Fragebogen (SPIR) oder das an der Universität Witten Herdecke entwickelte Messinstrument SpREUK (Fragebogen zur Erfassung spiritueller und religiöser Einstellung und des

Umgangs mit Krankheit; zur jüngsten Version vgl. Büssing, 2011a: 195 ff.) einsetzen. Spiritual Care meint dann so etwas wie ein teamorientiertes, komplementäres *caring* an einem als sinnvoll erfahrenen umfassenden Leben.

Spiritualität erhält forschungsbasiert eine Aufmerksamkeit in verschiedener Hinsicht: Sie sei Teil einer guten umfassenden Sorge. Spirituell musikalischen Menschen gelinge es besser, sich auf die Wechselfälle ihres Krankseins einzustellen; sie seien besser geschützt vor Depressionen und Suizidalität und haben auch in schwierigen und belastenden Zeiten eine höhere Lebensqualität. Zumindest konvergieren zahlreiche empirisch-quantitative Studienergebnisse in diese Richtung. Damit wird der «Faktor Spiritualität» zu einer relevanten Kategorie im Gesamtkonzept einer Klinik. Dass in diesem Zusammenhang natürlich auch instrumentalisierte Umgangsformen mit Spiritualität beobachtbar sind, liegt nahe. Warum soll eine Klinikleitung mit dem «Produkt Spiritualität» nicht wie mit Medikamenten, wie mit Placebos umgehen, wenn sich dadurch der Behandlungserfolg bzw. die Wohlbefindlichkeitseinschätzungen der Patientinnen und Patienten steigern lassen? Freilich lassen sich dazu einige Fragen stellen:

- Stimmt diese Zuschreibung tatsächlich und was bedeutet sie angesichts der Tatsache, dass nicht wenige Menschen sich weder als religiös noch als spirituell einschätzen?
- Worin bestehen diese vermuteten und angenommenen spirituellen Bedürfnisse?
- Und wessen Aufgabe ist es, darauf zu reagieren, Resonanz zu geben und damit umzugehen?

In einer pluralen Gesellschaft ist davon auszugehen, dass diese Bedürfnisse unterschiedliche Akzentuierungen, Formungen und Ausdrucksformen haben. Allein eine konfessionelle Antwort auf diese Pluralisierung der spirituellen Lebensentwürfe zu geben, erscheint daher asymmetrisch. Gleichwohl lässt sich in der Auseinandersetzung mit der Seelsorge bzw. der Krankenhausseelsorge als Profession und ihrer Geschichte im Krankenhaus einiges für Diskussionen um die Rolle, den Status und die Verankerung von Spiritual Care im Krankenhaus (?), auf Stationen (?), im Team (?) lernen. Spirituelle Kommunikation ist *die* Herausforderung, funktionale Kommunikation ist schwer zu organisieren und ein Dauerthema.

Beziehungen werden zu einem monetären Geschäft für die Selbstdarstellung und Außenwerbung der Häuser funktionalisiert. Diese Entwicklung dehnt sich auch auf den ambulanten Bereich aus. Die Gesetzeslage in Deutschland rund um die spezialisierte ambulante Palliativversorgung (SAPV) sieht vor, dass jeder Kranke auch auf eine spirituelle Versorgung im ambulanten Bereich einen Rechtsanspruch hat. Wie wird sie gewährleistet? Wer übernimmt sie? Wie sehen inhaltlich und organisatorisch die entsprechenden spirituellen und/oder seelsorglichen Interventionen aus? Mit welchen anderen Anbieterinnen von «Spiritual Care» tritt Seelsorge in Konkurrenz? Wie sich das Zueinander und Gegeneinander von Krankenhausseelsorge und Spiritual Care entwickelt, ist offen. Wer spirituelle Prozesse initiieren und aufnehmen kann, ist eine bleibende Frage. Sind es ehemalige KrankenhausseelsorgerInnen, die einen neuen Spiritual-Care-Hut aufsetzen, oder dieselben Personen, die am Vormittag für ihre Landeskirche als KrankenhausseelsorgerInnen und am Nachmittag als Spiritual-Care-ExpertInnen im Auftrag der Klinik arbeiten, wie in einigen Kantonen in der Schweiz? Für welche Themen und Inhalte stehen sie? Welche Ausbildungen haben sie und was bedeutet die Integration von Spiritual Care ins Gesundheitssystem, wenn die operierende Kerneinheit das Team ist? Müsste dann nicht in jedes Team ein Experte bzw. eine Expertin für Spiritual Care integriert sein? Das wird schlechterdings nicht bezahlbar sein. Also werden alle zu Experten und Expertinnen von Spiritual Care, geschult in Schnellverfahren, ausgestattet mit Assessment-Instrumenten in Sachen Spiritualität, im Erbringen von «spirituellen» Zusatzleistungen.

Es ist wahrscheinlich, dass das Nachdenken über Rolle, Funktion und Aufgabe von Spiritual Care auch die Krankenhausseelsorge verändert. Zu erwarten ist, dass sich alle Diskussionen wiederholen, die die moderne christliche Krankenhausseelsorge in den vergangenen 40 Jahren geführt hat. Es wird gehen um:

- die strukturelle Verankerung
- Bezahlung und Rechenschaftspflicht und darin um die Loyalitätspflichten (PatientIn vs. Klinik)
- Kompetenzen
- Themen
- Haltungen
- Spezialisierungen
- Integration und Desintegration ins Team

- Verschwiegenheit und Freiheit
- Anwaltschaftlichkeit für die Kranken, die Angehörigen und immer mehr für die MitarbeiterInnen sowie um
- Widerstand gegen deren Instrumentalisierung.

Die Themen, für die Spiritual Care steht, werden weiter, offener, unspezifischer. Eine Rolle, die praktisch staubsaugerähnlich alles ansaugt, was in der «Gesundheitsfabrik Krankenhaus» nicht bearbeitet wird, kommt strukturell in eine Überforderungsdynamik ohnegleichen. Was bedeutet das für die Selbstorganisation von Spiritual Care? Und schließlich:

- Worum geht es inhaltlich?
- Worauf bezieht «man/frau» sich?
- Welche kleinen oder großen Sinngebungssysteme sind Bezugsgrößen für die «Professionellen» und für die Interaktionen?
- Wird Spiritual Care zum Schmieröl in einer dehumanisierenden Organisation?
- Inwieweit wird ein «Spiritual-Care-Experte», ins onkologische Team integriert, von der spezialisierten Krebsklink bezahlt, eine Patientin bzw. einen Patienten öffentlich unterstützen können, die empfohlene Chemotherapie abzubrechen?
- Und was ist, wenn sich das häuft, wenn die Spiritual-Care-Fachkräfte die Partei der Patientinnen und Patienten in einem inhumanen System ergreifen, um wenigstens die Seele, den Geist der Menschen zu retten und zu schützen?
- Wer hat dann noch ein Interesse, diese erneuerte spirituell-seelsorgliche Haltung, diese finanzschädigende Dauerkritik zu bezahlen?

Vielleicht besteht die größte Herausforderung von Spiritual Care darin, dafür zu sorgen, nicht vom System instrumentalisiert und vereinnahmt zu werden.

4. Die Spiritualität der Hospizbewegung

Andreas Heller

Sterben im Wandel

Über lange Zeiten hat man in Europa gewusst, wie mit der Schicksalhaftigkeit des Todes umzugehen ist. Sterben, Tod und Trauer waren Erfahrungen des alltäglichen Lebens in öffentlichen familialen-nachbarschaftlichen Lebenszusammenhängen. Es hat eine gemeinsam getragene, selbstverständliche Gelassenheit gegeben, mit den Sterbenden und Verstorbenen umzugehen.

Der 1960 geborene polnische Schriftsteller Andrzej Stasiuk beschreibt diese untergehende Kultur:

> *Unsere Zivilisation ist seltsam. Sie rettet, bewahrt, verlängert uns das Leben. Und zugleich macht sie uns dem Tod gegenüber hilflos. Wir wissen nicht, wie wir uns ihm gegenüber verhalten sollen. Bei meiner Großmutter war es so, dass Tanten und Nachbarinnen sie wuschen und ihr die Kleidung für den Sarg anlegten. Mein Nachbar ist zu Hause gestorben. Seine Tochter hatte ihn aus dem Krankenhaus geholt, weil sie sich nicht vorstellen konnte, dass er unter Fremden sterben sollte. Es war ein langes Sterben, also musste sie all die Krankenhaustätigkeiten lernen, einschließlich der Verabreichung von Morphium. Und so starb mein Nachbar in seinem Zimmer, mit dem Blick auf die grünen Hügel, auf die er jeden Morgen geschaut hatte. Aber meine Großmutter und der Nachbar starben einen Tod, der heute geradezu utopisch erscheint.*
>
> (Stasiuk, 2013: 43)

Der soziale Ort für den Anfang und das Ende des Lebens war im weitesten Sinne das Haus, die Ökonomie des Hauses, der Lebenszusammenhang von Familien und Nachbarschaften. Der Umgang mit den Krisen des Lebens wurde erleichtert durch selbstverständliche soziale und religiöse, also konfessionell tradierte Rituale und kollektiv praktizierte Bräuche. Das Leben war eingehegt von einem engmaschig gewebten Netz normierter und ritualisierter Gewohnheiten und Selbstverständlichkeiten. Und heute?

> *Sogar auf dem Land haben die Begräbnisrituale sich verändert. Bei der Beerdigung meiner Großmutter ging der Zug vier Kilometer in der Hitze von der Kirche auf den Friedhof, und den Sarg trugen die Angehörigen auf den Schultern. Als im gleichen Dorf vor einiger Zeit mein Onkel bestattet wurde, gelangte der Fußgängerzug nur bis zur letzten Bebauung, und dann gingen alle zu ihren geparkten Autos in der Nähe der Kirche, um hinter dem Leichenzug herzufahren.*
>
> (Stasiuk, 2013: 45)

Die Bedrohung, die durch Schicksalsschläge oder Lebenskrisen[8] freigesetzt wurde, sollte eingehegt und gebändigt, domestiziert werden. Und in einer relativ geschlossenen Lebenswelt wurde diese Konstruktion gesellschaftlicher Wirklichkeit sozial gefestigt und bestätigt. Der religiöse Himmel (Gronemeyer, 2012), der sich nahezu selbstverständlich über das individuelle und kollektive Leben wölbte, verlieh Sinn und Zuversicht, Orientierung im Guten wie im Schlechten. In einer christentümlichen Tradition in Europa wurde die Gewissheit vermittelt, dass es mit dem irdischen Leben nicht zu Ende ist. Im Gegenteil: Sterben und Tod konnten mit dem Blick auf den Himmel und dem Blick ins Jenseits relativiert werden. Was waren ein paar Jahrzehnte im irdischen Jammertal, gemessen an der Vorstellung eines «ewigen Lebens» im «himmlischen Jerusalem», in der «Gemeinschaft der Heiligen»? Die spätmittelalterliche Kunst des Sterbens gründete in diesem Glauben an die Auferstehung der Toten, an die Gemeinschaft der Lebenden und der Toten in der Gegenwart Gottes.

Das Sterben, die Sorge um die Toten und das Überleben der Trauernden waren vor diesem Hintergrund sozial und religiös zu bewältigen. Sterben war der Beginn des Übergangs. Der Tod nicht das Ende des Lebens, sondern der Eingang in ein eines neues, ewiges Leben. Man ging hinüber in die andere Welt Gottes und wurde dort erwartet. Die «Einsamkeit der Sterbenden» ist daher ein Phänomen unserer Tage, wie der Soziologe Norbert Elias schreibt:

> *Gegenwärtig haben die den Sterbenden verbundenen Menschen wohl oft nicht mehr das Vermögen, ihnen Halt und Trost zu geben durch den Beweis ihrer Zuneigung und Zärtlichkeit. Sie finden es schwer, Sterbenden die Hand zu drücken oder sie zu streicheln, um ihnen das Gefühl der unverminderten Zugehörigkeit und Geborgenheit zu geben. Das überhöhte Zivilisationstabu gegen den Ausdruck starker, spontaner Empfindungen bindet ihnen oft Zunge und Hand. Auch mögen die Lebenden Sterben und Tod halb unbewußt als ansteckend und so als Bedrohung empfinden; unwillkürlich ziehen sie sich dann von den Sterbenden zurück.*
>
> (Elias, 1982: 46-47)

---

8 Jahrhundertelang etwa haben unsere Vorfahren gebetet: «Vor Hunger, Krankheit, Pest und Krieg, bewahre uns o Herr» (vgl. Imhof, 1988 und Bergmann, 2004).

Sterben heute

In unseren Zeiten versuchen wir wieder, dieser Ortlosigkeit (*u-topos*) des Sterbens einen Ort und Platz zu geben (Gronemeyer, 2007). Der Horizont einer für weite Kreise der Bevölkerung bestimmenden himmlischen Zuversicht ist in Europa weitgehend untergegangen oder oft genug nur noch für Minderheiten erkennbar bzw. glaubwürdig. Viele religiöse Gewissheiten haben ihre Plausibilität verloren. Das Leben hat sich radikal verdiesseitigt. Wie soll der moderne Mensch mit seinen definitiven Grenzen, mit dem individuellen Tod umgehen? Soll er sich schicksalhaft fügen? Oder kämpfen oder im Modus von Planung und Kontrolle sein Leben und sein Sterben selbst in die Hand nehmen?

> *Während in vormodernen Gesellschaften der innerhalb einer sozialen Gemeinschaft gewachsene Brauch den Ablauf ritueller Handlungen am Lebensende bestimmte, werden Rituale in der modernen Hospiz- und Palliativarbeit als etwas gedacht, das herstellbar und vermarktbar ist und das als ein Segment des ganzheitlichen Behandlungskonzepts (in dem die Gestaltung des Abschieds inbegriffen ist) eingesetzt werden kann. Damit droht den Ritualen, deren religiöse Wurzeln bereits gekappt sind, noch einmal ein Verlust: Die Herauslösung aus lebendigen sozialen Zusammenhängen und aus dem Lebensganzen lässt sie zum Kunstprodukt und zur Massenware werden und nimmt ihnen ihre Ernsthaftigkeit.*
> (Fink, 2012a: 12)

Wenn diese Beobachtung die Gegenwartssituation einfängt, dann könnte sie auch ein Hinweis darauf sein, dass dem einzelnen Menschen ein selbstverständlicher und gelassenerer Umgang mit dem Sterben abhandengekommen zu sein scheint. Eben ganz anders als es in einem Text des ungarischen Schriftstellers Sandor Márai, der erstmals 1934 in Budapest erschienen ist, in vielerlei Dimensionen anklingt:

> *Vater litt lange. Menschen, mit denen wir unlösbar verbunden sind, verstehen wir erst im Tod ganz und gar. Er starb in einer fremden Stadt, unter fremden Menschen, nur wir waren um ihn, die Familie, dieses komplizierte Geflecht, dem er – auch das machte der Tod deutlich – Sinn und Inhalt gab. Der Tod des Vaters gleicht immer einer Explosion; dann zerbirst die Familie, jeder geht seinen Weg. Er war bis zum letzten Augenblick bei Bewußtsein; eine halbe Stunden bevor er starb ließ er den Krankenhausarzt rufen und sagte mit einer höflichen Handbewegung: «Ich habe veranlaßt, meine Herren, daß Sie Ihr Honorar bekommen.»*

Er starb wie ein großer Herr, der nicht mit Schulden aus dem Leben scheiden mag, er traf vorsorglich und souverän seine Verfügungen, gab jeden das seine, jeder erhielt ein Lächeln, einen Blick oder Händedruck. «Das ist mein letzter Tag», sagte er am Morgen und sah mit kurzsichtigen und müden Augen lange auf das Laub der Bäume vor dem Fenster. In der kurzen Zeit vor der Agonie, als er mit Sicherheit wußte, daß er in einigen Stunden oder Minuten sterben würde, war er erschütternd weise und ruhig. Ich hatte immer seine erstaunliche Fähigkeit bewundert, das Leben aus dieser zurückhaltenden Perspektive zu betrachten. Diese Fähigkeit blieb ihm bis zur letzten Minute seines Lebens eigen.

(Márai, 2000: 414)

Heute beobachten wir, dass die Ausdifferenzierung der Gesellschaft den Menschen in eine radikale Freiheit versetzt hat, losgelöst, unter dem Flexibilitätsanspruch der Moderne, entbunden von sozialen Bindungen müssen das eigene Leben und Sterben entworfen werden. Ja, über das eigene Sterben wird antizipatorisch (patienten-)«verfügt». Man kann die Debatten rings um die Patientenverfügungen einerseits als Misstrauensvoten und Selbstverteidigungsinstrumente gegen eine Medizin des beziehungslosen Machens, andererseits aber auch als Ausdruck der radikalen Autonomiezumutung lesen. Uns wird zugemutet, in den Krisen unseres Lebens, des oft hilflos machenden Krankseins, der Verletzbarkeit unseres Sterbens autonom (*auto-nomos* = Selbstgesetzgebung), selbstgesetzgeberisch aufzutreten. Denn auf dem gesellschaftlichen Markt der Möglichkeiten, im Spiel der Kräfte und Weltanschauungen wird man gezwungen zu wählen, sich seinen eigenen individuellen Lebenszuschnitt, aber auch sein «Sterbemuster» zu erarbeiten. Der allgemeine Appell ist nur folgerichtig, dass man sich den letzten Mantel (*pallium*) selbst schneidern muss (Porchet-Munro et al., 2005), und dass man praktisch auch die moralische Verpflichtung hat, dies zu tun. Die implizite gesellschaftliche Norm lautet: Bevor du uns zur Last wirst, sorge dafür, dass du uns von deiner Last entlastest. «Selbstentsorgung» ist angesagt.

Die modernen Gesellschaften entwickeln einen neuen Zweig der Versorgung und bieten für das Lebensende im Zuge ihrer Gesundheitswirtschaft mögliche Optionen an. Mit Patientenverfügungen soll individuell ein Bild des eigenen Sterbens entstehen, entlang der Frage, was am Lebensende gewünscht und unerwünscht ist. Ein wachsendes Netz von professionalisierten und hochspezialisierten Hospiz- und Palliative-Care-MitarbeiterInnen sorgt dafür, dass das Lebensende eher diesen Bildern angenähert ist. Sterben ist Teil von Planung geworden. Aber lässt sich Sterben planen? Wie verhält es sich mit den Unplanbarkeiten des Lebens, von Krankheiten? In jedem Fall scheint man zu wissen, was man nicht will: entfremdet, einsam, unter Schmerzen, sinnlos zu leiden, an Maschinen angebunden, seiner Freiheit beraubt, Teil eines großen, anonymen medizinischen Systems zu sein.

Der individuelle Tod, ruhig, friedlich sanft, mit entsprechender Abschiedsbereitschaft (Pfeffer, 2005) hat sich sozusagen als normative, soll man sagen «spirituelle Leitfigur» herausgeschält. Es geht um ein «gutes Sterben» und das scheint heute ohne fremde, professionalisierte Hilfe (Assistenz) nicht möglich zu sein. Es geht mehr denn je um «Lebensqualität im Sterben» und die können offensichtlich nur die Professionellen messen. Es geht darum, die Wahl des Sterbemusters zu haben zwischen Euthanasie, assistiertem Suizid, was in einigen europäischen Ländern (Niederlande, Belgien, Luxemburg, teilweise in der Schweiz) gesetzlich möglich ist, freiwilligem Verzicht auf Nahrung und Flüssigkeit (Sterbefasten) (Chabot/Walther, 2012) und Hospiz-und Palliative-Care-Betreuung.

Hospizbewegung: christlich motivierte Gastfreundschaft

Die internationale Hospizbewegung (Heller et al., 2012) hat sich von diesen «Multioptionen» immer distanziert. Unter dem Dach des Hospizlichen ist kein Platz für Euthanasie. Woher kommt diese Haltung und ethische Position? Zunächst inspiriert durch eine selbstverständliche, christlich begründete Haltung der Nächstenliebe, der Achtsamkeit und der Empathie – viele Pionierinnen und Pioniere, Cicely Saunders etwa und auch zahlreiche PionierInnen in Deutschland kamen aus christlich-gemeindlichen Traditionen, waren Mitglieder religiöser Orden, Pfarrer, Pastoren und begründeten das «hospizliche Ehrenamt» in der Tradition christlicher Diakonie und Caritas. Die britische Ärztin, Pflegeperson und Sozialarbeiterin Cicely Saunders, die sich als engagierte Christin verstanden hat, gilt mit der Eröffnung des St. Christopher's Hospiz 1967 in London – nach 20-jähriger Schwangerschaft mit der Idee, ein Haus für Sterbende zu begründen – als Pionierin der modernen Hospizarbeit und Palliative Care. Hospiz(arbeit) und Palliative Care wurden im Mutterland England immer synonym verwendet. Im Hospizbegriff lebt die Idee der europäischen und altorientalischen Gastfreundschaft fort. Menschliches Leben, als Pilgerschaft begriffen, ist auf Gastfreundschaft angewiesen, um Weg und Ziel zu finden. Hospize bieten eine absichtslose Gastfreundschaft an – im bedingungslosen Interesse am Anderen, an der Anderen um seiner/ihrer selbst willen. Diese Hospizlichkeit ist zunächst eben kein Gebäude, sondern eine Haltung von Personen, eine Kultur in den Organisationen der Gesellschaft. In Deutschland kann die Diskussion um die Einführung der Hospize als Orte eines menschenwürdigen Sterbens nur verstanden werden vor dem Hintergrund der diagnostizierten Erfahrung des «unwürdigen Sterbens im Krankenhaus, aber auch in den Pflegeheimen». In den 70er-Jahren des 20. Jahrhunderts finden breite gesellschaftliche Debatten statt, die durchaus auch eine Publikationsspur hinterlassen haben. Das damals skandalisierte Sterben in «Abstellkammern und in gekachelten Badezimmern» war durchaus Realität. Die Einsamkeit dieses Sterbens erscheint unmenschlich. Die Kritiker postulieren daher ein menschenwürdiges Sterben, begleitet, an eigens geschaffenen Orten, sprich Hospizen. Hospize waren die menschenwürdige, fachliche und organisationale Alternative zu den Krankenhäusern etwa. Der Widerstand gegen diese Idee, die als «Sterbekliniken» jahrelang missverständlich völlig andere Assoziationen im nachkriegstraumatisierten Deutschland (Ghettoisierung der Sterbenden, Euthanasie) freigesetzt hat, war erheblich und von zahlreichen Missverständnissen begleitet. Man hat sich auch gegen «Sterbekliniken» gewehrt, gegen die Konzentration von Sterbenden, weil sie eine kritische Differenz zum «Alltag des Sterbens» im Krankenhaus sichtbar gemacht haben. Mehr als zehn Jahre haben die Pionierinnen und Pioniere gegen die bewusste oder auch missverständliche Etikettierung der Hospize als «Sterbekliniken» (vgl. Heller et al., 2012) gekämpft.

Eine zweite empirisch nachvollziehbare Auseinandersetzungsarena entstand in den 70er-Jahren des 20. Jahrhunderts durch die Euthanasiegesellschaften. Sie haben bis heute das erklärte Ziel, menschenwürdiges Sterben als selbstbestimmtes Sterben zu propagieren und die aktive Sterbehilfe zu legalisieren. Im Grunde wird eine Gleichsetzung argumentiert: Autonomes und menschenwürdiges Sterben ist mit Euthanasie zu ermöglichen. Auch hier lässt sich aus den Perspektiven der Pionierinnen der deutschen Hospizbewegung rekonstruieren, dass dieses Verständnis von «würdigem Sterben = Euthanasie» ein zentraler Impuls war, sich für ein würdiges hospizliches Sterben einzusetzen, das eine umfassende Umsorge darstellt und das Sterben nicht beschleunigt.

Spiritualität der offenen Türen

Die internationale Hospizbewegung entsteht in England auf einem selbstverständlich religiösen Boden, der durchaus christlich-konfessionell inspiriert ist, aber von Cicely Saunders als weltökumenisch intendiert wird. Deutlich beeinflusst wurde diese Impulsierung von Howard Barret, dem Leiter von St. Luke's, einem bereits 1893 gegründeten Heim für bedürftige Sterbende in London. In diesem Heim macht Cicely Saunders die ersten Schritte und Erfahrungen. Der Geist des Hauses war geprägt von seinem Gründer, der 1949 geschrieben hat:

> *Wir denken oder sprechen von unseren Patienten nicht als von «Fällen». Es ist uns vielmehr bewußt, daß jeder einzelne von ihnen einen menschlichen Mikrokosmos mit einzigartigen Charakteristiken und einer eigenen Lebensgeschichte darstellt, der für sich selber und für seine direkte Umgebung unerhört interessant ist. Sehr oft gelingt es einigen von uns, das Vertrauen der Kranken zu erringen und diese Biografie zu erfahren.*
>
> (du Boulay, 1987: 45)

Cicely Saunders hat sich jahrelang mit dem Gedanken beschäftigt, eine Gemeinschaft von Menschen zu sammeln, die sich aus einer religiösen Berufung heraus um Sterbende sorgen. Diesen Plan kann sie nicht realisieren. Doch ideell spannt sie einen inhaltlich-religiösen Bogen, in den hinein sie die Idee des Hospizes stellt. Als nämlich die Kapelle in St. Christopher's eröffnet wird, etabliert sie gleichzeitig eine ökumenische Gottesdienstordnung: freikirchlich, anglikanisch und römisch-katholisch und schreibt:

> *Wir dürfen nie vergessen, daß wir zur viel größeren Gemeinschaft der ganzen Kirche, zur Gemeinschaft aller Heiligen, ja, zur weltweiten Ökumene gehören. Aus diesem Grunde ist St. Christopher's universell und interkonfessionell.*
>
> (du Boulay, 1987: 153)

Dieser religiös-spirituelle Anfangsimpuls wird im Laufe ihres Arbeitens noch deutlich anders akzentuiert. Auf einer Vortragsreise in den USA wurde sie einmal nach der Relevanz einer christlichen Begründung für die Hospizarbeit gefragt:

> *And when I talked, he asked me whether I thought that hospice always had to have a Christian foundation, because I had mentioned that and he knew about*

the nuns over in the States as well as here. And as I started to answer, I realized that if I had said yes I would have been closing doors, and what was very important was to open them. So I said no, but I think you have some kind of philosophical base. You have to know where you go when you're desperate and what your foundations are for work like this.

Und als ich sprach, fragte er mich, ob denn Hospize meiner Ansicht nach immer christlich begründet sein müssten, weil ich dies erwähnt hatte und er wüßte von den Nonnen in den USA ebenso wie hier. Und als ich anhob zu antworten, wurde mir klar, dass wenn ich «ja» sagen würde, dann würde ich Türen zu machen, und es war doch so wichtig, sie zu öffnen. Also sagte ich: «Nein». Aber ich denke, dass man so etwas wie eine philosophisch-spirituelle Grundlage haben muss. Es ist wichtig, dass du weißt, wo du hingehst, wenn du verzweifelt bist und was deine Grundlage ist für eine Arbeit wie diese.

(Übersetzung von Sabine Pleschberger in: Heller et al., 2012: 32–33)

Diese «Spiritualität der offenen Türen» scheint leitend für sie gewesen zu sein, was auch in einem Vortrag aus den 70er-Jahren des 20. Jahrhunderts deutlich wird, wo sie meint: «And even if we believe in God, can we not accept that all religions speak of Him?» «Und auch wenn wir an Gott glauben, können wir es nicht einfach akzeptieren, dass alle von IHM sprechen?» (Übersetzung von Sabine Pleschberger, in: Heller et al., 2012: 33). Der Selbstanspruch, «für alle offen» zu sein, führt heute zu einer «spezifischen Praxis des Spirituellen», etwa Rituale und Symbolhandlungen, aber auch die Redeweisen weitgehend zu entkonfessionalisieren. Selbst ein Hospiz in kirchlicher Trägerschaft stellt sich ein und um. Die ehemalige Kapelle wird zum Gebetsraum für alle, zum Raum der Stille, zum «Abschiedsraum», zum «Meditationsangebot». Elemente islamischer und jüdischer Symbolik, multikonfessionelle und interreligiöse Texte und Gebetbücher akzentuieren den Ort «plural-religiös». Anklänge an konfessionelle Symboliken werden vermieden, mindestens relativiert oder nivelliert. Universalisierung und Religionstranszendenz sind wichtiger. Es finden sich symbolische Zeichen verschiedener weltreligiöser Traditionen oder Natursymbolik (Licht/Dunkel). Im Zuge einer weiteren Professionalisierung der Hospizarbeit und einer fachlich ökonomischen Dominanz durch Palliative Care und Palliativmedizin wird das Konfessionelle «anthropologisiert». In den Abschiedsräumen finden sich Trauerbücher, in denen an die im Hospiz Verstorbenen erinnert wird. Die Bestattungsformen werden konfessionell entkleidet. Verschiedene Rituale sind möglich, schließlich ist die

«Klientel» eben auch von weltanschaulicher Pluralität gekennzeichnet. Individualität ist oberstes Gebot. Individuelle Interaktionsformen charakterisieren die Kultur der hospizlichen Achtsamkeit.

Von Sterbenden lernen?

Die durch die Forschungsarbeiten der in Amerika lebenden Schweizer Ärztin Elisabeth Kübler-Ross begründete Thanatologie macht deutlich: Auch so genannte «austherapierte» Patientinnen und Patienten haben Bedürfnisse nach Kontakt und Beziehung, wollen gewürdigt und nicht gedemütigt werden und erleben unterschiedliche Dimensionen einer affektiv-kognitiven Auseinandersetzung mit ihrem drohenden Tod, die empathische Kommunikation sowie umfassende Aufmerksamkeit als menschliches Grundrecht erfordern (Schaup, 1996; Kübler-Ross, 1997, 1991). Auch sie hat durch ihre breite Forschung, Publikations- und Seminartätigkeit einen großen Einfluss auf die Entwicklung in Deutschland gehabt.

Elisabeth Kübler Ross (1926–2004) war gebürtige Schweizerin. Sie engagierte sich 1945 als Mitglied der Internationalen Friedensmission, die sich den Wiederaufbau der durch den Zweiten Weltkrieg zerstörten Regionen zum Ziel gesetzt hatte. Im Konzentrationslager Majdanek fand sie in den Baracken der Häftlinge eingeritzte Schmetterlinge, Symbole für die Transformation des Lebens. Im Nachwort zu ihrer ersten Biographie, die die Lebensjahre bis 1969 beschreibt nimmt sie Bezug auf die «verheerenden Folgen der Nazizeit»:

> *Dadurch dass ich die Gaskammern und Konzentrationslager und den Waggon mit den kleinen Schuhen der in Majdanek ermordeten Kinder gesehen und mit einem jüdischen Mädchen gesprochen habe, das diesen furchtbaren Alptraum, den Todesmarsch ihrer Familie in die Gaskammern, durchlitten hatte, lernte ich, dass es uns anheimgestellt ist, ob wir als Opfer unserer Verbitterung, unserer negativen Gefühle und Rachebedürfnisse weiterleben oder ob wir uns dafür entscheiden wollen, das Negative hinter uns zu lassen und solche Tragödien als Stürme des Leben zu betrachten, durch die wir auch Stärke gewinnen und reifen können. Solche Erfahrungen können auch anderen helfen, ihre Negativität zu überwinden und stärker «runder» und schöner zu werden wie ein Stein, der geschliffen wird. Die Frau, die ihre ganze Familie und zwölf ihrer dreizehn Kinder in Majdanek verloren hatte, lehrte mich die Liebe, die keine Forderung stellt, sie lehrte mich Glauben und absolutes Vertrauen.*
>
> (Kübler-Ross, 1991: 375)

Im Jahre 1958 wandert sie mit ihrem Mann in die USA aus und arbeitet als Psychiaterin in verschiedenen Kliniken; 1969 gibt sie ein Buch heraus: «On Death and Dying», das auch in Deutschland unter dem Titel «Interviews mit Sterbenden» erschien. In diesem Buch verdichtet sie die Erfahrungen im Umgang mit sterbenden Menschen und erzielt nicht nur in den USA, sondern weltweit einen überwältigenden Erfolg. Sie wird weltweit eingeladen und trägt mit ihren vielen öffentlichen Auftritten dazu bei, dass das Sterben thematisiert wird. Elisabeth Kübler-Ross inspiriert mit ihren Arbeiten die Hospizbewegung, natürlich durch die Erkenntnis, dass Sterbende nicht als Objekte der Betreuung zu sehen sind, sondern als Menschen, als LehrerInnen, von denen wesentliche Dimensionen des Lebens zu lernen sind:

> *Unterstützung fand ich immer bei meinen Patienten und deren Familien und den Studenten, die meine Seminare bis auf den letzten Stehplatz füllten, und nicht bei dem medizinischen Establishment. Eine schwarze Putzfrau an der Universität von Chicago wurde meine Lehrerin. Ein sterbendes Kind zeigte mir die wunderbare Weise, in der Kinder ihre Wahrnehmungen mitteilen. Die Mutter eines sterbenden Kindes, die mich an ihrem Schmerz und ihrer Verzweiflung Anteil nehmen ließ, lehrte mich, dass die Menschen fähig sind, sich über ihren Schmerz zu erheben und anderen zu helfen, die Ähnliches durchmachen. Und mehr als alle anderen war es Eva – die mir in unseren Gesprächen anvertraute [...], was es bedeutet, an Leukämie zu leiden, zweiundzwanzig Jahre alt zu sein und innerhalb kurzer Frist sterben zu müssen –, die mir durch ihren Mut, ihre Würde und Liebe eine unglaubliche Lehre über das Leben vermittelte. [...] Von unseren sterbenskranken Patienten und aus unserer Erforschung des Lebens nach dem Tod haben wir gelernt, wie man mit den unerledigten Dingen des Lebens fertig wird – mit Schuld, Scham und Angst. Von den Kranken haben wir gelernt, wie man diese Schuldgefühle externalisieren und hinter sich lassen kann, wie man statt Mitleid, das den Mitmenschen klein macht, wirkliches Verständnis und Mitgefühl aufbringt.*
>
> (Kübler-Ross, 1991: 373–379; 376–377)

Zwei Pionierinnen an der Wiege der internationalen Hospizbewegung

Cicely Saunders und Elisabeth Kübler-Ross haben mit ihrem Lebenswerk viele Aspekte und Dimensionen thematisiert, die für eine gute Umsorge am Lebensende von Bedeutung sind und bis heute für die Hospizbewegung und Palliativmedizin relevant sind. Sterben und Tod werden als ein natürlicher Teil und Prozess des Lebens betrachtet. Sterben ist keine Diagnose (auch wenn es heute Tendenzen in der Medizin gibt, das so zu sehen), keine Krankheit, die eine Therapie erfordert. Sterben ist die letzte Phase des Lebens. Es ist selbstverständlich, Sterbende nicht aus dem Leben auszusondern, sondern sie Teil haben zu lassen, mit ihnen im Gespräch und in Beziehung zu sein, ja von ihnen zu lernen. Dieser Fokus ist von tragender Bedeutung. Das Bemühen, die Sichtweise und Erlebensweise Sterbender zu verstehen und den Sterbenden, die keine Stimme (mehr) haben, eine Stimme zu geben, kann als eine der Schlüsselhaltungen des Hospizlichen gelten. Damit verbunden ist die Einsicht, dass es eine umfassende Aufmerksamkeit und das Zusammenspiel aller Berufsgruppen braucht. Wir sind und bleiben Lernende in der Schule des Lebens. Hospize sind dann auch Orte des Lebens, des Lernens (und damit auch des Forschens), die den individuellen Bedürfnissen der Erkrankten und ihrer Zugehörigen menschlich und fachlich gerecht werden sollten. Ausbildung und Kompetenzentwicklung bilden wichtige Bausteine der Versorgung am Lebensende.

Die Auseinandersetzung mit dem Sterben und Tod ist eine Auseinandersetzung mit dem Leben. Elisabeth Kübler-Ross reflektiert diese Dimension in ihrer Autobiographie:

> *Jedesmal wenn ich einen Patienten in den Hörsaal brachte und ihn dann wieder hinausbegleitete, erinnerte mich sein Leben an eines der Millionen Lichter an einem weiten Himmel, das für einen kurzen Augenblick aufflackert, um dann in der Endlosigkeit der Nacht zu verschwinden. Die Lektionen, die uns jeder einzelne lehrte, ließen sich in ein und derselben Botschaft zusammenfassen: «Lebe so, dass du nicht zurückschaust und bereust, dass du ein Leben vertan hast! Lebe so, dass du nicht Dinge, die du getan hast oder die du gerne anders gemacht hättest, bereuen musst! Lebe ehrlich und ganz! Lebe!»*
>
> (Kübler-Ross, 1997: 177)

Konzeptionelle Perspektiven von Hospizarbeit und Palliative Care

Gemäß der weltweit rezipierten Definition der Weltgesundheitsorganisation (WHO) ist Palliative Care:

> [...] ein Ansatz, mit dem die Lebensqualität von PatientInnen und ihren Familien verbessert werden soll, wenn sie mit einer lebensbedrohlichen Erkrankung und den damit verbundenen Problemen konfrontiert sind. Dies soll durch Vorsorge und Linderung von Leiden, durch frühzeitiges Erkennen, fehlerlose Einschätzung und Behandlung von Schmerzen und anderen physischen, psychosozialen und spirituellen Problemen erfolgen.

Diese Definition umfasst einen akzentuierten Einbezug der Angehörigen und Zugehörigen – also von Personen, die, betroffen vom Leiden anderer, mit ihnen verbunden die Sorge und Umsorge teilen. Auch wird die besondere Aufmerksamkeit für die Trauer herausgestellt, die nicht erst nach dem Tod einsetzt, sondern den oft langen Prozess von der Diagnose einer chronischen Erkrankung, den multiplen Behandlungen bis zum Tod und darüber hinaus umfasst. Von den in vielen Ländern immer wieder aktualisierten Diskussionen um die aktive Sterbehilfe grenzt sich die WHO-Definition, die mittlerweile wie eine normative Richtlinie in der Palliative-Care-Community gesehen wird, deutlich ab.

In der überarbeiteten Fassung der ursprünglichen Definition aus dem Jahre 1990 wird dezidiert hervorgehoben, dass Palliative Care als Ansatz schon sehr früh im Krankheitsverlauf, und zwar parallel zu kurativen Maßnahmen zur Geltung kommen sollte. Wie diese konzeptionellen Bausteine in den verschiedenen Gesundheitssystemen umzusetzen sind, bleibt offen: Und so haben sich in den vergangenen 20 Jahren in Deutschland, Österreich und der Schweiz vielfältige Strukturen und vor allem immer weiter spezialisierte Angebotsformen herausgebildet.

Über diese spezialisierte Angebotspalette hinaus erfolgt eine Umsetzung der Idee durch die Entwicklung der Grundversorgung, dort in erster Linie durch differenzierte Aus-, Fort- und Weiterbildung, von Einführungen für Ehrenamtliche bis zu Masterstudiengängen in Palliative Care. Ein weiterer Ansatzpunkt richtet den Blick auf die Verzahnung und Verschränkung der Entwicklung von Personen mit der Entwicklung von Organisationen, ausgehend von der Einsicht, dass eine Kultur des Sterbens immer auch eine Organisationskultur des Sterbens (Heller, 1994) ist. Hospizarbeit und Palliative Care werden, vor allem im deutschsprachigen Raum, als Versorgungskonzepte mit unterschiedlichen Akzentuierungen rezipiert. Palliative Care wird nach diesem Verständnis häufig mit «Palliativversorgung» übersetzt. Diese schlichte Übersetzung nimmt den Facettenreichtum des englischen Terminus *care* nicht auf. Der «Versorgungsbegriff» ist nicht unproblematisch, da er eine Arbeitsteilung insinuiert, in der die einen als Subjekt der Versorgung handeln und andere als Objekte der Versorgung behandeln. Deshalb erscheint es angemessen, den aus dem skandinavischen Sprachraum stammenden Begriff der «Umsorge» aufzunehmen bzw. von hospizlich-palliativer Sorgekultur zu sprechen.

Hospizliche Haltungen

In Zeiten der Ökonomisierung und Verbetriebswirtschaftlichung des Gesundheitswesens hält die Hospizidee in kritischer Differenz diese sorgende Aufmerksamkeit für Menschen in Not, mit Hilfe- und Unterstützungsbedarf am Lebensende gegenwärtig. Zunächst ist die Hospizbewegung eben eine BürgerInnenbewegung, getragen von ehrenamtlich engagierten Menschen, die sich für das Recht auf ein gutes, würdiges und individuelles Sterben am Lebensende und die Möglichkeit dazu einsetzen, unabhängig von Religion, Rasse, Geschlecht und Ökonomie. Palliative Care (in Deutschland als Palliativmedizin übersetzt) leitet schließlich einen tiefgreifenden, bis heute prägenden Prozess der Professionalisierung ein – in den deutschsprachigen Ländern dominiert durch Medikalisierung und Institutionalisierung. Man wird sich diese Entwicklung in einem Rückblick auf die Dynamik von Palliative Care vergegenwärtigen können. Erst auf diesem Boden wird verständlicher, warum Spiritual Care als neue akademische Disziplin und eine spirituelle Praxis als ethische Anforderung eines guten Sterbens entstehen.

Der Begriff «palliativ» leitet sich vom Lateinischen *pallium* (Mantel) ab und wird in der deutschsprachigen Rezeption in erster Linie mit «ummanteln, umhüllen» im Sinne von «fürsorglichem Beschützen» wiedergegeben. Etymologisch wurzelt dieses Lateinische im Indoeuropäischen: «Palliativ» verweist auf «pel», was so viel wie Fell, Tierhaut bedeutet, woraus die Bedeutung «pelte», also waffenabwehrende Schilder für den kriegerischen Einsatz entstand (Heller/Pleschberger, 2008). Dieser Doppelaspekt von palliativ ermöglicht, eine aktivere Rolle der Betroffenen in den Blick zu nehmen und unterstreicht die «radikale Betroffenenorientierung» (Heller, 1999; Heller/Knipping, 2007) dieses Ansatzes im modernen Gesundheitssystem. Es geht immer um eine angemessene Balance von Zuviel und Zuwenig (etwa invasiven, therapeutischen Maßnahmen), es geht um die Balance von Verlangsamung und Beschleunigung des Sterbens, wie es die WHO in ihrer Definition belletristisch formuliert.

Von der Würde des Lebens und des Sterbens inspiriert

Sterben ist keine Krankheit, sondern ein normaler Teil menschlichen Lebens. Sterben ist nicht zu pathologisieren. Sterben ist keine Diagnose, die dann eine Therapeutisierung notwendig macht. Sterben gehört zum Leben, ein einfacher Satz mit Konsequenzen. Manche Hospize erinnern daran, indem sie von Gästen und nicht von Patienten sprechen. Diese Normalitätsperspektive lässt das Sterben neben allen Professionalisierungsanstrengungen auch immer wieder – oder sollte man sagen prioritär – als Aufgabe menschlicher und gesellschaftlicher Solidarität, als eine Frage der Haltung und Wahrnehmung erscheinen. Sie macht Hospizlichkeit zu einem «Versprechen», wie Gerda Graf und Gerhard Höver formulieren, dass nämlich die Hospizidee «nicht aus einem allgemeinen Konzept sozialer Solidarität abgeleitet werden kann, sondern umgekehrt die Hospizidee ein genuines und unabdingbares Erkenntnisprinzip der humanen ‹Qualität› einer Gesellschaft ist» (Graf/Höver, 2006: 151).

Von der Individualität des Lebens und Sterbens inspiriert

Menschen leben nicht nach Schema und sie sterben nicht nach Schema. Jeder Versuch, ausschließlich standardisierte Versorgungsmodelle im Sinne eines linearisierten Prozesses der Qualitätsentwicklung zu entwerfen, scheitert am individuellen Lebensanspruch, an den persönlichen und biographischen Bedingungen, den individuellen Brüchen in den Biographien und an den anderen Erwartungen der Betroffenen. Die Verbetriebswirtschaftlichung unseres Gesundheitssystems auch in der Palliativversorgung zählt mittlerweile, was gezählt werden kann, sodass die Patienten in einem noch nie gekannten Ausmaß zum Mittel der Ertragsteigerung geworden sind. Also, nichts mit den hymnischen Leitbildbeschwörungen: Der Mensch steht bei uns im Mittelpunkt. Und doch hält die Hospizbewegung solidarisch mit den Betroffenen aufrecht und wie ein roter Faden zieht sich dies durch die publizierten Erfahrungen: Es zählt, was erzählt werden kann. Die Geschichten in und aus den Beziehungen mit Menschen, die nur noch eine begrenzte Zeit zu leben haben, zählen. Menschliches Leben, individuelle Schicksale lassen sich eben nicht nur in Zahlen und Diagrammen abbilden, sie sind auch keine «Fälle» (Gadamer, 1993), keine Sterbe- und/oder Versorgungsfälle, die fallbezogen in der Arithmetik einer industrialisierten Versorgungs- und Entsorgungswirtschaft zu managen sind.

In dieser Dynamik scheint sich das Ziel der Hospizbewegung verändert zu haben. Man spricht heute davon, dass es um Lebensqualität und Schmerzfreiheit gehe. Das verwundert nicht, weil diese Perspektiven sehr gut in die Logik des Zählens und Vermessens, des Abwiegens und der statistischen Durchschnittswerte passen.

Die Spiritualität der Hospizbewegung erwächst aus der Selbsterfahrung im Umgang mit der Grenze, dem Sterben und dem Tod. In der Hinwendung zum anderen Menschen ist sie in den Augen des Begründers der Internationalen Gesellschaft für Sterbebegleitung und Lebensbeistand (IGSL), des Limburger Arztes Paul Becker, praktizierte Nächstenliebe. Becker befürchtet zum Beispiel, dass eine von der Erfahrung entkoppelte Wissenschaft bzw. eine falsch verstandene Professionalisierung dabei ist, zum bestimmenden Faktor in der Hospizbewegung zu werden. Er sagt dies vor dem Hintergrund des Verlustes einer einfachen Spiritualität der Nächstenliebe:

> *Hospizarbeit ist eigentlich etwas, was mit Nächstenliebe zu tun hat und das geschieht spontan. Das Zertifikat alleine macht's nicht. Mir ist mal Folgendes passiert: Ich hatte am Anfang geglaubt, ich brauche nur Bücher zu lesen – also das war schon in den 70er-Jahren des 20. Jahrhunderts – brauche nur Bücher zu lesen und brauche nur Seminare und Kongresse zu besuchen und brauche nur Kommunikationstraining oder Gesprächsführung zu üben, dann kann ich's. Ich konnte es nicht! Und da bin ich einmal in meiner Not zu Frau Kübler-Ross gegangen und hab' gesagt: «Elisabeth, jetzt hab' ich das und das und das absolviert» – ich habe alle Duplikate vorgelegt, alle Zertifikate, alle Bestätigungen usw. – «ich kann's immer noch nicht. Wo kann ich denn jetzt endgültig Sterbebegleitung lernen?» Sie hat geantwortet: «Geh' dorthin, wo einer stirbt und frag' ihn, was Du für ihn machen kannst. Dann lernst Du es.» Ich kann ja auch Autofahren nicht nur durch theoretischen Unterricht lernen. Ich muss hinterm Lenkrad sitzen. Ich kann auch niemandem theoretisch beibringen wollen, durch Trockenübungen, wie man schwimmt. Schwimmen lernen kann man nur, wenn man ins Wasser geht. Vorher nicht. Das gehört beides zusammen. Und da muss man achtgeben, dass die Institutionalisierung oder dass die Theoretisierung oder Verwissenschaftlichung in der Hospizarbeit nicht der alleinbestimmende Faktor wird.*
>
> (Heller et al., 2012: 194 f.).

Die Hospizbewegung in Deutschland hat sich in gewisser Weise als eine Menschenrechtsbewegung entwickelt, die die bedingungslose Solidarität mit sterbenden Menschen und ihren Angehörigen in den Mittelpunkt gestellt hat. Als soziale Bewegung hat sie ein Charakteristikum mit anderen sozialen Bewegungen gemeinsam, das Agenda-Setting, die «Thematisierungs- und Problematisierungsleistung». Die Thematisierungsleistung der Hospizbewegung besteht darin, dass sie die Themen Sterben, Tod und Trauer auf die Tagesordnung der Gesellschaft gesetzt und in ihren Kommunikationshaushalt qualitativ anders eingespeist hat. In der nun seit etwa drei bis vier Jahrzehnten beobachtbaren Debatte zum Sterben in den modernen Gesellschaften wurde menschenwürdiges Sterben weltweit als ein Menschenrecht postuliert. Was hier nun Solidarität zugunsten der Menschenwürde Sterbender und ihrer Angehörigen bedeutet, braucht einiges an Verständigungen.

Vielseitig musikalisch und mehrsprachig

Auf der fachlichen Seite gibt es so etwas wie das Leitbild, der Mehrsprachigkeit, den Geist der Teamarbeit und des Aufeinanderverwiesenseins. Auguste Everding erinnert sich, dass in den Anfängen sehr um die Hospizphilosophie gerungen wurde. Beeinflusst von Pater Iblacker, aber auch von den Erfahrungen, die Brigitte Hirsch, eine deutsche Krankenschwester, vom Palliative-Care-Training aus Schottland mitbrachte. Schließlich kam das gesamte schottische Hospizteam nach München:

> *Wo diese ganze Mannschaft uns besucht hat und mit Arzt und Geistlichen und leitender Krankenschwester. Das war immer schon so der erste Ansatz, was man später Multiprofessionalität nannte […] dass sie von all diesen Elementen die in den Berufen drinstecken, zusammengetragen worden ist. Dass das, was eine Krankenschwester dazu zu sagen hat wichtig zu nehmen ist, was ein Arzt dazu zu sagen hat und ein Geistlicher dazu zu sagen hat. Und das hat sich mit verschiedenen Gewichten immer noch erhalten. Ich würde sagen, heute leider nicht mehr bei allen so, aber das war für uns am Anfang das Entscheidende. Und nicht, wie das dann sofort losging, als die Mediziner daran gerochen haben, hieß es, der Führer eines Hospizdienstes muss ein Arzt sein. Und wir haben eben heftig diskutiert, nein, das muß der Patient sein. Und das durchzusetzen, das können Sie sich nicht vorstellen […] was das in der Medizin der damaligen Zeit geheißen hat.*
> (Augusta Everding, in: Heller et al., 2012: 158)

Hospizarbeit ist mehrsprachig, sie ist immer und vor allem erzählend, sie beginnt immer narrativ – wie übrigens auch die ethischen Fragen, wie wir leben, handeln und was wir unterlassen sollten – und hört auch auf, indem die Verstorbenen in Geschichten erzählend gegenwärtig gesetzt werden.

Sich kritisch positionieren

Mit dem vorangehend Gesagten verbunden ist die Einsicht, dass wir das Leben und Sterben und damit die sterbenden Menschen nie unter Kontrolle bringen. Die semantischen Surrogate von Symptomkontrolle, von *total pain management*, Anleihen an eine sozialtechnologische Managementsprache, die unterstellt, man würde das Problem mit dem Sterben schon «in den Griff bekommen», brechen sich an der Realität. Das Sterben von Menschen ist eben nicht fabrikmäßig, im Modus eines omnipotenten Qualitätsmanagements planbar. Es ist immer auch anarchistisch, unheimlich, eben nicht herstellbar, es sei denn um den fürchterlichen Preis einer auf Sterbeproduktion angelegten, bürokratisch inszenierten Entsorgungspraxis. Literarisch sind diese Szenarien schon erdacht, von der Realität werden sie derzeit eingeholt. So hat etwa der schwedische Autor Carl-Henning Wijkmark in seinem Theaterstück «Der moderne Tod. Vom Ende der Humanität», das 1978 erstmals auf Schwedisch, 2001 dann auf Deutsch erschienen ist, das apokalyptische Bild entwickelt, dass die Gesundheitsplaner am Tisch sitzen, um die «demographische Katastrophe» politisch zu bewältigen. Die Ursache der Versorgungsproblematik ist dabei schnell identifiziert: «Und die Wurzel des Übels ist nicht primär, dass die Euthanasie ungesetzlich ist, sondern sie ist es, weil so wenige eine Euthanasie verlangen.» (Wijkmark, 2001: 13). Die Lösung bestünde demnach darin, die Selbstabschaffung in die Köpfe der Leute einzupflanzen. Im europäischen Vergleich gibt es bereits Anzeichen der Homogenisierung der Sterbekulturen und der Entwicklung von Euthanasie als adäquate wählbare Dienstleistung, als Alternative zu Palliative Care.

Widersprüche aushalten

In unübertrefflicher Dichte hat Inger Hermann, die gemeinsam 1987 mit Daniela Tausch und Lis Bickle in Stuttgart die Hospizbewegung aufgebaut hat, beschrieben, wie sehr aus dem Hineingehen in die Themen und dem Dabeibleiben Leben erwächst. Spiritualität, die sich durch eine eigene Vitalität ausdrückt:

> *Und mir ist es ein ganz großes Anliegen, dass Menschen erkennen, dass, wenn man den Tod ausspart, halbiert man das Leben. Und wenn man auf welchem Wege immer, es hinkriegt ... hinzuschauen, aber das heißt nicht, den Schmerz oder den Abschied, Trauer und so, alles zu negieren, sondern hinzuschauen und*

auszuhalten, Hilflosigkeit auszuhalten, dass das Leben ganz neu irgendwie anders anfängt zu blühen. Das heißt aber nicht, dass man manchmal (nicht) verzweifelt ist und sehr hilflos und manchmal auch weint oder selber Angst kriegt. Das gehört alles dazu, aber es gehört zur Lebendigkeit dazu.

(Hermann, 2012)

Thile Kerkovius, Begründer und langjähriger Leiter des ersten deutschen AIDS-Hospizes in Oberharmersbach, Schwarzwald, fasst diese «hospizlich-spirituelle Haltung» so zusammen:

Wir kommen als Betreuer mit leeren Händen und sitzen da oft am Bett und haben eigentlich nichts: weder tolle Techniken noch tolle Kenntnisse noch sonst was. Wenn man sich wirklich auf die Betreuung von sterbenden Menschen einlässt, dann wird man, wenn man ehrlich ist, irgendwann Momente allergrößter Hilflosigkeit erleben und das sind die kostbarsten Momente, weil da Begegnung mit dem sterbenden Menschen auf Augenhöhe, auf gleicher Ebene, stattfindet und mein ganzes Expertentum «beim Teufel» ist. Sterben konfrontiert uns mit Fragen, auf die es keine (Experten)antworten gibt.

(Heller et al., 2012: 228 ff.)

Hospizlichkeit oder Palliative Care ist ein solidarischer Ansatz. Solidarisch mit denen, die Hilfe brauchen, die schwach sind, die *care*, Sorge und Umsorge beanspruchen können. Hospizlichkeit weiß, dass wir als Menschen angewiesen und verwiesen sind. Im Sterben wird radikal diese Verwiesenheit auf Andere spürbar.

Die Spiritualität der Gabe

Die hospizliche Sorge um andere, die sich «mit leeren Händen» dem leidenden Anderen nähert, lehrt uns im Kern, dass es keine «Gabe» und kein «Geben» eines souveränen Subjekts geben kann – wobei «souverän» im Sinne der herstellenden/instrumentellen Kunst zu verstehen ist. Es kann keine geplante, rationale, auf wissenschaftlichem Wissen gebaute «Gabe» geben, die gezielt auf messbare Ergebnisse der «Intervention» aus ist. Dabei handelt es sich um «Leistungen», eben Dienstleistungen. Es gibt keine patriarchale Gabe von oben herab. Das Geben hat damit auch keinen definierten Gegenstand. Man «gibt» nicht etwas, sondern nur sich selbst, und zwar ein «abgerüstetes» Selbst. Geben setzt ein Aufs-Spiel-Setzen der eigenen Souveränität voraus. Das hospizliche Ethos oder die Logik der Gabe invertiert die Logik mehr, aber auch weniger machtvollen Expertenhandelns. Was ein sorgender oder helfender Mensch in der initialen Asymmetrie, die die Sorgebeziehung auszeichnet, einem leidenden Menschen schenkt, ist nicht diese oder jene Leistung oder Wissen, sondern gerade das eigene Nichthandeln und Nichtwissen. Nicht der oder die Empfangende von Sorgeleistungen ist plötzlich «passiv», sondern der oder die initial Gebende ist «passiv», empfänglich – oder genauer: macht sich dazu, leistet eine Arbeit an sich selbst («Abrüsten»), um für den anderen Menschen in seiner Individualität offen zu sein:

> «Mir nicht vorzunehmen, heut' mach ich dies oder heut' sprech' ich über das, sondern ich gehe leer hin und warte, welche Situation ich vorfinde. Was mich erwartet. Es ist meistens irgendetwas ganz anderes als man selber erwartet.»
>
> (Ruth Albrecht in: Heller et al., 2012: 273)[9]

Die eigentliche Haltung des Sorgens ist eine fragende Haltung gegenüber dem leidenden Menschen. Aus einer solchen Annäherung heraus kann sich nun ereignen oder sich in einem «Sorge-Moment» er-geben, dass der Schwache aus seiner Schwäche heraus seinerseits «gibt» und die initiale Asymmetrie in der Handlungsfähigkeit zu einer Begegnung auf Augenhöhe wird:

> *In der wahren Sympathie findet das Selbst, dessen Handlungsvermögen anfangs größer ist als das eines Anderen, sich von all dem berührt, was der leidende Andere ihm im Gegenzug anbietet. Denn vom leidenden Anderen geht ein Geben aus, das eben nicht mehr aus seinem Vermögen zu handeln und zu existieren schöpft, sondern aus seiner Schwachheit selber. Dies ist vielleicht die größte Prüfung der Fürsorge: Die Ungleichheit der Vermögen kann durch authentische Reziprozität kompensiert werden, die sich in der Stunde des Todeskampfes in ein gemeinsames Murmeln der Stimmen oder einen kraftlosen Händedruck flüchtet. [...] Ein an die Verletzlichkeit seiner Sterblichkeit erinnertes Selbst kann von der Schwachheit des Freundes mehr empfangen, als es ihm gibt, indem es aus seinen eigenen Kraftreserven schöpft.*
>
> (Ricœur, 2005: 232 f.)

---

9 Ich beziehe mich in den nachfolgenden Interviewpassagen auf ein Forschungsprojekt zur Geschichte der Hospizbewegung in Deutschland, das wir als Oral-history-Projekt angelegt haben. Im Laufe des Projekts wurden 76 Pionierinnen und Pioniere der Hospizbewegung in Deutschland interviewt (vgl. Heller et al., 2012).

Die Spiritualität der «Umsonstigkeit» (Ivan Illich)

Diese Gedankengänge stehen im Umbruch einer Gesellschaft, in der die Instrumentalisierung aller Lebensbezüge, erst recht der Interaktionsbezüge im Gesundheitssystem, die sich natürlich auch auf die Sterbenden selbst beziehen, im Vordergrund stehen. Damit geht die Gabe, das Geschenk der Sorge verloren, was Ivan Illich «Umsonstigkeit» (*gratuité*) nannte. Ihm sei daher das letzte Wort gegeben ein Gespräch zitierend, das er mit David Caley vor seinem Tod führte. In diesem Text liegt der Kern der Spiritualität der Hospizbewegung:

> *Mit der wachsenden Vorherrschaft der Instrumentalisierung in dieser Zeitspanne von 800 Jahren wurde es gewiss, offensichtlich und natürlich, dass immer dann etwas zustande gebracht wird, wenn es mittels eines Instruments zustande kommt. Das Auge wird als Instrument wahrgenommen, um das zu registrieren, was vor mir ist; die Hand wird als Werkzeug betrachtet und als ein Instrument bezeichnet, das durch evolutionäre Entwicklung geformt wurde. Die Liebe ist ein Mittel zur Befriedigung. So wie es fast undenkbar wird, mich durch ein «Soll» leiten zu lassen, das nicht durch irgendeine Norm bestimmt ist, so wird es auch undenkbar, dass ich ein Ziel verfolgen könnte, ohne zu diesem Zweck ein Instrument zu verwenden. Mit anderen Worten: Instrumentalität bringt innerhalb der Gesellschaft eine ungewöhnlich starke Intensität der Zweckgerichtetheit mit sich. Und mit dieser zunehmenden Instrumentalisierung in der westlichen Gesellschaft geht der Mangel an Aufmerksamkeit einher für das, was man traditionell «umsonst» nannte. Gibt es ein anderes Wort für die zweckfreie Handlung, die eben nur getan wird, weil sie schön, gut und passend ist, aber nicht, weil man mit ihr etwas erreichen, errichten, verändern, verwalten will? Du hast mich gebeten, über eine gnaden-lose Welt zu sprechen, und mir scheint, dass das geläufige Wort für das Gegenteil von zweckgerichtetem Handeln das absichtslose Handeln ist. Im Deutschen erfand ich das Wort Umsonstigkeit für solche Absichtslosigkeit, und es scheint hängengeblieben zu sein, auch wenn es in keinem Wörterbuch steht. Ich bin also der festen Überzeugung – und ich kann das untermauern, indem ich auf bedeutende Denker und Autoren unseres Jahrhunderts hinweise – dass der Verlust der Umsonstigkeit einen Aspekt der Moderne bildet. Einer der tiefer liegenden Gründe dafür ist, dass die Philosophen seit der Aufklärung im Großen und Ganzen nicht mehr über Ethik und Moral als Suche nach dem Guten sprechen, sondern zunehmend über Werte. […] Werte stehen immer in Beziehung zu Effektivität und Effizienz, also zu einem Mittel, einem Werkzeug, einem Zweck. Am Ausgang der Moderne ist es sehr schwer geworden, sich ein Tun vorzustellen, das schön und gut ist, ohne in irgendeiner Weise zweckgebunden zu sein.*
>
> (Illich, 2006: 252 f.)

5. Zwischen Bindung und Loslösung: weibliche und männliche Religiosität/ Spiritualität

Birgit Heller

Religiosität/Spiritualität und Geschlecht

Erst in jüngster Zeit keimt im Gesundheitsbereich ein zaghaftes Interesse für die Frage auf, ob das Geschlecht die Bedeutung von Religiosität/Spiritualität in der Krankheit, am Lebensende und im Alter beeinflusst (vgl. Wasner, 2009; Hefti, 2012). Da dem Faktor Religiosität/Spiritualität generell zunehmend eine Auswirkung auf Gesundheit und Lebenserwartung zugeschrieben wird, sind besonders signifikante geschlechtsspezifische Unterschiede, wie etwa die Langlebigkeit von Frauen, auch damit in Zusammenhang gebracht worden (zum Forschungsstand vgl. Hefti, 2012: 35–47). Die Erkenntnis, dass Frauen und Männer rollenspezifische Aufgaben erfüllen, die die Rahmenbedingungen ihres Lebens prägen (Frauen leisten den Hauptteil der Sorge- und Pflegearbeit, bleiben im Alter häufig allein und finanzschwach zurück), ihren Körper anders wahrnehmen und mit Krankheiten unterschiedlich umgehen, motiviert dazu, auch nach geschlechtsspezifischen spirituellen Bedürfnissen kranker und sterbender Menschen zu fragen (vgl. Wasner, 2009: 215). Allerdings stellt die Erhebung von spirituellen Bedürfnissen nur einen Teilaspekt der geschlechtsspezifischen Perspektive von Spiritual Care dar.

Krankenpflege, Altenhilfe, Hospizbewegung und Palliative Care sowie Totensorge sind – wie alle pflegebezogenen Tätigkeiten – weitgehend Frauendomänen. Zugespitzt auf den speziellen Bereich der Altenhilfe befinden sich Frauen sowohl auf der Seite derer, die Subjekte der Sorge sind, als auch auf der Seite der Sorgenden in der überwältigenden Mehrheit. Pflegeheime sind Frauenwelten (zu den verschiedenen Facetten vgl. Reitinger/Beyer, 2010). Diese Vorgaben legen es nahe, nicht nur die spirituellen Bedürfnisse der Betroffenen, sondern auch die Spiritualität der Sorgenden in der Pflege-, Hospiz- und Palliativkultur aus der Perspektive des Geschlechts zu betrachten. Ein größerer Horizont, der die soziokulturellen Rahmenbedingungen der geschlechtsspezifisch geprägten Lebenswelten integriert, öffnet den Blick für die verschiedenen Dimensionen des Zusammenhangs von Spiritualität und Geschlecht. Verschiedene empirische Studien haben ergeben, dass Religiosität/Spiritualität für Frauen und Männer einen unterschiedlichen Stellenwert zu haben scheint, allerdings wird darauf hingewiesen, dass die Datenlage bislang für einen wirklichen Beweis nicht ausreiche (Wasner, 2009: 218). Im Hintergrund dieser Forschungen steht die These, Frauen seien grundsätzlich religiöser/spiritueller als Männer. Wenngleich es gute Gründe gibt, die universale Gültigkeit dieser Behauptung zu bezweifeln und auch zurückzuweisen (vgl. jüngst Klein, 2012: 8), zeigen sich quer durch die Geschichte der Religionen in allen Kulturen geschlechtsspezifische Unterschiede in Hinblick auf Religiosität/Spiritualität.

Sex und Gender: Natur versus Kultur?

Dass die beobachtbaren Unterschiede zwischen Frauen und Männern nicht aus angeborenen weiblichen bzw. männlichen Eigenschaften resultieren, sondern mit verschiedenen soziokulturell konstruierten Geschlechterrollen zu tun haben, wird seit den 70er-Jahren des 20. Jahrhunderts mit dem Begriff *gender* ausgedrückt. Gender meint ursprünglich das grammatikalische Geschlecht und wird in Abgrenzung von *sex*, dem biologischen Geschlecht, als Bezeichnung für das soziale Geschlecht verwendet. Dahinter steht die Erkenntnis, dass geschlechtsspezifische Eigenschaften und Verhaltensweisen nicht einfach biologisch determiniert, sondern soziokulturell geprägt sind. Die Natur gibt nicht vor, wie Frauen und Männer in einer bestimmten Kultur wahrgenommen und eingeschätzt werden und wie sie sich erwartungsgemäß verhalten sollen. Gender bezeichnet daher soziokulturelle Konstrukte, klar umrissene Rollen und Verhaltensformen, die die Sozialisation der Geschlechter vorzeichnen.

Die saubere Unterscheidung von biologischem und sozialem Geschlecht wird allerdings seit den 90er-Jahren des 20. Jahrhunderts stark kritisiert, vor allem deshalb, weil sie auf einer unangemessenen Trennung von Biologie und Gesellschaft beruht. Damit wird der alte Gegensatz von Natur und Kultur, Materie und Geist, der das Geschlechterverhältnis in vielen Kulturen stark geprägt hat, in neuer Weise beschworen. Auch außerhalb der antiken und europäischen Geistesgeschichte hat man Frauen mit Natur bzw. Materie identifiziert und der Kultur bzw. dem Geist, die das Vorzeichen des männlichen Geschlechts erhielten, untergeordnet. Um diese dichotome Trennung von biologischem Geschlecht (Natur) und sozialem Geschlecht (Kultur) zu überwinden, kann man Gender zum einen als soziobiologische Kategorie verstehen, die Interaktionen zwischen sexuellen Unterschieden und soziokulturellen Interpretationen umfasst. Zum anderen wird auch das biologische Geschlecht in postmodernen Forschungsansätzen als Ergebnis von Konstruktionsprozessen betrachtet. Das Geschlecht des menschlichen Körpers und seine sexuelle Orientierung sind nicht einfach nur ein fix vorgegebener Teil der Biologie, sondern selbst ein Feld kultureller Konstruktion – angefangen von Kleidungs- und Bewegungsvorschriften bis hin zum normativen Zwang zur Heterosexualität. Forschungen zu Homosexualität, Transsexualität und verschiedenen kulturellen Ausprägungen eines «dritten Geschlechts» oder multipler Geschlechter haben die scheinbar klare Grenze zwischen Natur und Kultur verwischt (vgl. z.B. Roscoe, 1998; Stryker/Whittle, 2006). Auch ein männlicher Körper kann Teil einer weiblichen Geschlechtsidentität – und umgekehrt ein weiblicher Teil einer männlichen – werden. So gesehen hat der deutsche Begriff Geschlecht durchaus Vorzüge, weil er sowohl das biologische als auch das soziale Geschlecht umfasst.

Die Kritik am Gender-Begriff ändert jedoch nichts an der Erkenntnis, dass Bilder, Rollen und Verhaltensmuster der Geschlechter in den verschiedenen Kulturen eine große Variationsbreite aufweisen und daher nicht biologisch determiniert sind. Wechselbeziehungen zwischen *sex* und *gender*, zwischen Natur und Kultur wahrzunehmen heißt nicht, biologische, genetisch festgelegte weibliche und männliche Wesenseigenschaften zu postulieren. So ist etwa aus der Tatsache weiblicher Reproduktionsfähigkeit kein universal gültiges Konzept der Mütterlichkeit abzuleiten, das bestimmte Eigenschaften und Verhaltensweisen zur Natur der Frau erklärt. Weiblichkeit und Männlichkeit sind keine naturhaften Tatsachen, sondern wirkmächtige Entwürfe und Deutungen, die alle Bereiche des menschlichen Lebens prägen. Geschlechterunterschiede gibt es in allen Kulturen. Allerdings sind die Eigenschaften und Verhaltensweisen, die jeweils den Frauen und den Männern zugeschrieben werden, nicht deckungsgleich. Es lassen sich hinsichtlich der Geschlechterrollen zwar durchaus weitverbreitete Konstanten, aber auch signifikante Abweichungen beobachten. Beispielsweise hat man in der westlichen Welt bis zur Moderne Frauen mit Passivität und Männer mit Aktivität verknüpft – gegenläufig dazu verkörpern Frauen in der südasiatischen Tradition das aktive Prinzip. Obwohl es keine universal gültige Ausgestaltung der Mutterrolle gibt, sind für jene Tätigkeiten, die heute unter dem Begriff *care* gebündelt werden, weitgehend Frauen zuständig.

Die «Geburts- und Todeskompetenz» von Frauen

Quer durch die Kulturen sind Lebensanfang und Lebensende – bezogen auf die Sorge für die Schwangeren, die Gebärenden und die Säuglinge sowie die Sterbenden und die Toten – in Frauenhänden. Frauen sind weltweit für die Geburt zuständig, aber auch für den Tod, insofern sie in den meisten traditionalen Kulturen die tragenden Rollen im Umgang mit Sterbenden, dem Leichnam und in den Trauerriten innehaben. Forschungsergebnisse aus der Kultur- und Sozialanthropologie zeigen, dass diese Bereiche durch so genannte *mothering rituals*, Bemutterungsrituale (vgl. Thomas, 1997: 453), gekennzeichnet sind. In traditionalen Kulturen werden häufig Analogien zwischen Geburtszeremonien und Totenritualen hergestellt: In südindischen Dörfern etwa erhalten Sterbende gleich Säuglingen Milch (vgl. Peyer, 2004: 70), bei den Toraja in Indonesien werden Sterbende genauso in den Armen gewiegt wie ein Kind, dem die Brust gegeben wird (vgl. Wellenkamp, 1991: 122). Der mütterliche Umgang mit dem sterbenden Menschen umfasst Geborgenheit, Trost, Fürsorge und Hilfestellung, wie im Fall der Geburt, und wird als universale Konstante betrachtet (vgl. Thomas, 1997: 452). Über den Tod hinaus bleibt das mütterliche Verhalten aufrecht: Der Leichnam wird wie ein Neugeborenes gewaschen, teilweise gesalbt und neu gekleidet.

Der Blick auf Europa zeigt, dass beide Geschlechter in der Totensorge eine Rolle spielen, aber Frauen oft in der Überzahl sind und manche Bereiche, wie etwa die Leichenpflege, klar dominieren. Verschiedene christliche Frauenorden haben sich nicht nur in der Krankenpflege, sondern auch in der Totensorge engagiert. Im Hoch- und Spätmittelalter tun sich die klösterlich organisierten Beginengemeinschaften als «Spezialistinnen des Todes» hervor (vgl. Rehnig, 2006: 60f.). Die Beginen umsorgen Kranke, Sterbende und Tote in umfassender Weise: Sie pflegen, übernehmen die spirituelle Begleitung, kümmern sich um den Leichnam, verkünden den Tod, stimmen die Totenklage an und sind zuständig für das Totengedenken. In den so genannten Bruderschaften, die vom Mittelalter bis ins 20. Jahrhundert europaweit verbreitet sind, organisieren sich Männer und Frauen zum ehrenamtlichen Totendienst (vgl. Klieber, 1999). Zentrale Anliegen sind die spirituelle Begleitung der Sterbenden, die Grablege, das regelmäßige Totengedenken und die postmortale Unterstützung vor allem in Form von Seelenmessen. Die totendienstlichen Leistungen kommen in erster Linie den Mitgliedern dieser Totenbünde und gegen Entgelt auch Außenstehenden zugute. Ab dem 16. Jahrhundert bestehen sie zu 60–80 % aus Frauen, mit steigender Tendenz in den folgenden Jahrhunderten (vgl. Klieber, 1999: 589f.). Abgesehen von den weiblichen Totendiensten im Rahmen der betroffenen Familie, der Nachbarschaftshilfe oder einer organisierten Gemeinschaft sind es vor allem Frauen aus unteren Gesellschaftsschichten – arme und oft verwitwete Frauen –, die hauptberuflich als Totenfrauen arbeiten (vgl. Rehnig, 2006: 75–89). Für diesen Beruf, der sich wahrscheinlich direkt aus der Tätigkeit der Beginen entwickelt, existieren zahlreiche regional unterschiedliche Bezeichnungen wie Einwicklerin, Einmacherin, Einnäherin, Totenwäscherin, Totenweibl, Totenamme usw. Hauptaufgabe der Totenfrau ist die Leichenpflege. Auch die Verkündigung des Todes wird großenteils Frauen überlassen: Meist ist es eine Frau, die als «Leichenbitterin» von Haus zu Haus geht (vgl. Rehnig, 2006: 33 f.).

Auch Männer können in der Leichenpflege tätig sein. Dies ist vor allem in Gesellschaften mit strikter Geschlechtertrennung zu beobachten. Sowohl im traditionellen Judentum als auch im Islam wirkt sich die Geschlechtertrennung im Umgang mit dem Leichnam aus. Verstorbene Frauen und Männer sollen jeweils nur von gleichgeschlechtlichen Personen berührt werden. Es gibt Ausnahmen von dieser Regel: Beispielsweise dürfen im Islam Eheleute einander waschen und Kinder können von Personen beiderlei Geschlechts für das Begräbnis vorbereitet werden.

Der professionelle Umgang mit dem Leichnam in modernen Bestattungsunternehmen hat die weibliche Domäne der Leichenpflege völlig neutralisiert.

Der Tätigkeitsbereich «*care*» als Geschlechterfalle

Die oben beschriebene Entwicklung ändert jedoch nichts an der Tatsache, dass Frauen in allen Kulturen die eigentlichen *caregivers* sind, in der ganzen Spannweite des Begriffs von Sorgfalt, Pflege, Fürsorge bis hin zu Liebkosung (*caress*). Der als *care* umschriebene Tätigkeitsbereich bezieht sich auf die Erfahrung primär weiblich codierter Rollen und Lebenszusammenhänge. Die hauptsächlich weiblichen Rollen der *caregivers* dominieren am Lebensanfang und am Lebensende in der Fürsorge für (einseitig) betreuungsbedürftige Säuglinge und kleine Kinder sowie für alte und sterbende Menschen. Dazu kommt die Versorgung kranker Menschen, die sich ebenfalls in einer analogen Situation der Bedürftigkeit befinden. Patriarchal geprägte Gesellschaften haben die Tätigkeiten und Einstellungen, die im Begriff *care* zusammengefasst sind, als Teil der weiblichen Natur festgeschrieben und zugleich abgewertet. Sorgen und Pflegen sind bis heute im allgemeinen Bewusstsein mit traditionell weiblichen Werten wie Einfühlsamkeit, Hingabe und Aufopferung verknüpft. Der Tätigkeitsbereich von *care* erweist sich insofern als Geschlechterfalle, als er zumindest implizit unter dem Vorzeichen der minderwertigen weiblichen Qualitäten steht und gewissermaßen als Bestandteil einer natürlichen Mütterlichkeit aufgefasst wird. Pflegen und Sorgen als natürliche, angeborene Fähigkeiten der Frau sind abgekoppelt von traditionell männlich besetzten Werten wie Selbstständigkeit, Verantwortung, Vernunft, Entscheidungskompetenz und Autorität. Die geringe gesellschaftliche Wertschätzung aller *Care*-Tätigkeiten ist auf asymmetrische, ungleiche Geschlechterverhältnisse zurückzuführen. Durch die Naturalisierung (*care* als weibliches Naturtalent) und Minderbewertung (Sorgen als Gratisleistung oder schlecht bezahlter Frauenberuf) spiegelt sich im Tätigkeitsbereich von *care* ein geschlechtsbezogenes Unterordnungsverhältnis.

Von der beziehungsorientierten Sorge zur autonomen Selbstentsorgung

Die Höherbewertung und politische Beförderung von Rationalität, Effektivität, Objektivität und beziehungsloser Autonomie stehen in einem tiefen Zusammenhang mit der Abwertung und Ausgrenzung weiblich codierter Lebensbereiche und Eigenschaften. Viele gesellschaftliche Problemfelder der modernen Welt sind verwoben mit einer Entwicklung, die den Tätigkeitsbereich *care* weiblich festgeschrieben und in jeder Hinsicht gering geschätzt hat – vom öffentlichen Ansehen bis zur Bezahlung. Auf diesem Nährboden sind Verzerrungen des menschlichen Lebens entstanden, die auch den Tod marginalisiert und in die Hinterzimmer und Rumpelkammern der Institutionen verdrängt haben. Im Umgang mit dem Sterben hat sich in den vergangenen Jahrzehnten zwar viel verändert, die Geschlechtsmuster sind jedoch weitgehend gleich geblieben. Die Vereinnahmung von Geburt und Tod durch die moderne Medizin und Medizintechnik, die erst in der jüngeren Vergangenheit eingesetzt hat, reproduziert die bekannten Geschlechtsmuster unter neuen Vorzeichen. Die natürlichen Übergänge des menschlichen Lebens sind in den Bereich der Anomalie verschoben und in ein Kampffeld verwandelt worden. Schwangerschaft, Geburt und Sterben scheinen nicht länger zum normalen menschlichen Leben zu gehören, sondern werden als Krankheitszustände behandelt. Das Ringen um eine «sanfte Geburt» und ein «würdiges Sterben» jenseits der medizintechnischen Kontrolle stellt eine Gegenbewegung zu den Begleiterscheinungen des männlich-medizinischen Machtanspruchs über Leben und Tod dar. So hat die Revitalisierung alter Hebammentraditionen einen wesentlichen Beitrag zur Umgestaltung der Geburtsbedingungen geleistet, der von ganzheitlicher Schwangerschaftsbegleitung bis hin zur verfemten Hausgeburt reicht, aber auch die Geburtsszenarien in den Krankenhäusern beeinflusst. Die maßgeblich von Frauen getragene Hospizbewegung nimmt den alten Faden weiblicher Totenfürsorge wieder auf. Ohne das Engagement von Männern zu missachten, stellt die Hospizbewegung weitgehend eine Frauenbewegung dar.

Die Bedeutung von Geschlechterrollen und Geschlechterdifferenz ist in den Untersuchungen zu Palliative Care und zur Hospizbewegung sowie in den Selbstartikulationen der professionell und ehrenamtlich Tätigen bislang wenig beachtet worden. Sehr deutlich thematisiert Adelheid Rieffel, eine Pionierin der deutschen Hospizbewegung, das Konfliktfeld Geschlecht aus ihrer persönlichen Erfahrung, wobei es hier nicht einmal um das Gegenüber von Medizin und Hospizarbeit geht, sondern lediglich um Kompetenz- und Machtfragen im Rahmen der Hospizbewegung selbst:

Also ich hab nichts gegen Männer, ohne Zweifel nicht, aber wenn sich Männer über Hospizarbeit definieren wollen und sich wunderbar darstellen wollen und abflitzen, wenn es ans Sterben geht, das kann ich nicht haben. Die gehören auch nicht in Vorstandsetagen.

(Rieffel, 2012)

Für Adelheid Rieffel existieren Geschlechterunterschiede sowohl in der Art der Sterbebegleitung als auch im Sterben selbst. Sie vertritt die Ansicht, dass Frauen in der Hospizarbeit ihre spezifischen Spielregeln in anerkannter Weise nutzen dürfen und dass ihnen die stärker ausgeprägte Emotionalität und die intuitiven Kräfte hier einen Vorteil verschaffen.

Männlich dominierte Palliativmedizin versus weiblich geprägte Hospizarbeit und Palliative Care bilden derzeit – zumindest im deutschen Sprachraum – einen schwelenden Konfliktherd. Die politischen Weichen, die derzeit gestellt werden und der Ökonomisierung, Professionalisierung und Medikalisierung des Sterbens Vorschub leisten, tragen hier zu keiner Lösung bei, sondern heizen diesen Konflikt richtig an. Darüber hinaus ist zu beobachten, dass sich die einstige Abschiebung des Todes in eine zunehmende Todesrationalisierung wandelt. Heute wird von den Menschen im westlichen Kulturraum erwartet, dass sie ihr Sterben perfekt planen. Dazu passt eine Sterbehilfediskussion, die sich immer stärker in die sozial gefällige und pflegeleichte Selbstentsorgung durch assistierten Suizid verschiebt. Hier greift eine neue Variante des rationalen, autonomen und effektiven Umgangs mit dem Sterben um sich, die den gesellschaftlich priorisierten männlichen Werthaltungen entspricht. Die Weichen zur autonomen Selbstentsorgung sind gestellt, die weiblich-beziehungsorientierte Sorge wird auf ein Nebengleis verfrachtet.

Trauer ist weiblich: Trauer als Aufgabe und Talent von Frauen?

Trauer ist nicht nur Gefühl, sondern ein spezieller Bereich der Totensorge: Im Rahmen der traditionalen Trauerriten halten die Trauernden die Beziehung zu den Verstorbenen aufrecht, indem sie sich symbolisch mit ihnen identifizieren und sie in der kritischen Übergansphase unterstützen. In einer der wenigen älteren Studien, die sich mit Trauersitten beschäftigen, wird behauptet, «dass die Frau allgemein in höherem Masse zur Trauer geeignet und verpflichtet ist als der Mann» (Meuli, 1975a: 366f.). Auch jüngere anthropologische Untersuchungen über Totenrituale in traditionalen Gesellschaften kommen zu der Einschätzung, dass Frauentrauer häufig intensiver und mit mehr Tabus und Abstinenzen belegt ist als die Trauer von Männern. Die Verpflichtung zur Trauer kommt in vielen Kulturen in Geboten und Verboten zum Ausdruck, die sich speziell auf Frauen beziehen. Weitverbreitet ist das Phänomen eines speziellen Klagepersonals, das meist aus Klagefrauen, selten auch aus Klagemännern besteht (Stubbe, 1985: 111f.). Das Weinen und Klagen der Frauen, für viele traditionale Gesellschaften üblich, ist als professionelle Einrichtung besonders aus den Kulturen des Alten Orients, aus Ägypten, Babylonien und Israel bekannt. Die Tradition der Klagefrauen war aber auch in ganz Europa verbreitet und hat sich in entlegenen, ländlichen Gebieten teilweise bis zur Gegenwart erhalten. Gut dokumentiert sind beispielsweise die rituellen Klagetraditionen der balto-finnischen Völker, die fast zur Gänze in Frauenhand liegen und bis heute praktiziert werden (vgl. Utriainen, 1998). Trauer ist weitgehend die Aufgabe der Frauen. Bis hin zur modernen Kriegsberichterstattung bestätigt sich dieser Eindruck.

Ist nun aus der Tatsache, dass Frauen quer durch die Kulturen zur Trauer verpflichtet sind, der Schluss zu ziehen, dass Frauen – anders als Männer – von Natur aus zur Trauer prädestiniert sind? Die Frage, ob es eine natürliche weibliche Trauerfähigkeit gibt, lässt sich nicht beantworten, weil die menschliche Natur immer soziokulturell geprägt ist. Es gibt jedoch eine lange Geschichte weiblicher Trauerzuständigkeit. Erst im Gefolge der Modernisierungsprozesse lösen sich Rigidität und Kontrolle der Trauervorschriften ab, wodurch Frauen von einem gesellschaftlichen Erwartungsdruck befreit werden. Allerdings haben Frauen aus der Verpflichtung zur Trauer längst ein Talent entwickelt. Mit den Ausdrucksformen von Trauer hat sich ein ganzes Feld expressiver Möglichkeiten aufgetan, die bereitwillig und erfindungsreich aufgegriffen wurden (vgl. Ecker, 1999). Die rituellen Klagelieder und die Trauerlyrik bilden einen herausragenden Bereich dominant weiblicher Kulturtätigkeit.

In der Trauer zeigt sich dasselbe Muster wie bei den unter *care* zusammengefassten Tätigkeiten, die in den Bereichen Geburt und Tod in besonderer Weise hervortreten: Trauer wurde einerseits als Frauensache festgeschrieben und andererseits als Schwäche abgewertet und ausgegrenzt (vgl. auch Heller, 2012c: 167–169). Versuche der Einschränkung oder Verhinderung der weiblichen Totenklage sind aus der griechischen und römischen Antike, aber auch aus dem Christentum, Judentum und Islam bekannt. In der Antike gilt die Totenklage als weibliche Charakterschwäche. Moralisch-theologische Argumentationen lehnen sie als Ausdruck unangemessener Hoffnungslosigkeit und daher als Glaubensschwäche oder auch als ein ungebührliches Auflehnen gegen den Willen Gottes ab. Aus den Versuchen, das weibliche Trauerverhalten einzudämmen, spricht die Furcht vor dem Ausbruch unkontrollierbarer Emotionen. Die mangelnde Selbstbeherrschung ist Grund dafür, warum Frauen im traditionellen Judentum, in großen Teilen des Islam sowie in Hindu-Religionen der eigentlichen Bestattung nicht beiwohnen sollen. Verschiedene Beispiele belegen, dass die Trauerklage von Frauen auch im Christentum bekämpft worden ist (vgl. Meuli, 1975b: 387–435; Rehnig, 2006: 47; 62). In den buddhistischen Traditionen werden Weinen und Klagen als unheilsames Verhalten abgelehnt, aber nicht zwangsläufig nur mit dem weiblichen Geschlecht verknüpft. Sterbenden Menschen, die ihre Anhaftungen an das irdische Leben lösen sollen, wird empfohlen, sich schon vorzeitig von ihren Angehörigen zu verabschieden, um in der Todesstunde nicht vom Weinen irritiert zu werden. Allerdings wird die Frau deshalb stärker mit Anhaftung assoziiert als der Mann, weil sie aufgrund ihrer Gebärfähigkeit dem Kreislauf der Geburten nähersteht. Die spezifisch weiblichen Umgangsformen mit dem Tod sind in der griechisch-römischen Antike, in den großen religiösen Traditionen bis hin zur modernen psychologischen Trauerberatung vorwiegend streng begrenzt und als dysfunktional oder pathologisch eingestuft worden.

Es gibt Untersuchungen, die nahe legen, dass Männer zum einen weniger intensiv als Frauen trauern und zum anderen ihre Trauer weniger ausdrücken sowie eher durch Aktivität kompensieren (einen Überblick gibt Walter, 2001a: 168 ff.). In den westlichen Gesellschaften hat jedoch mittlerweile eine Trendwende in der Bewertung des Trauerverhaltens eingesetzt. Der an Auflösung und Trennung orientierte Aspekt der modernen Trauertheorien ist vielfacher Kritik unterzogen worden (vgl. z. B. Klass et al., 1996). Im Gegenzug scheint nun der weibliche Trauerexpressionismus die Norm vorzugeben und die korrekte Art der Trauer zu diktieren (vgl. Walter, 2001a: 180). Vermittelnd ist die Position, die es ablehnt, Trauernde mit Stereotypen zu überfrachten (Thompson, 1997; Martin/Doka, 2000). Da sich die individuelle Vielfalt des Trauerverhaltens in der Praxis nicht an Geschlechtsgrenzen halte, sollten der so genannte intuitive, expressiv-emotionale Trauerstil (der herkömmlich als weiblich gilt) und der so genannte instrumentale, handlungs- bzw. problemorientierte und kognitive Trauerstil (der herkömmlich als männlich gilt) nicht gegeneinander ausgespielt werden.

Sind Frauen grundsätzlich religiöser/spiritueller als Männer?

Religionssoziologische und religionspsychologische Untersuchungen (vgl. dazu die Literaturhinweise bei Thompson, 1991: 381 und Klein, 2012: 7) machen auf ein interessantes Phänomen in den westlichen Gesellschaften aufmerksam: Frauen weisen meist signifikant höhere Werte in den unterschiedlichen Dimensionen von Religion auf, das gilt gleichermaßen für die etablierten christlichen Kirchen wie für die alternativ-religiösen Strömungen. Die verschiedenen Europäischen Wertestudien der vergangenen Jahrzehnte (in der letzten Welle 2008 haben sich 45 europäische Länder und die Türkei beteiligt), der Religionsmonitor 2008 und andere Umfragen zeigen, dass starke geschlechtsspezifische Unterschiede in der Religiosität (etwa hinsichtlich Selbsteinschätzung, Glaubensinhalten, religiöser Erfahrung oder religiöser Praxis) existieren. Leider liegt dazu bislang keine systematische Auswertung vor, es wird nur sporadisch und in länderspezifischen Analysen auf einzelne Daten hingewiesen. In allen Ländern Europas (ausgenommen Aserbaidschan mit Zahlengleichstand) stufen sich mehr Frauen als Männer selbst als religiös ein, teilweise klaffen die Werte sogar weit auseinander (vgl. EVS, 1990–2008: Q28). In den meisten europäischen Ländern weichen die Geschlechter im Großteil der Fragestellungen erheblich voneinander ab. Mehr Frauen als Männer geben an, Religion sei in ihrem Leben sehr wichtig, teilweise sind die Zahlen bei Frauen sogar doppelt so hoch, wie **Tabelle 5-1** illustriert (EVS, 1990–2008: Q1F, die Zahlenangaben in dieser Auswahltabelle beziehen sich auf das Jahr 2008).

Der Prozentsatz derer, die an Gott glauben und sich für das «Heilige/Übernatürliche» interessieren, ist bei Frauen deutlich erhöht (vgl. EVS, 1990–2008: Q30A und 34). Besonders gravierend sind die Geschlechtsunterschiede in der Frage ausgeprägt: «Nehmen Sie sich manchmal Zeit für ein Gebet, zur Meditation, zur inneren Einkehr?» Der Anteil der Frauen, die diese Frage bejahen, liegt oft um 40 % und mehr über dem Anteil der Männer (z.B. in Österreich, Deutschland, Frankreich, Schweden, Italien, in der Schweiz, vgl. EVS, 1990–2008: Q38).

Auch länderspezifische Untersuchungen weisen die Geschlechtszugehörigkeit als wichtigen differenziellen Faktor aus. Aus den letzten Erhebungen einer Langzeitstudie (1970–2010) zur Religion im Leben der Öster-

Tabelle 5-1: «Wie wichtig in Ihrem Leben: Religion» – «Sehr wichtig» (Quelle: EVS, 1990–2008: Q1F, die Zahlenangaben beziehen sich auf das Jahr 2008)

Land	w	m	Land	w	m	Land	w	m
Frankreich	15%	10%	Deutschland	13%	6%	Schweden	9%	7%
Großbritannien	18%	15%	Österreich	21%	16%	Dänemark	10%	7%
Irland	32%	24%	Schweiz	22%	11%	Norwegen	18%	10%
Polen	38%	25%	Ungarn	20%	10%	Italien	42%	26%
Tschechische Republik	9%	4%	Portugal	20%	13%	Spanien	19%	10%

reicherInnen geht beispielsweise hervor, dass Frauen weitaus häufiger als Männer außergewöhnliche religiöse Erfahrungen machen (vgl. Zulehner, 2011: 75 sowie Steinmair-Pösel/Zulehner, 2011: 117). In einer Studie zum modernen Reinkarnationsglauben in England resümiert Tony Walter (2001b: 22), dass der durchschnittliche Reinkarnationsgläubige eine Frau in mittleren Jahren mit Kirchenzugehörigkeit ist. Diese Einschätzung passt zu den Ergebnissen der Europäischen Wertstudien, die in vielen europäischen Ländern einen erheblich höheren Frauenanteil für die Frage: «Glauben Sie an: Wiedergeburt (Reinkarnation)» verzeichnen (vgl. EVS, 1990–2008: Q31), wobei der Glaube an ein Leben nach dem Tod bei Frauen generell stärker ausgeprägt ist als bei Männern (vgl. EVS, 1990–2008: Q30B). Der empirische Blick auf die moderne alternativ-religiöse/spirituelle Landschaft zeigt generell, dass Frauen dort die große Mehrheit bilden (vgl. Woodhead, 2007; Höllinger/Tripold, 2012: 129). Diese vielfältigen Befunde haben die These genährt, dass Frauen grundsätzlich religiöser/spiritueller als Männer sind.

Der Blick in die ältere Religionsforschung zeigt, dass die These an sich nicht neu ist. Es finden sich immer wieder Bemerkungen über eine besondere Religiosität von Frauen. So hat etwa der Religionswissenschaftler Friedrich Heiler (1977: 9) in den 30er-Jahren des 20. Jahrhunderts die Entstehung und Verbreitung des weiblichen Priestertums in den alten Hochkulturen mit den besonderen Kräften und Eigenschaften der Frau begründet. Die Frau sei besonders zum religiösen Dienst befähigt, weil sie in enger Beziehung zu geheimnisvollen und zugleich gefährlichen Mächten stehe, die sich in den besonderen weiblichen Funktionen der Menstruation, Empfängnis und Geburt zeigen würden. Ihre starke Sensibilität und Suggestibilität machen sie für die ekstatisch-visionäre Dimension von Religion angeblich noch geeigneter als den Mann. Obwohl die Rollen religiöser Autorität in den großen Religionen der Gegenwart selten mit Frauen besetzt sind, gelten Sensibilität, Begeisterungsfähigkeit und Suggestibilität nach wie vor verbreitet als weibliche Voraussetzungen für eine stärker ausgeprägte Religiosität.

Wenngleich diese Argumentation deutlich von Geschlechterstereotypen geleitet ist, zeigen viele Beispiele aus der Religionsgeschichte bis heute, dass Frauen häufig eine besondere Affinität zu Trance-Zuständen besitzen, die den Kontakt mit göttlichen Geistwesen bzw. bestimmten Gottheiten ermöglichen (vgl. Schmidt, 2006: 101 f. oder Haywood, 1983: 160–162). In eine ähnliche Richtung weisen jüngere, in Österreich durchgeführte Studien, die Frauen eine höhere Bereitschaft für berührende Ereignisse (vor allem Geburt und Tod) und außeralltägliche Erfahrungen sowie ein erheblich größeres Interesse an alternativen spirituellen Praktiken, wie Meditation, Yoga, I Ging, Tarot etc., attestieren (vgl. Steinmair-Pösel/Zulehner, 2011: 117 f.). Frauen scheinen empfänglicher zu sein «für religiöse, magische und sonstige holistische Welterklärungen und Praktiken, die davon ausgehen, dass unser Leben von Kräften bestimmt ist, die wir nur zum Teil beeinflussen können» (vgl. Höllinger/Tripold, 2011: 129 f.).

Wie lässt sich der Geschlechtsunterschied erklären?

In den vergangenen Jahrzehnten sind verschiedene psychologische und soziologische Theorien entwickelt worden, die den beschriebenen Geschlechtsunterschied in der Religiosität/Spiritualität erklären sollen. Meist wird er entweder an bestimmten weiblichen und männlichen Persönlichkeitsmerkmalen festgemacht oder mit gesellschaftlich festgelegten Geschlechterrollen verknüpft (vgl. dazu den Forschungsüberblick von Klein, 2012: 8–14). Um die Frage auszuloten, ob und warum Frauen religiöser/spiritueller als Männer sind, ist es nötig, die naturgemäß zu flachen psychologischen und sozialwissenschaftlichen Erhebungen historisch und kulturell zu kontextualisieren (vgl. dazu jüngst Klein, 2012: 14–19). Nur der Blick in die Religionsgeschichte quer durch die Kulturen kann hier ein vollständigeres Bild entstehen lassen. Diese Vorgangsweise wird allerdings dadurch erschwert, dass die Erforschung des religiösen Denkens, Fühlens, Glaubens und Lebens von Frauen – von wenigen Ausnahmen abgesehen – erst vor etwa 30 Jahren begonnen hat und bislang kaum in die herkömmliche Wissenschaft integriert ist. Bis in die 80er-Jahre des 20. Jahrhunderts hat die Religionsforschung bei der Sammlung, Analyse und Interpretation von Daten über den religiösen Menschen geschlechtsspezifische Unterschiede nicht berücksichtigt (zum Verhältnis Gender und Religion vgl. einführend Heller, 2003). Eine pauschale Antwort, die für alle Religionen und Kulturen gleichermaßen gültig wäre, ist jedenfalls nicht zu erwarten. Allerdings greift die neuerdings übliche Einschränkung der These einer unterschiedlich ausgeprägten Religiosität/Spiritualität von Frauen und Männern auf den westlichen Kulturraum zu kurz.

Als Begründung für diese angeblich kulturspezifische Entwicklung werden die Feminisierung des Christentums und in weiterer Folge die weitgehend auf Männer bezogene Säkularisierung im Zuge der europäischen Aufklärung (vgl. dazu Woodhead, 2003) herangezogen. Die Aufteilung von Rationalität versus Gefühl auf die beiden Geschlechter und die gleichzeitige Koppelung von Religion und Gefühl erkläre, «wie Religiosität zu einem eminenten Bestandteil der weiblichen Geschlechtsrolle in der westlichen Welt werden konnte» (Klein, 2012: 17). Demnach haben die rational orientierten Männer das gefühlsdominierte, irrationale Feld der Religion (gemeint ist das Christentum) den Frauen überlassen. So trägt die Säkularisierung als Emanzipation von religiöser Bindung ein vorwiegend männliches Gesicht. Einschränkend muss ergänzt werden, dass es sich dabei weitgehend um ein europäisches Phänomen handelt, das beispielsweise für die USA nicht in gleicher Weise zutrifft. Als weiterer Faktor zur Erklärung geschlechtsspezifischer Differenzen dient das monotheistische Gottesbild der drei abrahamitischen Religionen. Nach dem weltweiten Religionsmonitor-Survey der Bertelsmann-Stiftung (erhoben 2008) zeigen sich Geschlechtsunterschiede – und zwar besonders in Hinblick auf positive religiöse Gefühle – vor allem innerhalb des Christentums, aber auch innerhalb von Islam und Judentum häufiger als im Hinduismus und Buddhismus. Klein (2012: 17) vermutet, dass sich Frauen «womöglich stärker als Männer von der emotionalen und psychohygienischen Qualität des abrahamitischen Gottesbilds angesprochen fühlen». Die Religionsgeschichte liefert reichliche Belege dafür, dass die Dinge weitaus komplexer sind als diese beiden Argumentationsstränge erkennen lassen.

Die Aufteilung von Rationalität und Sinnlichkeit/Gefühl auf die beiden Geschlechter ist nicht nur ein Produkt der europäischen Aufklärung. Die großen religiösen Traditionen der Gegenwart haben Frauen weitgehend vom Erwerb religiösen Wissens und damit auch vom Zugang zu Rollen religiöser Autorität ausgeschlossen. Begründet wird der Ausschluss mit der stärker ausgeprägten weiblichen Sinnlichkeit/Triebhaftigkeit, die auch andere charakterliche Defizite nach sich ziehe (vgl. Heller, 1999, 2008). Von Emotionalität wird zwar in diesem Zusammenhang nicht explizit gesprochen, es ist aber klar, dass Gefühl stärker mit Sinnlichkeit als mit Rationalität gekoppelt ist. Von dieser weitverbreiteten «Arbeitsteilung» zwischen den Geschlechtern gehen sozialisatorische Effekte aus, die quer durch die Kulturen zur Formung spezifisch femininer und maskuliner Religiositätsstile beigetragen haben. Was die emotionale Qualität des abrahamitischen Gottesbildes betrifft, haben etwa die Hindu-Religionen mit den einflussreichen *Bhakti*-Traditionen durchaus Analoges zu bieten. *Bhakti* bedeutet so viel wie Teilhabe, Hingabe des Menschen an/zu Gott. Die Beziehung zwischen Gott und Mensch ist nach dem Modell zwischenmenschlicher Beziehungen, vor allem aber der Liebesbeziehung zwischen Mann und Frau entworfen (vgl. Heller, 2007). Alle Gläubigen nehmen gegenüber Gott die weibliche Geschlechtsrolle ein. Vor Gott ist also jeder Mensch wie eine Frau und beide Geschlechter praktizieren eine hingebungsvolle, gefühlsbetonte Verehrung. Es ist daher wenig verwunderlich, dass die Ergebnisse des Religionsmonitors in Indien keinen signifikanten Geschlechtsunterschied in der Religiosität im Hinblick auf positive religiöse Gefühle in Bezug auf Gott/das Göttliche feststellen können.

Frauen sind nicht religiöser als Männer, aber dennoch ist hingebungsvolle, beziehungsorientierte, gefühlsbetonte Religiosität weiblich konnotiert. Es geht also um eine «feminine» religiöse Orientierung, die von beiden Geschlechtern eingenommen werden kann. Und das ist vermutlich der springende Punkt: Die religiösen Unterschiede zwischen Frauen und Männern beziehen sich auf verschiedene Gender-Orientierungen, die aber prinzipiell beiden Geschlechtern möglich sind (in diese Richtung denkt auch Thompson, 1991). Daraus ist allerdings nicht abzuleiten, dass Religion grundsätzlich eine weibliche Domäne ist. So wie es feminine und maskuline Trauerstile gibt, kann auch Religiosität feminin oder maskulin geprägt sein. Unterschiede zwischen den Geschlechtern treten nicht deshalb weltweit auf, weil Frauen *grundsätzlich* religiöser/spiritueller sind, sondern weil viele von ihnen in mancher Hinsicht *anders* religiös/spirituell als Männer sind. Die Frage lautet eher, wie sich feminine und maskuline Religiosität/Spiritualität in den einzelnen Religionen/Kulturen zueinander verhalten, wie sie gewichtet sind und öffentlich wahrgenommen werden.

Kennzeichen einer femininen Religiosität/Spiritualität

Religionen, die von Frauen dominiert werden, tendieren stärker zu einer interpersonalen als zu einer individualistischen Ausrichtung (vgl. Sered, 1994). Frauenrituale reflektieren in hohem Maße die interpersonale Orientierung der profanen Tätigkeiten von Frauen, die in vielen Gesellschaften in der Sorge für Kinder, alte Menschen, Sterbende, Tote und Trauernde besteht. Dahinter steht die Auffassung, dass alle Lebewesen miteinander verbunden sind. Typisch sind daher Riten der Solidarität, die die Bindungen zwischen Menschen stärken. Untypisch sind hingegen die klassischen

Übergangsriten (vgl. dazu van Gennep, 1999), die mit der starken Betonung der Trennung eher maskuline spirituelle Muster als feminine spiegeln. Sterbe-, Toten- und Trauerriten werden üblicherweise als Übergangsriten gedeutet, die der Unterstützung der sterbenden, toten bzw. trauernden Menschen, dem Schutz der Überlebenden und der Bewältigung des Verlustes dienen sollen. Frauen spielen vor allem in jenen Teilen des Totenrituals eine Rolle, in denen die Verbindung mit den Lebenden und den Toten im Vordergrund steht. Es geht um die Versorgung des sterbenden und toten Menschen, um die Unterstützung der Überlebenden und die Bewahrung der Beziehung zu den Toten. So ist es etwa charakteristisch für die Trauerriten der von Frauen dominierten Schwarzkaribischen Religion, die Verstorbenen unter den Lebenden gegenwärtig zu halten (vgl. Sered, 1994: 140). Phänomene der *revocatio,* der Kontaktaufnahme mit den Toten, sind aus altorientalischen Kulturen, aus Afrika, China, aus afroamerikanischen Religionen genauso wie aus dem modernen Spiritismus bekannt. Es sind Frauen, die meistens ihre verstorbenen Kinder zurückrufen, um mit ihnen in Kontakt zu bleiben. Nicht nur Frauenreligionen, die generell Kontinuität und Immanenz betonen, halten die Toten lebendig. Auch die weltweit verbreitete, weibliche Tradition der Totenklage ist eine Form der Kommunikation. Die Totenklage ist ein universaler Ausdruck der Solidarität sowohl mit den Lebenden als auch mit den Toten, sie bildet die Brücke zwischen den Lebenden und den Toten. Es sind überwiegend Frauen, die diese Brücken bauen und den Dialog mit den Toten führen. Im Zentrum weiblicher Trauer steht bei genauerem Hinsehen weniger Expressivität (hier unterscheiden sich auch weibliche Trauerstile stark voneinander) als Bindung. Frauentrauer artikuliert in vielen Kulturen Zweifel und Widerstand, der Tod wird nicht als Trennung akzeptiert. Frauenspiritualität ist typischerweise mehr durch Bindung als durch Bindungslosigkeit gekennzeichnet.

Etliche Studien zeigen allerdings, dass die bleibende Verbindung mit dem Kind sowohl für trauernde Mütter als auch für trauernde Väter gleichermaßen bedeutend sein kann (vgl. Klass, 1996). Obwohl die Trauer quer durch die Kulturen den Frauen zugewiesen wird und Untersuchungen nahe legen, dass viele Männer mit Trauer anders als Frauen umgehen, zeigt sich im Falle des Kindsverlustes ein etwas anderes Bild (vgl. Heller, 2012d). In den Selbsthilfegruppen verwaister Eltern ist der Anteil der Männer höher als in anderen Trauergruppen, in denen Frauen die große Mehrheit bilden. Studien zur Elterntrauer liefern – zumindest in modernen westlichen Gesellschaften – keine überzeugenden Hinweise darauf, dass Trauerintensität und Trauergefühle bei Müttern stärker ausgeprägt sind (vgl. z. B. Cook, 1988). Trauernde Väter scheinen lediglich stärker um die Kontrolle ihrer Gefühle bemüht zu sein, viele von ihnen bevorzugen einen kognitiven Trauerstil, der den gesellschaftlichen Erwartungen an Männlichkeit entspricht. Der Verlust eines Kindes bedeutet für die Eltern in den meisten Fällen eine ungeheure Sinnerschütterung, den Verlust von Hoffnung, Zukunft und einem Stück eigenen Lebens (in vielen Untersuchungen wird das Gefühl der Amputation beschrieben). Der Tod eines Kindes provoziert in besonderer Weise die Fragen nach Sinn, Ordnung, einer bleibenden Verbindung, einer tragenden Kraft und fordert eine Standortbestimmung heraus (Klass, 1999). Viele Eltern sind überzeugt vom Weiterleben ihres Kindes. Die Verbindung ist nicht auf eine befristete Trauerphase beschränkt, sondern bleibt in vielen Fällen erhalten. Das tote Kind erhält einen festen Platz, wird als Wegbegleiter, Schutzengel erlebt. Dieses Phänomen zeigt exemplarisch, dass die religiös/spirituellen Paradigmen von Bindung und Loslösung zwar geschlechtsspezifisch geprägt, aber nicht grundsätzlich einem Geschlecht vorbehalten sind.

Die These, dass Frauen religiöser/spiritueller als Männern sind, ist selbst dort, wo sie sich empirisch zu bestätigen scheint, plakativ, weil sie immer nur für einen bestimmten Prozentsatz von Frauen bzw. Männern gilt. Tatsächlich steht jedoch für viele Frauen, aber auch für etliche Männer das körperlich-geistig-seelische Wohlbefinden all jener Menschen, mit denen sie im alltäglichen Kontakt stehen, im Vordergrund ihrer religiös-spirituellen Orientierung. Im Fokus des Glaubens, Denkens und Handelns dominiert nicht das weltferne, transzendente Heilige, sondern das alltägliche Leben mit seinen guten und schwierigen Seiten, der Heilung von Krankheit und Leid sowie den Beziehungen zu anderen Menschen und Lebewesen. Die Beziehung zum Göttlichen ist damit untrennbar verbunden. Maskuline Religiosität/Spiritualität geht einher mit groß dimensionierten gesellschaftlich-politischen Visionen und Strategien der Machtentfaltung, der heilige Mensch ist unabhängig, autonom und bindungslos. Feminine Religion/Spiritualität ist beziehungsorientiert und alltagsbezogen, zentral ist die Sorge füreinander (vgl. dazu auch Woodhead, 2003: 77–79). Beide Formen sind quer durch die Kulturen anzutreffen. Sie sind allerdings unterschiedlich gewichtet und werden in der Öffentlichkeit verschieden wahrgenommen, was nicht zuletzt mit dem Geschlechterverhältnis und den Bewertungen zu tun hat, die mit Gender-Orientierungen verknüpft sind. Genießt der feminine Religionsstil hohes Ansehen, wird er – wie in Indien – von Frauen und Männern praktiziert und Frauen erscheinen nicht als religiöser – obwohl sich die Geschlechter etwa im Bereich der alltagsbezogenen Religiosität auch stark unterscheiden können. Liegt maskuline Religiosität hoch im Kurs – was sich besonders bei expandierenden und politisch agierenden Religionen beobachten lässt – stehen die meisten Frauen fast unsichtbar am Rand, ihre Religiosität erregt keine Aufmerksamkeit. Wendet sich das öffentlich-männliche Interesse von Religion ab – beobachtbar im westlichen Kulturraum –, tritt die feminine Religiosität in den Vordergrund und Frauen werden für grundsätzlich religiöser als Männer gehalten.

Spirituelle Bedürfnisse kranker und sterbender Frauen und Männer

Krankheit und Sterben führen viele Menschen in die Auseinandersetzung mit den wesentlichen Fragen des Lebens. Untersuchungen, in denen die Bedeutung von Religiosität/Spiritualität für kranke und sterbende Menschen erhoben werden soll, beschreiben Themenbereiche, die letztlich für alle Menschen bedeutsam sind: Angstbewältigung, Hoffnung, innerer Friede, Zuwendung. Erzeugt nun weibliche bzw. männliche Religiosität/Spiritualität auch verschiedene geschlechtsspezifische spirituelle Bedürfnisse?

Sterben Frauen und Männer anders? Gibt es einen geschlechtsspezifischen Umgang mit Krankheit und Tod? Empirische Forschungen (in westlichen Gesellschaften) liefern Hinweise darauf, dass viele Frauen mit Krankheit und Tod anders umgehen als Männer. So neigen Frauen offenbar zu einer positiven Krankheitsinterpretation, haben signifikant höhere Werte im Vertrauen in eine Höhere Führung und ein größeres Interesse an der Suche nach Sinn gebender Rückbindung (vgl. Büssing, 2011a: 200). Die weitere Untersuchung spiritueller Bedürfnisse und Ressourcen von Frauen und Männern gilt als Forschungsdesiderat (vgl. Hefti, 2012: 48). Es gibt bislang noch keine nennenswerten Überlegungen dazu, ob und welche Konsequenzen der Zusammenhang zwischen Religiosität/Spiritualität und Geschlecht für Spiritual Care haben könnte. Salomonisch erscheint die Auffassung, dass die spirituelle Unterstützung in der Beratung und Betreuung von Frauen besonders wirksam sei, aber Männer nicht vernachlässigt werden sollten (vgl. Hefti, 2012: 47).

Da Beziehungsorientierung ein typisches Kennzeichen femininer Religiosität/Spiritualität ist, ist davon auszugehen, dass sie auch Krankheit und Sterben vieler Frauen maßgeblich prägt. Wenn Beziehungsorientierung und Bindung lebenslang mit den *Care*-Rollen von Frauen korrespondieren, wird sich das in den Phasen von Krankheit und Sterben nicht wesentlich verändern. In besonders drastischer Weise trifft dies für Mütter zu, die ihre Kinder zurücklassen müssen. Das kann eine tiefe «spirituelle» Verzweiflung auslösen. Frauen sorgen sich auch um die Überlebensfähigkeit und das Wohlergehen des Partners, der zurückbleibt. Spirituelles Wohlbefinden ist für viele Frauen stärker als für Männer mit Interdependenz, mit Verbundenheit verknüpft. Beziehungsorientierung kann in der Krankheit und im Sterben allerdings auch zur Last werden. In diesem Zusammenhang ist der Wunsch nach Abgrenzung und Rückzug für Frauen ein wichtiges Thema (vgl. Beyer, 2008: 76–78). Auch wenn jüngere Frauen heute wesentlich selbstbestimmter als frühere Generationen leben, tun sich viele Frauen im Sterben mit der Abgrenzung von ihren Angehörigen/Zugehörigen schwer. Die Selbstverpflichtung zur Rücksichtnahme bleibt selbst dann oft übermächtig, wenn die Energie für die verantwortliche Sorge verbraucht ist. Frauen bedürfen daher eher als Männer der Unterstützung zur Abgrenzung und der Entlastung, um sich um das eigene Selbst kümmern zu können. Spiritual Care besteht dann vor allem in der Abnahme von Sorge, die einen größeren Freiraum ermöglicht:

> *Für die Betreuungsseite bedeutet die starke Fürsorgeausrichtung vieler Frauen, dass es essenziell ist, die nahen Personen, die Angehörigen wahrzunehmen, da die Frauen oftmals nicht ohne ihr Umfeld zu erkennen sind. Wird die Umgebung unterstützt, emotional, spirituell, sozial, dann kann das für die betroffene Frau enorme Druckentlastung bedeuten, es kann zur Folge haben, dass sie sich auf sich und ihren Sterbeprozess konzentrieren und ihren Weg eher gehen kann.*
>
> (Beyer, 2008: 181)

Meistens stellen die Beziehungsnetze, die Frauen während ihres Lebens geknüpft haben, eine wichtige und tragende Ressource in der Krise dar. Oft sind es Frauenfreundschaften, die auch den Bereich der spirituellen Bedürfnisse abdecken können.

Frauen und Männer unterscheiden sich in ihrer Körperorientierung. Gerade in den modernen westlichen Gesellschaften sind Frauen in zunehmendem Maß daran interessiert, Körper und Spiritualität zu verbinden.

Deshalb ist ihre Offenheit für körperorientierte spirituelle Angebote vergleichsweise größer als die von Männern. So liegt es nahe, dass Pflegehandlungen, die Frauen als zugewandte Fürsorge für ihren Körper wahrnehmen, auch als spirituelle Zuwendung wahrgenommen werden. Dazu passt, dass Pflegepersonen häufig davon berichten, dass sich spirituelle Gespräche aus der alltäglichen Pflege ergeben (vgl. Beyer, 2008: 180).

Der Blick auf geschlechtsspezifische spirituelle Bedürfnisse in nichtwestlichen Kulturen differenziert das Bild, weil Spiritualität nicht von traditionell weiblichen und männlichen Lebenszusammenhängen zu trennen ist. Auch wenn hier verschiedenste kulturelle Faktoren, wie etwa weibliche Versagensängste, Abhängigkeit oder geringe Selbstwertgefühle, hinzukommen, bildet die *Care*-Orientierung von Frauen eine weltweite Konstante, die sich auf weibliche Spiritualität auswirkt. Ist die Loslösung für Männer generell einfacher? So pauschal lässt sich das sicher nicht behaupten. Männer mit einer femininen Gender-Orientierung sind nicht weniger beziehungsorientiert als Frauen. Dennoch entspricht das Ideal der Autonomie im westlichen Kulturraum einem maskulinen Geschlechtsmuster, Äquivalente finden sich auch in anderen Kulturen. Besonders in den asiatischen religiösen Traditionen werden Entsagung und Bindungslosigkeit hochgehalten. Angesichts der aktuellen Entwicklungen stellt sich die Frage, ob nicht auch Sterbesedierung, Euthanasie oder der Wunsch nach assistiertem Suizid eher ein maskulines Umgangsmuster mit dem Tod spiegeln. In den modernen Gesellschaften wird jedenfalls zunehmend ein Sterben propagiert, das die radikal autonome und als würdig stilisierte, Leid und Ressourcen sparende Loslösung/Entsorgung zum Ideal des modellhaften humanen Todes stilisiert. Aktuelle Filme wie «Satte Farben vor schwarz» von Sophie Heldmann, «Liebe» von Michael Haneke und «Die Auslöschung» von Nikolaus Leytner fungieren hier als Spiegel und Vorbilder zugleich. Dieser Tod ist jedoch nicht einfach human, sondern trägt deutliche maskuline Züge.

6. Spiritualität als Aufgabe des Alters?

Birgit Heller

«Mythen» über Spiritualität und Alter

Wie viele andere Humanwissenschaften hat auch die Gerontologie als Alterswissenschaft, die sich aus verschiedenen Fachdiskursen wie Psychologie, Sozialwissenschaft, Gesundheitswissenschaften oder Bildungswissenschaft speist, den Bereich Religion/Religiosität/Spiritualität im vergangenen Jahrzehnt zunehmend entdeckt (vgl. u. a. Moberg, 2001; MacKinlay, 2001, 2006; Kruse, 2007; Kunz, 2007). Der Begriff Spiritualität wird vor allem deshalb bevorzugt, weil er gegenüber dem Begriff Religiosität als weiter gefasst gilt. In der Literatur wird zwar immer wieder behauptet, eine klare Trennung zwischen Religiosität und Spiritualität sei nicht möglich, eine Abgrenzung wird aber häufig versucht, indem Religiosität auf ein traditionelles Glaubenssystem bezogen, Spiritualität hingegen als persönlicher Glaubensvollzug oder existenzieller Sinnfindungsprozess verstanden wird.

Da das Verständnis von Spiritualität alles andere als einheitlich ist, fungiert als kleinster gemeinsamer Nenner «Sinn im Leben», wobei jedenfalls ein wie immer gearteter «Letztsinn» oder «Letztwert» gemeint ist. Spiritualität bezieht sich auf das, was dem menschlichen Leben Sinn verleiht und besteht bzw. gründet in der Beziehung zu Gott (einer transzendenten, außeralltäglichen Größe) und/oder anderen Menschen oder zu dem, was einem Menschen am meisten bedeutet (vgl. dazu beispielsweise MacKinlay, 2001: 52; Moberg, 2001: 10 ff. oder Narayanasamy et al., 2004: 7). Es ist allerdings eine offene Frage, durch welche Art des Transzendenzbezugs sich Spiritualität auszeichnet. Kruse (2007: 133 f.) etwa definiert Spiritualität als «transzendentales Selbst- und Weltverständnis», das auf der Suche des Menschen nach einer Antwort auf zentrale Fragen seines Lebens (Ursprung, Ziel und Grund des Seins) beruht. Hier ist offensichtlich eine Transzendenz angesprochen, die über die empirische Erfahrungswelt hinausgeht. Andere Menschen, Arbeit, Natur etc. erfüllen diese Bedingung zwar nicht, aber meist wird der Begriff Spiritualität so weit gefasst, dass Alltagserfahrungen an die Stelle des «Heiligen» treten können (vgl. z. B. Emmons, 2003).

Das große Interesse am Thema Alter und Spiritualität hängt zunächst zusammen mit der Suche nach positiven Aspekten des Alt-Werdens, gebündelt unter dem Stichwort der Lebenszufriedenheit. Diesem Leitziel dienen Angebote der Unterstützung und Therapie durch spirituelle Interventionen (Stichwort: Interventionsgerontologie). Religiöses/spirituelles Coping erregt als Ressource für die Belastungssituationen des Alters von verschiedenen Seiten Interesse. Im Rahmen der Gerontologie ist das Interesse an Spiritualität mit jenen psychologischen Theorien verknüpft, die das Alter als Entwicklungsprozess betrachten. Großen Einfluss auf die jüngeren Fachdiskurse hat insbesondere das Stufenschema der Glaubensentwicklung von James W. Fowler, das auf die entwicklungspsychologischen Konzepte von Jean Piaget, Lawrence Kohlberg und Erik H. Erikson aufbaut. Die Theorie von Fowler ist zwar teils heftig kritisiert worden,[10] hat aber dennoch eine breite Rezeption gefunden. Unter Glaube versteht Fowler die spezifische Art und Weise, wie ein Mensch die Erfahrungen mit sich, den anderen und der Welt im Hinblick auf eine übergeordnete Bedeutung (etwas unbedingt Wertvolles, das kann Gott oder eine transzendente Macht sein oder aber die Familie, die Nation, die Arbeit etc.) ordnet. Fowler unterscheidet in Korrelation mit der psychosozialen Entwicklung des Menschen sechs Stufen der Glaubensentwicklung, die mit einer Vorstufe, die er als undifferenzierten Glauben bezeichnet, beginnt. Der Reihe nach folgen dann der intuitiv-projektive Glaube, der mythisch-wörtliche Glaube, der synthetisch-konventionelle Glaube, der individuierend-reflektierende Glaube, der verbindende Glaube und zuletzt der universalisierende Glaube. Diese letzte Glaubensstufe entspricht der psychosozialen Stufe «Integrität versus Verzweiflung» nach Erikson, die das Lebensthema des alten Menschen darstellt. Vor diesem Hintergrund ist die verbreitete These von der Spiritualität als Entwicklungsaufgabe des Alters zu betrachten. Im Folgenden werden die derzeit verbreiteten «Mythen» über Spiritualität und Alter benannt und dazu Fragen und Einwände formuliert.

1. Mythos: *Spiritualität als Sinnsuche gehört zum Menschsein*

James Fowler (2000: 54) hat in seinem viel beachteten Werk 1981 die Auffassung vertreten, dass der Glaube ein menschliches Phänomen ist, eine «*artspezifische* Konsequenz» der universalen Last des Menschen, Sinn zu finden oder herstellen zu müssen. In derselben Denklinie steht beispielsweise die einflussreiche Altersforscherin Elizabeth MacKinlay. Im Rahmen ihrer Studie über spirituelle Bedürfnisse alter Menschen lassen etliche der Befragten kein Bewusstsein für eine Sinnsuche erkennen. MacKinlay

---

10 Zu den stärksten Kritikern zählt Harold G. Koenig (1994), der sich selbst in vielen Studien und Publikationen mit Religion, Alter und Gesundheit befasst hat, allerdings beschränkt er sich explizit auf Menschen, die in der jüdisch-christlichen Tradition verwurzelt sind.

(2001: 132) deutet dieses für sie fragwürdige Phänomen mit der wertenden Annahme, dass jene Personen möglicherweise nicht so tief in Kontakt mit ihrer spirituellen Dimension waren. Diese Zuschreibung hätte dann auch zur Folge, dass Menschen, die sich selbst als nichtspirituell bezeichnen, in ihrer Selbstbeschreibung nicht ernst genommen werden. Hier wird die alte These, dass der Mensch von Natur aus als religiös zu betrachten ist, unter neuen Vorzeichen wieder aufgenommen: Jeder Mensch ist von Natur aus spirituell. Ob universale Religiosität oder universale Spiritualität – beide stellen eine gleichermaßen unzulässige Vereinnahmung dar, die schnell ins Fahrwasser des missionarischen Eifers hineingleitet.

Laut einer aktuellen Studie zum Lebenssinn in Deutschland sind Religiosität und Spiritualität als besondere Sinnquellen zu betrachten, die für die Mehrheit der Befragten eine zentrale Rolle spielen (vgl. Schnell, 2011). Diese Studie belegt zwar – wie viele andere auch –, dass Religion in der Moderne nicht verschwunden ist, sondern sich gewandelt hat, die (gar nicht so kleine) Minderheit wird aber in der Auswertung kaum beachtet. Um die einseitige Perspektive zu korrigieren, ist es nützlich, auf die Ergebnisse der Europäischen Wertestudien seit 1990 zu blicken. Die Antworten auf die Frage: «Machen Sie sich eigentlich manchmal Gedanken über den Sinn des Lebens?» weichen in den einzelnen europäischen Ländern stark voneinander ab. Im Schnitt denkt ungefähr ein Drittel der EuropäerInnen *oft* über den Sinn des Lebens nach (vgl. Zulehner/Denz, 1993b: 50). Die Prozentsätze haben sich im Jahre 1999 in einzelnen Ländern zwar nach unten oder oben verschoben, die Drittelmarke wird aber selten überschritten. Leider ist diese Frage in der jüngsten Welle der Wertestudien nur mehr in Österreich gestellt worden. Hier ist der Anteil derer, die sich oft Gedanken über den Sinn des Lebens machen, von 34 % im Jahre 1999 auf 22 % im Jahre 2008 gesunken (vgl. EVS, 2008: Q41). Dass die Sinnsuche in den vergangenen beiden Jahrzehnten in Europa generell wichtiger geworden ist, lässt sich angesichts der vorliegenden Daten nicht behaupten. Tatsache ist jedenfalls, dass diesen Untersuchungen zufolge in Europa annähernd jede/r Vierte *selten* oder *nie* über den Sinn des Lebens nachdenkt.

Spitzt man die Sinnsuche als menschliche Grundausstattung auf Religiosität/Spiritualität zu, ergeben sich aus den vorliegenden Erhebungen vergleichbare Daten. Illustriert am Beispiel von Deutschland zeigen die Befunde des Religionsmonitors 2008, dass etwa ein Drittel der deutschen Bevölkerung konfessionslos ist und gut zwei Drittel davon – also über 20 % – tatsächlich als religionslos einzustufen sind (vgl. Wohlrab-Sahr,

2009: 154). Weder religiöse Überzeugungen (wie der Glaube an Gott oder ein Leben nach dem Tod), eine private religiöse Praxis (wie Gebet oder Meditation) noch religiöse oder spirituelle Erfahrungen sind für sie von Bedeutung. Allein ein gewisses intellektuelles Interesse an religiösen Fragen spielt für knapp die Hälfte der «Religionslosen» eine Rolle. Auch die spanischen Erhebungen des Religionsmonitors werfen ein interessantes Schlaglicht auf die Bedeutung der Sinnsuche: Der Anteil jener SpanierInnen, die der Religion Wichtigkeit für die Bewältigung von Lebenskrisen und den Zweifel am Sinn des Lebens beimessen (42 %), ist nur wenig höher als der Prozentsatz derjenigen, die ihr die Bedeutung in diesen Bereichen absprechen (39 % bzw. 38 %; vgl. Casanova, 2009: 258).

2. Mythos: *Religiosität/Spiritualität verläuft in Stufen*

Passend zu den aktuellen «Life-Long-Learning»-Strategien einer Bildungsoffensive für das Alter ist die Einschätzung, dass gerade im spirituellen Bereich auch im Alter noch Entwicklung stattfinden kann. Das Stufenschema der menschlichen Entwicklung, das im Hintergrund solcher Aussagen steht und sich hauptsächlich an entwicklungspsychologischen Theorien orientiert, ist nicht unwidersprochen geblieben. Die vielfältige Kritik bezieht sich vor allem auf:

- die damit verbundene Normativität (die Entwicklung verläuft von minderen zu höheren Stufen)
- die lineare Logik (im Sinne einer progressiven Aufwärtsentwicklung)
- den universalen Anspruch (Leitbilder des europäisch-nordamerikanischen Kulturzusammenhangs werden zu generellen Modellen der menschlichen Entwicklung) und
- den androzentrischen Blickwinkel (Maßstab der menschlichen Entwicklung ist der Mann).

Carol Gilligan, eine langjährige Mitarbeiterin von Kohlberg, hat in den 80er-Jahren des 20. Jahrhunderts die geschlechtsspezifisch einseitige Sicht der etablierten psychologischen Entwicklungstheoretiker kritisiert. An den einflussreichen Theorien von Kohlberg ist besonders delikat, dass sie auf Studien mit ausschließlich männlichen Probanden beruhen (für eine ausführliche Kritik der Entwicklungstheorien im Spannungsfeld von Patriarchat und Feminismus vgl. Pahnke, 1991). Gender-Blindheit zeichnet auch die Theorie von Fowler aus, wobei hier besonders die Tatsache irritiert, dass sich die höchste Stufe der Glaubensentwicklung als kaum erreichbar erwiesen hat: Nur ein einziger Teilnehmer seiner empirischen Studie findet sich auf Stufe 6. Darüber hinaus sind die höheren Stufen der Glaubensentwicklung derart mit kognitiven und intellektuellen Fähigkeiten verknüpft, dass Menschen mit einem einfachen Bildungsniveau nur einen unterentwickelten Glauben haben können. Diese Intellektualisierung von Religiosität/Spiritualität ist in der jüngeren Religionsgeschichte der Menschheit zwar manchmal anzutreffen, als Maßstab der Entwicklung ist sie aber angesichts ihrer relativen Bedeutung für die religiösen Traditionen und religiös-spirituelle Biographien zurückzuweisen. Eine derart rationale Engführung von Spiritualität wird zudem durch Überlegungen zur spirituellen Begleitung demenzkranker Menschen korrigiert – betont wird hier nicht die kognitive Sinnfindung, sondern die sozialen Vermittlungsprozesse von Sinn stehen im Vordergrund (vgl. dazu Speck, 2006). Angesichts des drohenden Persönlichkeitsverlustes durch die fortschreitende demenzielle Erkrankung soll Spiritualität als Integrationsprinzip und wesentlicher Bestandteil der interpersonalen Beziehungen fungieren. Spiritualität ereignet sich gewissermaßen im Rahmen einer Beziehung in der Form von Respekt und der Zuweisung von Bedeutung, Kontinuität und Identität an eine Person.

3. Mythos: *Religiosität/Spiritualität nimmt im Alter zu*

Die Meinung, dass Religiosität/Spiritualität im Alter zunimmt bzw. wichtiger wird, ist weitverbreitet. Verschiedene Studien in den USA haben religiöse Aktivität und religiöse Einstellungen im Alter gemessen: Demnach nehmen die religiösen Aktivitäten eher ab, während die Einstellungen stabil bleiben oder sich auch vertiefen können. Da in den USA im Schnitt wesentlich höhere Werte in den Fragen zu Religiosität und Spiritualität erzielt werden, sind die Ergebnisse der Studien allerdings nicht ohne weiteres auf europäische Länder übertragbar. Ein großer Teil der Untersuchungen ist bislang auch sehr einseitig vom christlichen Verständnishintergrund geprägt.[11] Nach wie vor ein großes Problem stellt die uneinheitliche

---

11 Besonders in den Pflege- und Gesundheitswissenschaften rücken die spirituellen Bedürfnisse älterer Menschen in den Vordergrund, die nicht zwangsläufig an institutionelle Religionen (allen voran das Christentum) gebunden sind, vgl. etwa Narayanasamy (2004: 13).

Operationalisierung der Begriffe Religiosität und Spiritualität in empirischen Studien dar, die so verschiedene Indikatoren wie Kirchenbesuch, Gebet, mystische Erfahrung bis Sinnsuche, Selbstentfaltung, Kunsterleben oder Verbundenheit (mit Familie, anderen Menschen) umfassen können. Die diversen Studienergebnisse sind jedenfalls widersprüchlich: Religiosität/Spiritualität nimmt nicht automatisch zu, sondern bleibt eher erhalten, wenn sie einmal ausgeprägt ist; meist fehlen Vergleiche mit jüngeren Alterskohorten; ein definitiver linearer Zusammenhang zwischen Altern und Spiritualität ist jedenfalls nicht eindeutig feststellbar. Die These, die die (angeblich) höhere Spiritualität im Alter nicht als Alters-, sondern als Kohorteneffekt erklärt, der für die derzeit alternde Generation gilt, ist nicht einfach von der Hand zu weisen (vgl. Hunt, 2007: 620 f.). Der lebenszyklische Zusammenhang von Alter und Religiosität/Spiritualität ist jedoch grundsätzlich alles andere als eindeutig.

Nach dem Survey des Religionsmonitors aus dem Jahr 2008 wirken die über 60-Jährigen auf den ersten Blick «frömmer» als die jüngeren Generationen (vgl. Ebertz, 2009). Im Vergleich mit den 18- bis 29-Jährigen weisen sie höhere Zahlen in der öffentlichen und privaten religiösen Praxis auf; Religiosität scheint sich stärker auf ihre Lebensführung auszuwirken; sie denken öfters über religiöse Themen nach und der Anteil der Hochreligiösen ist wesentlich größer. Diese höheren Religiositätswerte für das Alter müssen jedoch nicht als Indikator für lebenszyklische Prozesse interpretiert werden, sondern können religiöse Umbrüche wie die Abnahme der kirchlichen Zugehörigkeit in den jüngeren Generationen spiegeln (vgl. Casanova, 2009: 230 f.). Religiosität ist nicht einfach eine spezifische Tugend des Alters, das zeigen auch die Europäischen Wertestudien, insofern sich die Religiositätsunterschiede in den muslimisch geprägten Ländern zwischen den Altersgruppen generell weniger stark unterscheiden und häufig gar nicht nennenswert sind.

Nimmt man die Ergebnisse des Religionsmonitors stärker unter die Lupe, stellt sich heraus, dass religiös Distanzierte in vielen europäischen Ländern nicht nur in den jüngeren Altersklassen, sondern auch bei den über 60-Jährigen deutlich in der Überzahl sind. In statistischer Hinsicht sind die älteren Personen zwar vergleichsweise religiöser als die jüngeren Jahrgänge, aber der Satz: «Je älter, desto frömmer» trifft in Europa de facto nur auf eine Minderheit der über 60-Jährigen zu (vgl. Ebertz, 2009: 659). Schließlich zeigen partiell gegenläufige Befunde, dass Alter und höhere Religiosität/Spiritualität in mancher Hinsicht gar nicht verknüpft sind. So ist etwa der Glaube an ein Leben nach dem Tod in etlichen europäischen Ländern in den jüngeren Altersgruppen weitaus stärker ausgeprägt als in der älteren Generation. Viele ältere Menschen erkennen in ihrem Leben auch weniger Sinn als jüngere Befragte. Dieses Ergebnis deckt sich mit dem Befund der Europäischen Wertestudien, der nur einen relativ geringen Einfluss des Faktors «Alter» auf die Sinnsuche bestätigt (Zulehner/Denz, 1993a: 75). Die Bereitschaft, über den Sinn des Lebens nachzudenken, ist in erster Linie abhängig vom Land bzw. von der Herkunft sowie vom Geschlecht und von der Bildung. Der Faktor Alter hingegen spielt etwa dieselbe Rolle wie der Faktor Ortsgröße, allerdings denken ältere Menschen häufiger über den Tod nach, in diesem Fall ist die Korrelation fast so hoch wie beim Faktor Geschlecht, aber zugleich wesentlich geringer als bei Land/Kultur. Was bislang in der Altersforschung zu wenig berücksichtigt worden ist, sind die religiös-spirituellen Entwicklungen der jüngsten Zeit. Insbesondere die altersspezifisch unterschiedliche Zuwendung zu neuen Formen von Religiosität/Spiritualität verändert das herkömmliche Klischee, das einer eher agnostischen Jugend das spirituelle Alter entgegensetzt.

4. Mythos: *Erfolgreiches Altern umfasst die spirituelle Entwicklung*

Donald Heinz (1994) hat das Schlagwort vom Lebensende als «letzter Karriere» des Menschen geprägt. Elizabeth MacKinlay spricht vom «effektiven» Altern und formuliert dafür die folgenden spirituellen Aufgaben:

- die Quelle des Letztsinns entdecken
- angemessene Wege der Reaktion finden
- Behinderungen und Verlust überwinden
- nach Letztbedeutungen suchen
- Nähe zu Gott und/oder anderen finden
- Hoffnung finden (vgl. MacKinlay, 2001: 234; 223).

Karriere und Effektivität sind Begriffe, die an das Konzept des erfolgreichen Alterns anknüpfen, das in den 60er-Jahren des 20. Jahrhunderts in die gerontologische Diskussion eingeführt worden und bis heute bedeutsam ist (vgl. Baltes, 1992). Diese Terminologie ist teilweise kritisch hinterfragt worden, weil sie den Erfolgszwang der Leistungsgesellschaft transportiert. So wird etwa festgestellt, dass es «aus humanitären Gründen äußerst bedenklich ist, den älteren Menschen unter den gleichen Erfolgszwang zu stellen wie etwa einen Stellenbewerber oder Leistungssportler, dessen Grenzen man glaubt testen zu müssen» (Thomae, 1988: 221). Dennoch hat in der gerontologischen Forschung die Auffassung Konjunktur, dass eine Entwicklung nötig ist, um das Alter erfüllend leben zu können. Spiritualität steht als Dimension der Persönlichkeits- und Weisheitsentwicklung besonders im Blickpunkt, weil sie auch dann noch entwicklungsfähig ist, wenn körperliche und kognitive Fähigkeiten nachlassen (vgl. Wilkening, 2011: 168). Wenn da von einem gesunden bzw. pathologischen, einem erfolgreichen, optimalen Altern bzw. spiritueller Gesundheit gesprochen wird, drängt sich die Frage nach den Maßstäben dafür auf. Abgesehen von der prinzipiellen Problematik solcher Bewertungen bremst der interkulturelle Vergleich jede Euphorie der universalen Generalisierbarkeit ein. Ein einheitlicher Maßstab für erfolgreiches Altern und spirituelle Gesundheit ist schon angesichts der kulturellen Vielfalt realitätsfremd.

5. Mythos: *Spiritualität ist geschlechtslos oder «altersandrogyn»*

Viele Studien und daher auch die Theoriebildung im Kontext der Forschung zu Religiosität/Spiritualität und Alter, jüngst auch der so genannten Religionsgerontologie weisen eine Gender-Blindheit auf, die unter anderem mit der These von der Altersandrogynie zu tun hat. Unter Androgynie wird das ausgewogene Verhältnis von maskulinen und femininen Eigenschaften verstanden. In den modernen entwicklungspsychologischen Theorien des Alters ist die These von der Altersandrogynie weitverbreitet (vgl. z. B. Peters, 2004: 174). Demnach werden in der zweiten Lebenshälfte feminine und maskuline Eigenschaften bei beiden Geschlechtern amalgamiert und integriert – während Frauen ihr Selbst um aktiv-durchsetzungsbetonte Anteile erweitern, ergänzen Männer ihr Selbst um passiv-abhängige Erlebnisformen. Die so erworbene androgyne Kompetenz soll die Anpassung an das Älterwerden erleichtern und sich positiv auf das Wohlbefinden im hohen Alter auswirken, weil sie das Verhalten flexibilisiert. An der Wiege dieser These stehen allerdings einseitige und vorurteilsgebundene Geschlechtswahrnehmungen nach dem klassischen Modell der Xanthippe, die als Prototyp der ewig nörgelnden, zänkischen Ehefrau berühmt geworden ist. Es war Sigmund Freud (1913/1997), der im Rahmen seiner Darlegungen der Disposition zur Zwangsneurose die biographische Charakterveränderung von Frauen als allgemein bekannte Tatsache hinstellte:

> *Es ist bekannt und hat den Menschen viel Stoff zur Klage gegeben, daß die Frauen häufig, nachdem sie ihre Genitalfunktionen aufgegeben haben, ihren Charakter in eigentümlicher Weise verändern: Sie werden zänkisch, quälerisch und rechthaberisch, kleinlich und geizig, zeigen also typische sadistische und analerotische Züge, die ihnen vorher in der Epoche der Weiblichkeit nicht zu eigen waren.*
>
> (A. a. O.: 115)

Nach Freud prägen Frauen in der zweiten Lebenshälfte also nicht einfach maskuline Eigenschaften aus, sondern verändern sich in psychisch krankhafter Weise.

Auch Carl Gustav Jung (1931/1995) führt die psychischen Schwierigkeiten um die Lebensmitte auf «eine tiefliegende, merkwürdige Veränderung der Seele» zurück. Allerdings geht er von einer Rollenumkehrung beider Geschlechter ab der Lebensmitte aus:

> *Man könnte zum Beispiel das Männliche und das Weibliche zusammen mit den seelischen Eigenschaften mit einem bestimmten Vorrat an Substanzen vergleichen, die in der ersten Lebenshälfte gewissermaßen ungleich verbraucht werden. Der Mann verbraucht seinen großen Vorrat männlicher Substanz und hat nur noch den kleineren Betrag an weiblicher Substanz übrig, der nunmehr zur Verwendung gelangt. Umgekehrt die Frau, die ihren bisher unbenutzten Bestand an Männlichkeit nunmehr in Tätigkeit treten lässt.*
>
> (A. a. O.: 436 ff.)

Jung illustriert seine Behauptung mit den Beobachtungen, dass der Mann mit 45–50 Jahren häufig abgewirtschaftet hat und dann die Frau die Hosen anzieht und zu sozialer Verantwortung erwacht. Während nach dem Zusammenbruch des männlichen Stils ein «verweiblichter Mann» zurückbleibe, entwickle die Frau «eine ungemeine Männlichkeit und Härte des Verstands». Diesem Ansatz liegen die normativen Geschlechterrollen der bürgerlichen Gesellschaften Europas im 19. Jahrhundert zugrunde. Die saubere Aufteilung von Aktivität/Verantwortung/Verstand einerseits und Passivität/Abhängigkeit/Gefühl andererseits auf Männer und Frauen bildet ein Geschlechterklischee ab, das weder der historischen Realität standhält noch generalisierbar ist.

Die Entwicklungspsychologin Pasqualina Perrig-Chiello, die sich schwerpunktmäßig aus einer genderkritischen Perspektive mit der Geschlechtsrollenentwicklung über die Lebensspanne befasst, hat bislang ambivalente Einschätzungen dazu präsentiert. Einerseits betrachtet auch sie die Androgynie des späteren Lebensalters als kulturübergreifendes Muster: «Analog zur Feminisierung des alternden Mannes ist eben die Maskulinisierung der alternden Frau beobachtbar [...]» (Perrig-Chiello, 2001: 17). Andererseits kommt sie im Rahmen einer interdisziplinären Altersstudie zu Ergebnissen, die zu den meisten bisherigen Annahmen zur Persönlichkeitsentwicklung von Frauen und Männern in der mittleren und höheren Lebensphase (vgl. Perrig-Chiello, 2000) in krassem Widerspruch stehen. Sie vermutet, dass dieses Ergebnis darauf zurückzuführen ist, dass ein hoher Anteil der Frauen der untersuchten Stichprobe (63%) unverheiratet, kinderlos und jahrzehntelang berufstätig war. Das erklärt jedoch nicht die ebenfalls beobachtete Stabilität der Persönlichkeitsmerkmale bei den männlichen Teilnehmern der Studie. Eine Rollenumkehrung konnte für beide Geschlechter nicht festgestellt werden. Insgesamt gesehen ist die These von der Altersandrogynie stark geprägt durch ein Denken in Dichotomien und durch traditionelle Geschlechterstereotype, die nicht nur kulturell gebunden sind, sondern auch die Wahrnehmung verzerren. Die empirische Basis für die behauptete Altersandrogynie ist jedenfalls unbefriedigend und fragwürdig.

Im Gegensatz zu den meisten vorliegenden Publikationen zur Altersspiritualität, die den Faktor Gender nicht oder nur vereinzelt berücksichtigen (vgl. etwa Vogel, 1995) stellt Elizabeth MacKinlay (2001: 124) explizit die Frage, ob die spirituelle Entwicklung bei Frauen und Männern verschieden verläuft. Den Fragehorizont bildet die gerade beschriebene These von der Altersandrogynie, der Konvergenz der Geschlechter ab der Lebensmitte, die ihr offensichtlich plausibel erscheint (vgl. a. a. O.: 164). MacKinlay ist sich in ihrer Einschätzung aber nicht ganz sicher, sie hat durchaus auch die Untersuchungen von Carol Gilligan im Blick, die schon in den 80er-Jahren des 20. Jahrhunderts das einseitig an der männlichen Entwicklung orientierte Stufenschema der menschlichen Entwicklung korrigiert hat und von unterschiedlichen Entwicklungsverläufen für die beiden Geschlechter ausgeht. Gilligans (1999) kritische Sicht auf die Maßstäbe, Konzepte und Ideale menschlicher Entwicklung bildet einen wichtigen Anknüpfungspunkt für die Frage nach Gender-Differenzen in der spirituellen Entwicklung. In der Theoriebildung wird diese geschlechtskritische Perspektive allerdings immer noch vernachlässigt. Angesichts der These von der Altersandrogynie scheint sie für die Altersspiritualität sogar überflüssig zu sein: Sollten sich Geschlechterrollen und -verhalten mit zunehmendem Alter tatsächlich annähern, würden Bedürfnisse, Aktivitäten und Haltungen von Frauen und Männern auch im religiös-spirituellen Bereich so ähnlich, dass der Faktor Geschlecht/Gender nicht weiter beachtet werden müsste.

Der bislang vorliegende empirische Befund widerspricht dieser weitverbreiteten Annahme. Frauen sind im westlichen Kulturraum sowohl in vielen traditionellen religiösen Kontexten als auch in der modernen spirituellen Szene in *allen* Altersgruppen weitaus stärker als Männer vertreten und engagiert. Das Lebensalter scheint an der Geschlechterdifferenz im religiös-spirituellen Bereich nichts zu ändern. Frauen haben in vielen Studien zu Alter und Religiosität ebenfalls signifikant höhere Werte als Männer, und zwar in allen Bereichen:

- in Aktivitäten (sowohl in der Teilnahme an religiösen Veranstaltungen wie Kirchenbesuch usw. als auch in privaten religiösen Aktivitäten wie Gebet, Lektüre von religiösen Texten)
- in Haltungen und
- in der Selbsteinschätzung (vgl. dazu die Ergebnisse bekannter Langzeitstudien, angeführt in Moser, 2000: 180; 187 f.; 198).

Auch viele breiter angelegte Studien aus dem Bereich Religion und Gesundheit belegen, dass Religion für viele ältere Frauen offenbar eine andere Bedeutung als für Männer hat. Eine jüngere Studie zu Religion und subjektiver Gesundheit etwa zeigt auf, dass der Zusammenhang zwischen der Nutzung der Religion und der Einschätzung der subjektiven Gesundheit im höheren Alter bei Frauen ausgeprägter ist als bei Männern (vgl. Allemand/Martin, 2007: 34).

Allerdings ist Religion nicht prinzipiell an das biologische weibliche Geschlecht geknüpft. Frauen sind in keinem Lebensalter grundsätzlich religiöser als Männer. In einer Untersuchung zur Religiosität älterer Männer hat sich die Gender-Orientierung als relevanter Faktor erwiesen (vgl. Thompson/Remmes, 2002). Demnach geht die feminine Orientierung von Frauen und Männern einher mit hoher religiöser Selbsteinschätzung, Partizipation und intrinsischer/persönlicher Religiosität. Das gilt nicht nur für das Alter. Daraus ist jedoch nicht im Umkehrschluss abzuleiten, dass maskuline Orientierung mit Irreligiosität korreliert. Offenbar determiniert die maskuline Orientierung bei vielen älteren Männern eine zweifelnd-suchende Religiosität. In der Theoriebildung spielen die vorliegenden Studienergebnisse zur Religiosität von älteren Frauen und Männern kaum eine Rolle. So zeigen etwa die Beiträge des jüngst erschienenen Entwurfs einer Religionsgerontologie (Kunz, 2007), dass Gender keine Kategorie der Analyse und Reflexion bildet. Ob sich ältere Frauen und Männer in nichtwestlichen Kulturen im Hinblick auf die Bedeutung und Praxis von Religiosität/Spiritualität unterscheiden, ist bislang nicht untersucht worden. Es ist jedoch davon auszugehen, dass sich die geschlechtsspezifisch unterschiedlichen Lebensbedingungen im Alter auch auf den Bereich der Religion auswirken.

6. Mythos: *Zielvision des Alters: das volle menschliche Potenzial entwickeln*

Vom 16. bis zum 19. Jahrhundert sind in Europa die Modelle der «Lebenstreppen» (vgl. dazu Joerißen, 1983) populär gewesen. Den Höhepunkt des Lebens bildet nach diesem Konzept die Lebensmitte mit 50 Jahren, danach geht es bergab. Die **Abbildungen 6-1** und **6-2** von geschlechtsspezifischen Lebenstreppen illustrieren, wie der Mensch immer hinfälliger wird: Ein Geschick, das beide Geschlechter gleichermaßen ereilt, auch wenn die einzelnen Lebensphasen des Mannes insgesamt deutlich eigenständiger charakterisiert sind als die der Frau.

Mittlerweile ist dieses Modell durch ein differenzierteres Bild des Alterns ersetzt worden. In den modernen westlichen Gesellschaften hat die ständige Zunahme der Lebenserwartung dazu geführt, dass das Alter größere Aufmerksamkeit erhält. An die Stelle einer generellen kontinuierlichen Abwärtsbewegung ist die modifizierte Wahrnehmung der einzelnen Dimensionen der menschlichen Existenz getreten. Persönlichkeit und Sozialverhalten bleiben demnach am längsten von altersbedingten Einbußen verschont und gelten bis zum Lebensende als entwicklungsfähig (vgl. Wilkening, 2011: 168). In der Vision des weisen alten Menschen hat die Altersforschung einen viel versprechenden Bezugspunkt gefunden, der das defizitäre Altersbild ins Gegenteil verwandelt. Mithilfe von Weisheitstrainingsprogrammen soll aus dem Ideal auch Realität werden.

Als zentrale Altersqualitäten gelten vor allem Ich-Integrität, Ich-Transzendenz und Weisheit. Für Weisheit, um die sich in jüngster Zeit ein eigener Forschungsstrang im Rahmen der Psychologie bemüht, gibt es ganz verschiedene Definitionen. In Zusammenhang mit der Altersforschung und ihrem Fokus auf Entwicklungstheorien wird Weisheit anknüpfend an Erikson gerne als zunehmend integrierendes Wahrnehmen (kognitiv, affektiv, intuitiv) definiert (vgl. den Überblick von Moser, 2000, 302 f.), wobei gerade die spirituelle Komponente der Selbsttranszendenz ange-

«Mythen» über Spiritualität und Alter 151

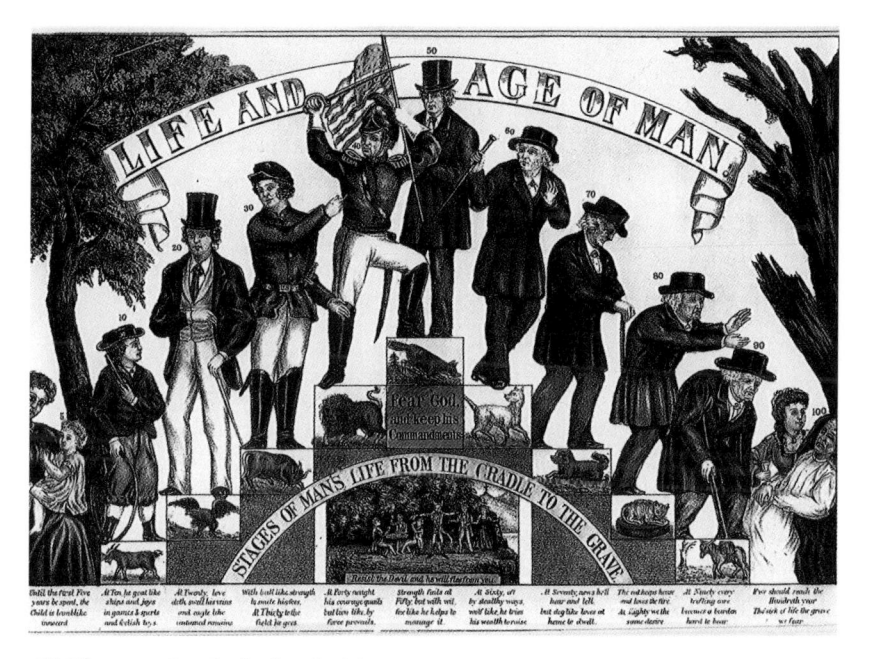

Abbildung 6-1: Das Stufenalter des Mannes

Übersetzung der Texte:
Leben und Alter des Mannes
Fürchte Gott und halte seine Gebote
Stadien des Lebens eines Mannes von der Wiege bis zum Grab
Widerstehe dem Teufel, und er wird dich meiden.

(Von links nach rechts)
In den ersten 5 Jahren ist das Kind unschuldig wie ein Lamm.
Mit 10 hüpft er ziegengleich, freut sich an Spiel und Sport und närrisch Spielzeug.
Mit 20 schwellt die Liebe seine Adern und adlergleich ist ungezähmt er.
Bullenstark wirft er seine Feinde nieder. Mit 30 geht er aufs Feld.
Mit 40 hemmt nichts seinen Mut, löwengleich siegt vielmehr seine Kraft.
Mit 50 mangelt es an Kraft, aber mit Witz, dem Fuchse gleich, kommt er zurecht.
Mit 60 sucht er, dem Wolfe gleich, auf verstohl'nen Wegen seinen Wohlstand zu mehren.
Mit 70 hört und erzählt er Neuigkeiten, doch wie der Hund liebt er's, zu Haus zu bleiben.
Die Katze hütet 's Haus und mag das Feuer. Mit 80 ersehnen wir desgleichen.
Mit 90 wird jede unbedeutende Aufgabe zur schwer erträglichen Last.
Sollten wir die 100 schaffen, lebensmüde fürchten wir das Grab.
(übersetzt von Michael Herrmann)

152　Spiritualität als Aufgabe des Alters?

Abbildung 6-2: Das Stufenalter der Frau

Übersetzung der Texte:

Das Leben und Alter der Frau

Ein tugendsam Weib ist eine Krone ihres Mannes – *Sprüche 12*

Früh krümmt sich, was ein Häkchen werden will.

Stadien des Lebens der Frau von der Geburt bis an den Rand des Grabes

(übersetzt von Michael Herrmann)

sichts der Erfahrung von Beeinträchtigung und Verlust betont wird (vgl. Wilkening, 2011: 170). Lars Tornstam (2005) hat das Modell von Erikson weiterentwickelt und den Begriff der Gerotranszendenz geprägt. Spiritualität ist ein wesentlicher Bestandteil dieses Konzepts, das die Dimension der absichtslosen Generativität mit den Dimensionen der kosmischen Allverbundenheit und Ich-Versöhnung kombiniert. Das Alter wird als jene Lebensphase apostrophiert, in der sich das volle menschliche Potenzial verwirklichen soll, in der sich der Mensch auf die spirituelle Ganzheit zubewegt (vgl. MacKinlay, 2006: 222 ff.). Der Mensch soll Versöhnung und Erfüllung finden durch größere Freiheit, Innerlichkeit, Reife, Frieden. Dieses Ideal des weisen, versöhnten, selbstlosen, friedvollen, freien, ganzen Menschen passt kongenial zu den ideologischen Beschwörungen eines guten Todes, die die Sterbenden und ihre BegleiterInnen gleichermaßen unter Druck setzen können. Die Frage bleibt offen, was diese Idealbildungen für jene Menschen bedeuten, die aus unterschiedlichen Gründen weit davon entfernt sind. Ein würdevolles Sterben ist auch ein Desiderat für die Schwachen, Hinfälligen und Dementen, die von der Altersweisheit vielleicht nicht einmal mehr träumen können (vgl. Heller et al., 2007).

Alter und Spiritualität in religiösen Traditionen

Vor dem historischen Hintergrund der religiösen Traditionen erscheint das moderne Bild vom weisen alten Menschen als realitätsferne Idealisierung und Idyllisierung. Der Blick in die Religions- und Kulturgeschichte macht deutlich, wie ambivalent die Einstellung zum Alter seit jeher war. Da finden sich durchaus Wertschätzung und Lob, aber zugleich auch Klage und Scham, Ablehnung und Ausgrenzung. Auffällig ist zunächst, dass es üblicherweise keinen fixen Punkt gibt, der den Beginn des Alters als religiösen Statuswechsel markieren würde (vgl. Hutter, 2013: 288 f.). Anders als bei Geburt und Heirat gibt es keinen Übergangsritus für den Eintritt in das Alter. Der Beginn des Alters ist offen und setzt irgendwann im Erwachsenenleben ein. Alter korreliert einerseits mit Respekt vor Autorität, einem bestimmten Rang oder Wissen (das gilt jedoch überwiegend nur für ausgewählte alte Menschen und selten für Frauen) und andererseits mit Schwäche, Hinfälligkeit und Todesnähe. Die religiös begründete Ehrfurcht und Sorge für die Alten ist in vielen Kulturen verbreitet und muss wohl auch als notwendiges Bemühen um den Schutz vor Verwahrlosung interpretiert werden. Religiös-kulturelle Norm und tatsächliche Praxis sind jedoch nicht als deckungsgleich zu betrachten. Wäre der respektvolle Umgang mit den Alten selbstverständlich, wären Aufforderungen und Gebote zur Sorge gar nicht nötig. Es gibt jedenfalls genügend historische und aktuelle Belege für die prekäre Lage alter Menschen quer durch die Kulturen (vgl. etwa Hofstätter, 2013; Scheid, 2013). Die Frage, ob nun dem Alter eine besondere religiös-spirituelle Qualifikation zukommt, lässt sich nicht einheitlich beantworten.

In vielen traditionalen Gesellschaften ist das Alter mit ritueller Macht und sozialem Prestige verbunden. Der alte Mensch wird vor allem deshalb zur Respektsperson, weil er sich in einem Übergangsstatus befindet, in einem Zwischenzustand zwischen Leben und Tod. Das Leben an der Schwelle impliziert eine größere Nähe zu den jenseitigen Mächten – wie die Phase der Geburt oder auch der Übergang ins Erwachsenenalter, wobei die Altersphase vergleichsweise unscharfe Grenzen hat und vergleichsweise länger dauert. Die Alten werden geschätzt als Kenner und Bewahrer der religiösen Überlieferung, meistens entwickeln sie eine aktive Haltung gegenüber dem eigenen Tod und bereiten ihren Abschied selbst vor. Aus seiner eigenen Erfahrung im Kontext einer traditionalen Sippengesellschaft in der Mongolei berichtet beispielsweise der Schamane und Schriftsteller Galsan Tschinag:

> *In einer Sippengemeinschaft gibt es eine gewisse Fähigkeit, bei der man das Leben selbst von innen heraus einstellen kann. Das wird ja sehr früh geübt. Jedes Kind weiß, dass es eines Tages sterben wird. […] Wenn man so erzogen, so erwachsen und so alt geworden ist, und außerdem mit der Hoffnung, ja mit der Überzeugung, dass man wiederkehrt, dass man nicht das allerletzte Mal da ist, dann kann man sich ziemlich heiter von der Gesellschaft verabschieden und ein Fest daraus machen: Heute ist mein letzter Tag, und da möchte ich auch würdevoll dastehen.*
>
> (Kaluza, 2009: 261)

Der Wertschätzung des Alters in traditionalen Gesellschaften steht aber auch Ablehnung gegenüber, die zur Ausgrenzung und teilweise – bei Gefährdung der Existenz der Gemeinschaft – sogar zur Altentötung geführt hat (vgl. dazu Müller, 1999).

Eine Variante der Altersausgrenzung im spirituellen Gewand bildet die Altersaskese in der klassisch-hinduistischen Tradition. Die idealtypische Konzeption des Lebensverlaufs sieht für den alten Menschen den Rückzug aus den weltlichen Bindungen und eine Konzentration auf die spirituelle Dimension des Daseins vor. Die ältesten Schriften über Richtlinien für die Entsagung eröffnen dem alt gewordenen Mann generell die Lebensform des

Entsagers, der aus dem aktiven Leben ausscheidet und in das Sterben auszieht (vgl. dazu Sprockhoff, 1987). Der alte Mann kann wählen zwischen verschiedenen Formen des Freitods und einem Rückzugsort in der Wildnis außerhalb seiner früheren Lebensgemeinschaft. Im Laufe der Zeit ist der Freitod zwar verboten worden, das Ideal der Altersaskese ist aber bis heute aufrecht. Die Lebensform des Entsagers, des *sannyasin,* «der alles von sich geworfen hat», bildet die konsequenteste Möglichkeit, die Befreiung aus der Welt zu erreichen. Eigentlich ist die Entsagung als Weg zur Befreiung nicht auf das Alter beschränkt, sondern ist aus pragmatischen Gründen – um die Existenz der Gesellschaft nicht zu gefährden – in jene Lebensphase geschoben worden, in der der Mann seine Pflichten zum Erhalt der Gesellschaft bereits erfüllt hat. Der Entsager vollzieht die eigenen Todesriten und ist bereits zu Lebzeiten befreit von allen sozialen Verpflichtungen. Für die Welt ist er tot. Er lebt mittellos und ohne feste Bleibe als Wanderasket. Durch die Praxis des Yoga soll das befreiende Sterben vorbereitet werden: Konzentration auf das Geistige und Still-Legen der Sinnestätigkeiten.

Obwohl heute nur eine Minderheit in der Hindu-Gesellschaft dem Ideal des Entsagers folgt, fördert es doch eine prinzipiell aktive Einstellung gegenüber dem eigenen Tod (vgl. Vatuk, 1995). Auch wenn der Lebensstand des *sannyasin* formal und rituell nicht vollzogen wird, so ist doch die Haltung der älteren Hindu-Männer und -Frauen beeinflusst von der religiösen Definition dieser Lebensphase, die unter den Vorzeichen der Entsagung und der Bindungslosigkeit, des Rückzugs vom Handeln und von der spirituellen Praxis steht. Neben den Potenzialen, die dem Alter für eine spirituell-asketische, aus dem Geburtenkreislauf befreiende Lebensführung zugeschrieben werden, steht aber auch eine negative Metaphorik. Da Alter ein Sinnbild für Vergänglichkeit ist, von der sich das wahre, unvergängliche Selbst unterscheidet, bleibt auch die Wertschätzung des Alters relativ (vgl. Hock, 2013). Der ursprünglich auf den Mann zugeschnittenen Entsager-Tradition steht das ebenfalls asketisch geprägte Leben der Frau als Witwe gegenüber. Witwenschaft ist zwar nicht notwendig, aber häufig mit Alter verknüpft und die Ehefrau des Entsagers wird ebenfalls als Witwe betrachtet. Da das Leben der Frau in der normativen Tradition der gelehrten Brahmanen (Priester) völlig auf den Ehemann orientiert wird, hat die Witwe ihren Daseinszweck verloren. Die Witwe ist unrein und bringt Unglück. Nach vorherrschender Auffassung hat sie ihre Pflichten als Ehefrau nicht erfüllt und darin versagt, ihrem Ehemann ein langes Leben zu sichern. Abgesehen von der Praxis der Witwenverbrennung, die seit 1829 verboten ist, kann eine Frau ihre Schuld am Tod des Ehemannes nur mit einem asketisch-spirituellen Leben abbüßen (Hinweise zur Stellung von Witwen im modernen Indien bei Hofstätter, 2013: 59–61).

Die religiös-spirituelle Bedeutung des Alters verdankt sich wesentlich seinem Übergangsstatus, der «Beziehung zum Jenseits seiner selbst» (Hock, 2013: 30). Mit dem Alter ist zwangsläufig eine Grenzerfahrung verbunden, daher rührt seine religiöse Wertigkeit. Die eng verbundene Trias Krankheit, Alter und Tod ist die Quelle jener Grenzerfahrungen, die zur Auseinandersetzung mit Sinnfragen treiben. Ein alter Text über das Leben des historischen Buddha, der aus dem 1./2. Jahrhundert unserer Zeitrechnung stammt, schreibt dem Religionsstifter den folgenden Ausspruch zu:

> *Krankheit, Alter und Tod,*
> *wenn diese drei nicht wären,*
> *hätte auch ich Freude an sinnlichen Genüssen.*
>
> (Buddhacarita 4, 86)
> (As´vaghos·a, 1984: 57, übers. v. der Autorin).

Im Buddhismus gilt der Tod als Disziplinlehrer für die Menschen, dieses Verständnis deckt sich mit der breiten jüdisch-christlichen inspirierten Tradition des *memento mori*, die eine Vergegenwärtigung des Todes im Leben fordert. Greifbar wird diese Vorstellung beispielsweise im Psalm 90, 12: «Lehre uns bedenken, dass wir sterben müssen, auf dass wir klug werden» oder in der mittelalterlichen Antiphon «Inmitten des Lebens sind wir vom Tode umfangen». Alte Menschen werden im Buddhismus als lebendige Sinnbilder für die Zerbrechlichkeit des Lebens erachtet. Alte, kranke und sterbende Menschen besitzen einen unschätzbaren Wert, weil sie dazu beitragen, die Grundverfasstheit menschlicher Existenz zu verstehen und daraus Konsequenzen für das Leben abzuleiten. Der Anstoß für die Suche nach der Bedeutung des Lebens kann besonders durch die Begegnung mit Alten, Kranken und Sterbenden ausgelöst werden, wie das auch vom historischen Buddha überliefert wird. In diesem Sinn erweisen die Alten der Gesellschaft einen unverzichtbaren Dienst.

Dass diese spirituelle Qualität des Alters in buddhistisch geprägten Gesellschaften nicht mit der Wertschätzung des Alters und einer respektvollen Haltung gegenüber alten Menschen einhergehen muss, veranschaulichen Quellen aus dem japanischen Mittelalter (vgl. Scheid, 2013). Propagiert wird das Ideal der Selbstgenügsamkeit, das vorsieht, dass sich die Alten aus der Welt zurückziehen und innerlich auf den Tod vorbereiten. Die Alten werden dazu aufgefordert, sich auf religiöse Pflichten zu besinnen. Zwar können alte Mönche hohe Ränge im Rahmen von Klostergemeinschaften bekleiden und als spirituelle Autoritäten geschätzt werden. Im religiösen Theater taucht sogar die Gestalt des göttlichen Greises als Überbringer von Botschaften jenseitiger Mächte auf. Dennoch sind Scham vor dem Alter und Altersklagen weitverbreitet und die Sorge für die alten Menschen gilt teilweise als hinderliche Last. In vielen Erzählungen sind besonders alte Frauen einerseits als fordernde Mütter präsent und stellen andererseits als dämonische Greisinnen ausgesprochen negative Altenfiguren dar (vgl. dazu Formanek, 2005).

Judentum, Christentum und Islam schreiben grundsätzlich keiner Lebensphase eine hervorgehobene Nähe zur Spiritualität zu. Auch wenn der Erfahrungsreichtum und vor allem im Judentum namentlich die Weisheit alter Menschen betont und gelobt werden, wird das Alter in diesen Religionen nicht verharmlost. Mit großem Realismus kommen die Schattenseiten und Verlusterfahrungen wie Isolierung, Abnahme der Kräfte, Krankheit zur Sprache. Jüdisch-christliche Weisheitstraditionen und Koran thematisieren das Altern nüchtern und voll Skepsis. Melancholie und manchmal auch Klage prägen die letzte Phase mehr als ein triumphalistischer Rückblick auf das runde Ganze des Lebens (vgl. Hock, 2013: 23).

Spiritualität kann als Stärke und Qualität des Alters betrachtet werden. Die Verknüpfung von Spiritualität und Alter ist jedoch nicht frei von Ambivalenzen. Manchmal ist die religiöse Qualität des Alters in drastischer Weise an den asketischen Rückzug aus der Gesellschaft gebunden. Grundsätzlich ist die dem Alter zugewiesenen Spiritualität des Zählens der Tage keineswegs nur für das Alter wichtig. Für alle großen religiösen Traditionen der Gegenwart gilt, dass das ganze Leben eine Vorbereitung auf den Tod sein soll. Die letzte Lebensphase illustriert nur in besonderer Weise die Vergänglichkeit und Schwäche allen irdischen Lebens. Das Alter ist eine Metapher für die Unbeständigkeit alles Seienden und insofern für die *conditio humana* schlechthin.

Spiritualität ist keine Aufgabe des Alters

Die Erfahrungen von Begrenztheit, Einschränkung, Verlust radikalisieren sich vielleicht im Alter, prinzipiell neu sind sie jedoch nicht, weil sie zu jeder Phase des menschlichen Lebens dazugehören (vgl. King, 2009: 78–

102). Die Entwicklungsaufgabe der Integrität ist nicht erst eine Aufgabe des Alters, sondern zumindest aller Stadien der Adoleszenz, teilweise schon der Kindheit und der Jugend. Spiritualität ist keine spezielle Aufgabe des Alters, weil sich Sinn nicht erst am Ende des Lebens erzeugen lässt. Sinnsuche und Sinnfindung sind nicht Ersatz für Berufsorientierung und Lückenfüller für das Leben danach, findet bereits Seneca in seiner Schrift «Über die Kürze des Lebens» (*De brevitate vitae*):

> *Sehr viele wirst du sagen hören: «Vom fünfzigsten Jahr an will ich mich ins ruhige Leben zurückziehen, das sechzigste Jahr wird mich von allen Verpflichtungen entbinden.» Wen bekommst du denn als Bürgen für ein längeres Leben? Wer wird alles so vonstatten gehen lassen, wie du es bestimmst? Schämst du dich nicht, die Überbleibsel deines Lebens für dich aufzusparen und allein diejenige Zeit für hohe Gedanken vorzusehen, die für nichts anderes zu verwenden ist? Wie spät ist es, erst dann mit dem Leben zu beginnen, wenn man es beenden muß! Was für ein törichtes Vergessen der Sterblichkeit, vernünftige Vorsätze auf das fünfzigste und sechzigste Jahr zu schieben und in einem Alter das Leben anfangen zu wollen, bis zu dem es nur wenige bringen!*
>
> (Seneca, 2001: 27)

Auch wenn es inzwischen viele Menschen in ein weit höheres Alter bringen, hat dieser Text doch nichts von seiner prinzipiellen Aktualität verloren. Gut zu leben heißt für Seneca, nach Weisheit zu streben und zu erkennen, dass der beste Tag des Lebens heute ist. Das Streben nach Weisheit kann nicht an das Alter delegiert werden. Der Prozess des Alterns hat wohl ebenso viel mit dem vorangegangenen Leben zu tun, wie es vom Sterben behauptet wird. Die Altersidealisierung in den modernen Gesellschaften ist zu sehr von der Vorstellung einer kontinuierlichen Aufwärtsbewegung gebannt, die von dem naturwissenschaftlichen Modell fortschreitender evolutiver Entwicklung geprägt ist. Wie oft aber bleibt das Leben ein Fragment, der Traum von der Ganzheit ein Lichtstreifen am Horizont. Für Integrität und Stabilität gibt es im menschlichen Leben keine Garantie. Ob man als weiser Mensch oder als «Kinderspott» endet, ist daher zum einen wohl ein Schicksal, das sich der bewussten Kontrolle entziehen mag (wie kann man der Demenz vorbeugen?), zum anderen aber die Ernte eines ganzen Lebens.

7. Werde, der/die du bist: Auf der Suche nach Heilung

Birgit Heller

Heil und Heilung

Ein Bewusstsein für die Zusammenhänge von Heil und Heilung, von einem umfassenden, uneingeschränkten und endgültigen Heil-Sein des Menschen und der Heilung von Krankheiten sowie körperlicher oder psychischer Versehrtheit – also Gesundheit im umfassendsten Sinn –, gibt es in allen religiösen Traditionen (vgl. Hoheisel/Klimkeit, 1995; Futterknecht et al., 2013). In den meisten Kulturen wird der Mensch als eine Kombination aus materiellen und seelisch-spirituellen Dimensionen betrachtet. Heil und Heilung hängen deshalb eng zusammen, weil der Mensch eine Einheit aus Seele, Geist und Körper bildet. Der Begriff Seele ist allerdings ein ethnozentrischer Begriff, weil es sich um eine europäisch-abendländische Vorstellungskategorie handelt. Insofern muss die Verschiedenheit der kulturellen Ausprägungen immer als Hintergrundverständnis präsent bleiben. Es gibt keinen einheitlichen Seelenbegriff, sondern ganz unterschiedliche Seelenkonzepte, in vielen Kulturen existieren verschiedene Seelenvorstellungen mit einer Vielfalt an Funktionen nebeneinander (vgl. dazu Hasenfratz, 1986; Figl/Klein, 2002; Krasberg/Kosack, 2009).

Die Seele kann ganz eng mit dem Körper verbunden sein, als ein Lebensprinzip, das in einem bestimmten Organ (z. B. Leber, Herz, Blut, Kopf) lokalisiert wird. Häufig wird sie als Zentrum des Denkens, Wollens und Fühlens, als Kern der Persönlichkeit betrachtet. Sie kann lose oder fest mit dem Körper verbunden sein, den Körper unter bestimmten Umständen sogar zeitweilig verlassen. In manchen Kulturen gibt es Seelenkräfte, die vom Körper getrennt existieren oder es dominiert die Vorstellung einer Seele, die sich mit verschiedenen Körpern als Trägern sukzessiv verbindet. Der Seelenpluralismus bzw. die Unterscheidung zwischen verschiedenen Seelenkräften ist insgesamt gesehen viel stärker verbreitet als die Vorstellung einer einzigen Seele. Angesichts der kulturellen Vielfalt stellt der Begriff Seele zwar bloß eine «Interpretationskrücke» (Wernhart, 2002: 60) dar, ist aber dennoch als Verständigungsparameter sinnvoll. Neben allen Verschiedenheiten gibt es durchaus auch verbindende Elemente in den Seelenkonzeptionen. Die Seele wird auffällig oft mit Luft, Wind, Hauch, Atem *(psyche, pneuma, ruach, anima, spiritus, prāna, ātman)* identifiziert und als metaphysisches Lebensprinzip vom Körper des Menschen unterschieden. Die Ethnologin Godula Kosack (2009: 28) findet den kleinsten gemeinsamen Nenner unterschiedlicher Seelenkonzeptionen quer durch die Kulturen darin, die Seele als das zu beschreiben, was den Menschen beim Ableben verlässt.

Besonders deutlich sichtbar wird die Verbindung von Heil und Heilung, wenn sich die in unserem Kulturraum getrennten Rollen der religiösen ExpertInnen und HeilerInnen überschneiden. In vielen Kulturen vereinen sich spirituelle und rituelle Führungsqualitäten und medizinische Kompetenzen in einer Person. Beispiele dafür finden sich besonders zahlreich in afrikanischen Religionen, die im Zuge des Sklavenhandels auch in Amerika verbreitet wurden, wo sie in Verbindung mit Christentum und indigenen Traditionen bis heute eine bedeutende Rolle spielen. Die Heilung von physischen und psychischen Krankheiten gehört zu den zentralen Elementen der Religionsausübung und die PriesterInnen nehmen die Schlüsselposition in den süd- und afroamerikanischen Medizinsystemen ein (vgl. Greifeld/ Schmidt, 2003). Genauso treten im Alten Ägypten oder auch im antiken Griechenland PriesterIn und HeilerIn oft deckungsgleich in derselben Person auf. Die priesterlichen HeilerInnen vertreten in diesem Fall eine männliche oder weibliche Heilsgottheit und die religiösen Kultstätten sind zugleich Orte der Heilung. In besonderer Weise verbinden sich religiös-rituelle und medizinische Funktionen in der Figur des Schamanen bzw. der Schamanin. Schamanische Traditionen sind weltweit in verschiedensten Kulturen entstanden und teilweise bis heute lebendig. Möglicherweise stellen diese vielfältigen und teilweise sehr unterschiedlichen Traditionen Prototypen von Religion und Medizin dar. Gegenwärtig erlebt der so genannte Schamanismus (die Bezeichnung ist eigentlich nur als Sammelbegriff brauchbar) jedenfalls eine Renaissance. Das aktuelle Interesse bezieht sich sowohl auf alte Traditionen als auch auf moderne Ansätze, die als Neoschamanismus bezeichnet werden. Diese Entwicklung spiegelt allerdings bereits eine Trendumkehr. Dazwischen liegt eine ganz andere historische Etappe, in der rational-empirische Zugänge zu Mensch und Welt in den Vordergrund rücken, die sich seit der Aufklärung vehement von religiösen Vorstellungen abgrenzen und teilweise auch vom Korsett religiöser Bevormundung befreien. Die Emanzipationsbewegung der Aufklärung, berufliche Spezialisierungen und die Dominanz naturwissenschaftlicher Denkmuster haben letztlich zu einem eindimensionalen und reduzierten Bild des Menschen geführt.

Zerfall von Körper und Seele/Geist

In Europa hat sich das Bewusstsein der Zusammengehörigkeit von Heil und Heilung mit dem Aufkommen der modernen naturwissenschaftlichen

Medizin immer stärker aufgelöst. Im Zuge der getrennten wissenschaftlichen Betrachtungsweise von Körper/Materie einerseits im Rahmen der Naturwissenschaft und von Geist andererseits im Rahmen der Geisteswissenschaft ging die Vorstellung von der Einheit von Körper und Geist verloren. Der menschliche Körper wurde zum Objekt der empirischen Menschenkunde in den Zugangsweisen der Biologie, der Rassenkunde, der Anatomie, der Medizin. Für Fragen nach dem Wesen, der «Seele» bzw. dem Geist, der Würde des Menschen, waren hingegen Philosophie und christliche Theologie zuständig.

An der Aufspaltung des Menschen waren sowohl die rasant an Einfluss zunehmenden Naturwissenschaften als auch Philosophie und Theologie beteiligt. Als Vertreter der Leitreligion der europäischen Neuzeit begnügten sich christliche Theologen und kirchliche Würdenträger mit der Seele des Menschen und lieferten den in der Tradition meist gering(er) geschätzten Körper widerstandslos den Naturwissenschaften aus. Geschichten von Heil und Heilung prägten zwar die neutestamentliche Jesustradition und Christus, der große Arzt,[12] war das Vorbild der mittelalterlichen Klostermedizin. Die visionäre Äbtissin und Theologin Hildegard von Bingen (1997: 55) beschrieb Gott als Arzt und verglich die Erlösung des Menschen mit der Heilung von Krankheiten. Sie richtete ihre Aufmerksamkeit im 12. Jahrhundert selbstverständlich auf das seelisch-geistige *und* das körperliche Wohl des Menschen. Die Sorge für die Kranken stellte überhaupt eine der zentralen Aufgaben christlicher Klöster dar. Auf dieser Basis entsteht der Eindruck, dass sich die christlichen Kirchen in der Nachfolge des Heilungsauftrags, den Jesus in den Evangelien seinen Jüngern erteilt hat, verstanden haben und bis heute sind viele Krankenhäuser in Mitteleuropa in kirchlicher Trägerschaft.

Und dennoch ist das Verhältnis zum Körper im Christentum seit frühester Zeit zwiespältig, bereits der Apostel Paulus stellt die sündhafte fleischliche Existenz dem wahren, vom Geist Gottes geprägten Leben gegenüber: «Wenn ihr nach dem Fleisch lebt, werdet ihr sterben; wenn ihr aber durch den Geist die sündigen Taten des Leibes tötet, werdet ihr leben.» (Röm 8, 13). Gleichzeitig hält das Christentum bis heute mit dem Bekenntnis zur leiblichen Auferstehung an der wesentlichen Bedeutung der körperlichen Dimension des Menschen fest. In der mittelalterlichen christlichen Theolo-

---

12 Eine Zusammenschau der verschiedenen Stränge der Christus-Medicus-Tradition bietet Gollwitzer-Voll (2007).

gie wird die wechselseitige Abhängigkeit von Körper und Seele betont. Nach dem einflussreichen Kirchenlehrer Thomas von Aquin, der an die anthropologischen Vorstellungen von Aristoteles anknüpft, gilt die Seele als Form des Körpers, der Körper stellt die Außenerfahrung der Seele dar. Gegenläufig dazu haben viele bedeutende christliche Theologen seit früher Zeit das Heilsverständnis auf das Seelenheil verengt und in Zusammenhang mit einer asketischen Grundhaltung körperfeindliche Züge ausgeprägt. In der Neuzeit und in der Moderne hat diese tief verankerte Tendenz zur Körperabwertung das Loslassen des Körpers erleichtert.

Während sich die körperlose christliche Religion auf das seelisch-geistige Heil beschränkt, wird der Körper einer seelen- und geist-losen Medizin überlassen. Als eigentlich christliche Aufgabe im Dienst am Kranken entwickelt sich die Krankenseelsorge.

Inbegriff der rein empirisch-naturwissenschaftlich ausgerichteten Medizin ist ein geflügeltes Wort, das dem Würzburger Mediziner Rudolf Virchow (gest. 1902), dem Begründer der modernen Pathologie, zugeschrieben wird: «Ich habe Tausende von Leichen seziert, aber keine Seele darin gefunden.» Was sich der naturwissenschaftlichen Beobachtung und Messbarkeit entzieht, existiert auch nicht. Die Rede vom Heil des Menschen wirkt zusehends antiquierter und wird immer mehr zum Sprachspiel einer religiösen Sonderwelt, mit der der aufgeklärte Mensch und die naturwissenschaftliche Medizin nichts anfangen können. Paradoxerweise ist der Begriff der «Heil»kunde bis heute als Synonym für Medizin gebräuchlich, allerdings hat sich das Verständnis von Heil in der modernen Medizin auf die Beseitigung von empirisch nachweisbaren Krankheitssymptomen reduziert. In den vergangenen Jahrzehnten hat sich jedoch viel verändert: Die etablierte moderne Medizin hat begonnen, sich mit den Folgen der «verlorenen Kunst des Heilens» (Lown, 2004) auseinanderzusetzen und die (post)moderne Spiritualität, die besonders in den säkularen westlichen Gesellschaften boomt, geht einher mit dem Aufschwung komplementär- und alternativmedizinischer Verfahren.

Das neue Interesse am «ganzen» Menschen

Ausgehend vom angelsächsischen Raum seit den 80er-Jahren des 20. Jahrhunderts ist ein explosionsartig steigendes Interesse am Thema Religion und Spiritualität im Gesundheitsbereich und in der Gesundheitsforschung feststellbar (dominant getragen von Medizin, Psychologie und Soziologie). Das Heilungspotenzial des Glaubens, die spirituelle Dimension im Heilungs- und Gesundheitsprozess, wurde von der Medizin und den Gesundheitswissenschaften als Forschungsthema entdeckt. Die unmittelbaren gesundheitlichen Aspekte von Religiosität/Spiritualität stehen im Fokus zahlreicher aktueller Publikationen und nicht zuletzt der Frage, in welcher Form Religion und Spiritualität in der ärztlichen, therapeutischen und pflegerischen Praxis berücksichtigt werden können (vgl. dazu zahlreiche Beiträge in Büssing et al., 2006; Frick/Roser, 2009; Klein et al., 2011). Ein Überblick über deutschsprachige Fragebogenskalen zur Messung von Religiosität/Spiritualität im Rahmen der Gesundheitsforschung macht deutlich, wie sehr die Aufmerksamkeit für diese Thematik in den vergangenen Jahren zugenommen hat (vgl. Zwingmann et al., 2011). Die Entwicklung von Fragebögen zur Erhebung der spirituellen Bedürfnisse von PatientInnen – zum Zweck einer spirituellen Anamnese auf der Basis von Assessment-Verfahren oder als Messinstrument für die Forschung – hat Konjunktur (vgl. Büssing, 2012, der zwei englischsprachige, ein primär deutschsprachiges und ein koreanisches Messverfahren diskutiert). Warum bemühen sich die Gesundheitsberufe – vor allem die Medizin, die lange Zeit nur die Körperteile im Blick hatte –, nun um die spirituelle Dimension des Menschen?

Das Interesse an Religion und Spiritualität kann durchaus in dem Bemühen wurzeln, den Patienten bzw. die Patientin als ganzen Menschen wahrnehmen zu wollen. Manchmal entsteht jedoch der Verdacht, dass die zu erwartende Entlastungsfunktion eine gewichtige Rolle spielt, denn religiöse/spirituelle Menschen scheinen therapeutisch belastbarer, konsensbereiter und zufriedener zu sein. Häufig steht Religion/Spiritualität in ihrer Funktion als Coping-Instrument im Zentrum der Aufmerksamkeit (vgl. den Überblick von Klein/Lehr, 2011 mit vielen Literaturhinweisen). Zahlreiche Studien belegen jedenfalls positive Auswirkungen von Religion und Spiritualität auf die mentale Verfassung kranker Menschen, auf die Krankheitsinterpretation und einen adaptiven Umgang mit Krankheit.[13]

---

13 Vergleiche zum Beispiel Nelson et al. (2002), McClain et al. (2003) sowie Büssing et al. (2007). Ein großer Teil der Forschung bezieht sich auf Menschen mit Tumorerkrankungen, wobei die bislang erzielten Ergebnisse nicht eindeutig sind. Neben positiven Effekten von Religion/Spiritualität auf die Krankheitsbewältigung besteht durchaus auch die Möglichkeit negativer Auswirkungen (z. B. bedingt durch religiöse Ängste oder Schuldgefühle), teilweise sind keine Zusammenhänge feststellbar (vgl. dazu die Übersicht über 17 empirische Studien von Thuné-Boyle et al., 2006).

Sind religiöse/spirituelle Menschen pflegeleichter und verbrauchen sie weniger Ressourcen, weil sie besser, gefasster und sinnbezogen mit Krankheit und Sterben zurechtkommen? Es stellt sich zudem die Frage, ob die aktuelle Aufmerksamkeit von Medizin und Gesundheitseinrichtungen an Spiritualität nicht auch von Machtinteressen und Omnipotenzfantasien gespeist wird. Wenn der «Gesundheits- und Sterbemarkt» durch die Dimension der Spiritualität bereichert wird und gleichzeitig klar ist, dass die konfessionelle Seelsorge nicht mehr das Monopol darauf beanspruchen kann, gilt es Zuständigkeiten neu zu definieren. Studienergebnisse, die darauf hinweisen, dass sich PatientInnen von den behandelnden ÄrztInnen auch eine Art der spirituellen Begleitung wünschen, werden in Medizinerkreisen gerne betont. Es gibt Ärzte, die sich in der Rolle des «Seelenmeisters» gefallen. Die Verknüpfung von ärztlichem Handeln und Seelsorge ist aber äußerst voraussetzungsvoll. Sie setzt nicht nur einen Paradigmenwechsel in der konventionellen Medizin voraus, sondern kann schnell in paternalistische Muster des Umgangs mit Menschen, die sich im Zustand großer persönlicher Belastung befinden, entgleisen. Solange das Interesse an Spiritualität nicht mit einer prinzipiellen Veränderung im Verständnis des Menschen einhergeht, kommt es auch zu keinem Paradigmenwechsel im Verständnis von Gesundheit und Krankheit. Wenn sich Medizin als eine Heilsveranstaltung versteht, dann dient Spiritualität der Herstellung maximaler Gesundheit oder – wenn das nicht mehr funktioniert – dem optimalen Sterben. Gewiss, Spiritualität kann in körperlichen Heilungsprozessen eine wichtige Rolle spielen. Spiritualität, die heilt, nährt sich aber auch aus dem Wissen, dass Gesundheit und Krankheit keine unvereinbaren Gegensätze sind, dass es eine Gesundheit gibt, die die Krankheit mit einschließt.

Ein Wandel im Verständnis von Gesundheit und Krankheit ist durch die Untersuchungen, die maßgeblich von der empirisch-naturwissenschaftlichen Perspektive geprägt sind, bestenfalls angedeutet, aber nicht in Gang gesetzt. Der Paradigmenwechsel vollzieht sich hingegen unter der Federführung verschiedener Disziplinen im Rahmen der Gesundheitswissenschaften, die neue Gesundheitskonzepte und neue Definitionen von Gesundheit entworfen haben. Er knüpft mit dem ganzheitlichen Konzept vom Leben und vom Menschen an vormoderne Traditionen an. Die hippokratische Tradition einer Gleichgewichtsmedizin, die im Wesentlichen die Selbstheilungskräfte des Menschen aktivieren möchte und primär eine Kunst der Lebensführung darstellt, wurde im Laufe der Jahrhunderte, quer durch Mittelalter und Neuzeit, immer wieder erneuert. Der Blick auf die Geschichte lehrt, dass ganzheitliche Ansätze im abendländischen medizinischen Denken weder neu noch Außenseiterpositionen sind (vgl. Bischof, 2010: 170–182). Zu Beginn des 20. Jahrhunderts entstand die Psychosomatische Medizin, in dessen erster Hälfte gab es mehrere wissenschaftliche Ansätze zur Begründung einer Ganzheitsmedizin, die sich in den 50er-Jahren des 20. Jahrhunderts in Wellness-Konzepten auf der Basis eines ganzheitlichen Menschenbildes und jüngst im Programm einer integrativen Medizin, die komplementäre, alternative und konventionelle Medizin verbinden will, fortsetzen.

Wesentliche Anstöße zu einem gesundheitswissenschaftlichen Paradigmenwechsel stammen aus soziologischen und psychologischen Forschungsansätzen im 20. Jahrhundert. Mit dem Salutogenese-Konzept hat der Medizinsoziologe Aaron Antonovsky (1923–1994) einen entscheidenden Beitrag für den Paradigmenwechsel im Gesundheitsverständnis geleistet. Im pathogenetischen Paradigma werden spezifische Krankheiten als Störfaktoren in einzelnen Körperteilen diagnostiziert und bekämpft. Aus der Perspektive der Salutogenese richtet sich die Wahrnehmung auf den ganzen Menschen und sein Potenzial für Selbststärkung und Selbstheilung. Gesundheit und Krankheit bilden demnach keine unvereinbaren Gegensätze, Menschen sind nicht entweder gesund oder krank, sondern befinden sich in einem Gesundheits-Krankheits-Kontinuum, sind also teilweise krank und teilweise gesund.

In der wertschätzend-kritischen Weiterentwicklung des Konzepts von Antonovsky betont Marco Bischof (2010: 257), dass Salutogenese nicht statisch, sondern dynamisch begriffen werden muss, Krankheit und Gesundheit müssten als Phasen der menschlichen Entwicklung gesehen werden. Salutogenese sei ein Prozess, der unser ganzes Leben lang andauere und uns immer wieder in Krisen bringe, aus denen wir lernen und uns entwickeln könnten. Bischof versteht Salutogenese als einen Transformations- und Wandlungsprozess, aus dem wir auf körperlicher und seelischer Ebene als andere hervorgehen als die, die wir vorher gewesen sind. Krankheit sieht er als eine Möglichkeit zur Existenzerweiterung und Gesundheit ist «nicht nur eine Angelegenheit der Krankheitsvermeidung oder der bloßen körperlichen Fitness, sondern es geht dabei um eine ganzheitlich verstandene, gesunde körperlich-psychisch-soziale-spirituelle Lebensführung, letztlich also um die Kunst der Lebensgestaltung selbst» (a.a.O.: 336). Dieses Gesundheitsverständnis liegt den aktuellen Ansätzen zur Integration von konventioneller sowie Komplementär- und Alternativmedizin zu einer «Integrativen Medizin» zugrunde. Gesundheit wird nicht im Sinne der Definition der Weltgesundheitsorganisation als Zustand des vollständigen Wohlbefindens, sondern als ein stetiger Entwicklungsprozess verstanden.

TrägerInnen des gewandelten Gesundheitsverständnisses sind vor allem jene Menschen, die Teil einer neuen, im Wachsen begriffenen gesellschaftlichen Subkultur sind. In soziologischen Untersuchungen finden sich unterschiedliche Bezeichnungen dafür. Der amerikanische Soziologe Paul Ray hat den Begriff der «kulturell Kreativen» geprägt (vgl. dazu den kurzen Abriss von Bischof, 2010: 301–303 und ausführlich Ray/Anderson, 2000). Es handelt sich um Menschen, die sich kritisch reflektierend mit der eigenen Erfahrung auseinandersetzen und mit den kulturellen Überlieferungen bezogen auf Weltanschauung, Lebensweise, Politik usw. schöpferisch umgehen, um daraus ein individuelles persönliches Weltbild zu schaffen. Sie unterscheiden sich von den so genannten Traditionalisten und den Modernisten durch eine experimentellere Lebenseinstellung, die sich beispielsweise im Interesse am Selbstausdruck und an spiritueller Selbstverwirklichung sowie in gesellschaftlichem Engagement und Offenheit für fremde Kulturen und neue Ideen zeigt. Ray rechnet mehr als ein Viertel der Bevölkerung in den USA zu diesem Gesellschaftssegment. Vergleichsstudien in Europa zeichnen ein ähnliches Bild. Das moderne religiöse Feld und die alternative Gesundheitsszene, auch als «holistisches Milieu»[14] bezeichnet, gehören zu dieser Subkultur, die den Gesellschaftsdiskurs derzeit noch nicht dominiert. Beobachtungen und Studien, die sich darauf beziehen, weisen darauf hin, dass der Anteil der Frauen sehr hoch ist und bis zu 70% ausmacht.[15] Die komplementär- und alternativmedizinischen Heilverfahren bilden eine Brücke zwischen Medizin und Spiritualität, insofern die ganzheitliche Wahrnehmung des Menschen, ein spirituelles Fundament und die Aktivierung der Selbstheilungskräfte die zentrale Rolle spielen. Eine Spiritualität, die auf der ganzheitlichen und subjektiven Erfahrung eines individuellen

---

14 Die Begriffe *holistic spirituality* und *holistic milieu* sind in englischsprachigen soziologischen Studien verbreitet (vgl. etwa Heelas/Woodhead, 2005), daran orientieren sich Höllinger/Tripold (2012).
15 Der Prozentsatz bezieht sich sowohl auf die Akteure und Akteurinnen des «holistischen Milieus» als auch auf die AnbieterInnen von ganzheitlichen Praktiken (vgl. dazu die aktuelle Studie von Höllinger/Tripold, 2012: 128 sowie 223. mit Verweisen auf andere Untersuchungen, die zu einem ähnlichen Ergebnis kommen).

Menschen beruht, ist mit konventioneller Medizin, die im pathogenetischen Paradigma verhaftet bleibt, letztlich nicht kompatibel.

Von unterschiedlichen Punkten ausgehend treffen sich moderne Spiritualität und neues Gesundheitsverständnis im Interesse am ganzen Menschen und stellen den Zusammenhang von Spiritualität und Heilung wieder her. Ganzheitliche Konzepte eines gesunden Lebens müssen die spirituelle Dimension berücksichtigen oder sie sogar in den Mittelpunkt stellen (vgl. Bischof, 2010: 337), moderne spirituelle Orientierungssuche schließt in besonderer Weise die Heilungszugänge ganzheitlicher komplementär- und alternativmedizinischer Verfahren mit ein. Der Trend zu alternativen Heilverfahren ist Ausdruck einer ganzheitlich ausgerichteten Spiritualität, die die Trennung von Körper und Geist (wieder) zu überwinden trachtet. Die Zuwendung zu einer ganzheitlichen Medizin, die alle Dimensionen des Menschen in den Blick nimmt, ist keine moderne Modeerscheinung, sondern eine Wiederentdeckung und knüpft an vorneuzeitliche Menschenbilder an. Im Grunde beruhen alle traditionellen Medizinsysteme – sei es Traditionelle Chinesische Medizin, Tibetische Medizin oder Indischer Ayurveda – genauso wie die Vorläufer der modernen westlichen Medizin in Europa auf einem ganzheitlichen Menschenbild. Insofern bilden die so genannten alternativen Heilverfahren historisch und interkulturell gesehen eigentlich die Norm und die moderne westliche naturwissenschaftliche Medizin die Ausnahme. Der in den vergangenen Jahrzehnten dominante reduktionistische Ansatz einer Reparaturmedizin, die die körperliche Funktionalität des Menschen wiederherstellt, muss als historische Ausnahmeerscheinung betrachtet werden.

Heilung von Krankheit oder Heilung als Transformationsprozess?

Die meisten Menschen, die in modernen Gesellschaften leben, sind heute davon überzeugt, dass Gesundheit das höchste Gut ist. In einem kritisch-ironischen Artikel, erschienen am 17.04.2008 in der Wochenzeitung *Die Zeit*, hat Manfred Lütz die derzeit verbreitete Gesundheitsreligion anschaulich karikiert:

> *Halbgötter in Weiß, Wallfahrten zum Spezialisten, Krankenhäuser als die Kathedralen unserer Zeit, die das «Gefühl schlechthinniger Abhängigkeit» erzeugen, das*

nach Friedrich Schleiermacher Religion charakterisiert. Wir erleben den bruchlosen Übergang von der katholischen Prozessionstradition in die Chefarztvisite. Diätbewegungen gehen als wellenförmige Massenbewegungen übers Land, in ihrem Ernst die Büßer- und Geißlerbewegungen des Mittelalters bei Weitem übertreffend. Unbewusst, aber umso machtvoller richtet sich die religiöse Ursehnsucht des Menschen nach ewigem Leben und ewiger Glückseligkeit heute an Medizin und Psychotherapie.

Lütz kritisiert die einzig auf Gesundheit ausgerichtete Ethik des Heilens, die die Grenzsituationen menschlicher Existenz ausblendet. Obwohl das Vokabular, das Lütz verwendet, es nahelegt, hat diese zeitgenössische «Gesundheitsreligion» mit Spiritualität wenig zu tun und die sie leitende Auffassung von Gesundheit und Heilung liegt auf der Ebene der Reparaturmedizin.

Die salutogenetische Betrachtungsweise des Verhältnisses von Krankheit und Gesundheit verändert das Verständnis von Heilung in radikaler Weise. Nicht immer geht es in der Frage der Heilung um die Wahl der richtigen Behandlung. Der Umgang mit einer Krankheit erschöpft sich nicht im Suchprozess nach wirksamen Therapien und die Beseitigung der Krankheit bestätigt nicht zwangsläufig eine erfolgreiche Behandlung. Positionen, die das Gegenteil behaupten, sind sowohl charakteristisch für den konventionellen medizinischen Zugang als auch für einen Teil der gegenwärtigen spirituellen Auseinandersetzungen mit Krankheit. Im Rahmen der modernen Spiritualität finden sich Ansätze und Angebote, die mit Heilungsversprechen blenden und ganzheitliche Erlösungsrezepte ausstellen.[16] Wird die Herstellung von Gesundheit dabei auf das individuelle Heilungspotenzial, das eigene intensive Streben nach Heilung zurückgeführt, birgt das für Orientierung suchende kranke Menschen im Fall des Scheiterns die Gefahr der Schuldzuweisung. Im Hintergrund dieser Konstruktion eines einfachen Kausalmechanismus zwischen innerer Einstellung, spiritueller Praxis und Gesundheit steht die Ideologie der maximalen und individuell herstellbaren Gesundheit. Hier folgt ein Teil der spirituellen Gesundheitsszene einerseits kritiklos der heute verbreiteten Vorstellung von der Gesundheit als dem höchsten Gut, andererseits wird Heilung zu einer individuellen spirituell-sportlichen Leistung. Ganz zu schweigen davon, dass aus der Not kranker Menschen Profit geschlagen wird, weil suggeriert wird, dass der Weg zur «Selbstheilung» kompetente, aber oft vor

---

16 Das Internet bietet mit vielen Websites (etwa unter dem Stichwort: «Du kannst dich selbst heilen») eine reiche Fundquelle für Angebote dieser Art.

allem kostspielige Unterstützung erfordert. Im Gegensatz dazu steht das Verständnis von Gesundheit und Krankheit als Etappen in einem Kontinuum von Wandel und Krisen, die einen individuellen Lebensweg auszeichnen. Hier treffen sich aktuelle salutogenetische Gesundheitskonzepte mit traditionell-religiösen und modernen spirituellen Einsichten. Das Beispiel des außergewöhnlichen, aber doch in vieler Hinsicht typisch (post)modernen spirituellen Weges von Tiziano Terzani öffnet den Blick für ein anderes Heilungsverständnis.

Der gebürtige Italiener Terzani, langjähriger Asien-Korrespondent des deutschen Nachrichtenmagazins *Der Spiegel* und moderner Kosmopolit durch und durch, hat in China, in Japan, in der Sowjetunion, in Indien gelebt. Mit 59 Jahren erkrankt er an Krebs und macht sich auf die Reise, um ein Heilmittel für seine Krankheit zu finden. Aus der Suche nach der richtigen Behandlung wird eine große Reise zu sich selbst, die alle Koordinaten seines bisherigen Lebens in Frage stellt. Nach vielen Stationen, in denen sich Betroffenheit und journalistische Neugierde mischen, zieht er sich in die Einsamkeit des Himalaya zurück und trifft dort Swami, einen heiligen Mann. Auf einem der gemeinsamen Spaziergänge weist dieser Swami Terzani darauf hin, dass es eine Behandlung gebe, die viel tiefer wirke als alle Medikamente:

> *Denn sieh mal, es gibt ja zwei Arten von Gesundheit: eine niedere, und darunter verstehe ich die körperliche Fitness von Sportlern; und eine höhere, die die Krankheit mit einschließt.*
>
> (Terzani, 2007: 702)

Gesundheit und Krankheit sind sowohl aus traditionell-religiösen als auch aus modernen spirituellen Perspektiven verschiedene Modalitäten der Selbstentwicklung. Krisen und Krankheiten sind in der Geschichte des Menschen seit jeher Wege zur Entwicklung und Selbsttransformation. Die Auseinandersetzung mit Leid ist in allen Religionen ein Teil der spirituellen Entwicklung eines Menschen. Tiziano Terzani resümiert nach Jahren der Auseinandersetzung mit seiner Erkrankung:

> *Waren denn Leid und Schmerz, von denen ich unter anderem erzählt habe, nur schlecht? Jedenfalls waren sie, und dadurch haben sie mich weitergebracht, denn ohne diese Erkrankung wäre ich niemals zu jener Reise aufgebrochen, hätte mir jene Fragen nicht gestellt, auf die es, für mich jedenfalls, ankam.*
>
> (A. a. O.: 728)

Aus der Suche nach einem Heilmittel gegen eine Erkrankung ist eine große Reise zum Kern der eigenen Existenz geworden:

> *Die Geschichte dieser Reise soll nicht beweisen, dass gegen gewisse Krankheiten kein Mittel hilft und dass alles, was ich unternommen habe, um eines zu finden, nutzlos war. Ganz im Gegenteil: Alles, einschließlich der Krankheit selbst, war sehr nützlich. Erst dadurch wurde ich angehalten, meine Prioritäten zu überdenken, in mich zu gehen, meinen Blickwinkel und vor allem mein Leben zu ändern. Und das ist das Einzige, was ich auch anderen raten kann: das Leben verändern, um gesund zu werden, das Leben verändern, um sich selbst zu verändern.*
>
> (A. a. O.: 731)

Und ganz in der typischen Weise (post)moderner Spiritualität stellt er fest:

> *Auf welchem Wege, das muss jeder selbst herausfinden und den Weg auch allein zurücklegen. Es gibt keine Abkürzungen, die ich aufzeigen könnte: Heilige Schriften, Meister, Gurus, Religionen sind zwar hilfreich, aber nur so, wie uns ein Fahrstuhl dazu dient, uns ein Stück mit hinaufzunehmen und die Treppen zu ersparen. Das letzte Stück des Weges aber, jenes Leiterchen, das auf das Dach hinaufführt, von wo aus man die Welt sieht oder auf dem man sich ausstrecken kann, um eine Wolke zu werden, dieses letzte Stück muss man allein zurücklegen, zu Fuß.*
>
> (A. a. O.: 731 f.)

In dieser Erkenntnis trifft sich Terzani mit den Mystikern und Mystikerinnen der verschiedenen religiösen Traditionen.

In der zeitgenössischen Spiritualitätskultur lebt das menschheitsalte Wissen um die Zusammengehörigkeit von Heil und Heilung neu auf. Neben den Auswüchsen eines oberflächlichen und narzisstischen Gesundheitskults zeigen sich tief greifende existenzielle Suchbewegungen, die Wege und Irrwege von individuellen Menschen, die sich auf einer spirituellen Wanderschaft und der Suche nach einem umfassenden Heilsein befinden.[17] Das bekannte Kinderbuch «Oh, wie schön ist Panama» von Janosch, übersetzt in 25 Sprachen, liest sich in diesem Zusammenhang wie eine moderne spirituelle Parabel (vgl. Janosch, 2007). Die beiden Freunde Tiger und Bär machen sich auf die Suche nach dem Land ihrer Träume, dem sagenhaften Sehnsuchtsland Panama, wo alles von oben bis unten nach Bananen duftet. Nach einer langen Wanderung mit vielen Umwegen,

---

17 Zum Begriff des «spirituellen Wanderers» vgl. Bochinger et al. (2009: 31–34).

die ihnen aber zugleich wichtige Begegnungen und Erfahrungen ermöglichen, kommen sie letztlich bei sich zuhause an. «Bei sich zuhause oder bei sich selbst anzukommen» bezeichnet im Kontext mystischer Religiosität quer durch die Geschichte der religiösen Traditionen alles andere als das Produkt einer (post)modernen spirituellen Nabelschau. Hier ist vielmehr jene Erfahrung angesprochen, die etwa der christliche Mystiker Angelus Silesius in seinem Werk *Der Cherubinische Wandersmann* aus dem Jahre 1657 festhält:

> *Halt an, wo läufst du hin? Der Himmel ist in dir;*
> *Suchst du ihn anderswo, du fehlst in für und für. (I, 82).*
>
> (Angelus Silesius, 2011: 42).

8. Schmerz und Leiden: Zugänge zu einer spirituellen Wahrnehmung

Andreas Heller

Der Schmerz hat viele Gesichter. Das Leiden von Menschen ist vielgesichtig. Schmerz und Leiden lassen sich nicht trennen. Diese Einsichten sind plausibel und (theoretisch) konsensfähig unter den Gesundheitsberufen, erst recht im Selbstverständnis von Hospizarbeit und palliativer Sorge. Cicely Saunders prägte schon vor Jahrzehnten den Begriff *total pain* (vgl. Timmermanns, 2004). In diesem Such- und Signalwort war die Erkenntnis aufgehoben, dass Schmerzen und Leiden vieldimensional sind, körperliche, psychische, soziale, kulturelle und spirituelle Ausprägungen bzw. Dimensionen haben können. Leider sind die praktische Konkretisierung dieser Erkenntnis und ihre Entfaltung in der hospizlich-palliativen Sorge bis heute nicht wirklich gelungen, erst recht nicht eingelöst.

Cicely Saunders selbst erläuterte in einem langen Interview im Rahmen eines Oral-history-Projekts zur Hospizgeschichte in Sydenham/London (Clark et al., 2005), wie sie das Phänomen dieser Multidimensionalität des Schmerzes entdeckt hat und warum sie es als *total pain* bezeichnete. In vielen Vorträgen und Publikationen hat sie darauf verwiesen, diese Erkenntnis Mrs. Hinson zu verdanken. Im Originalton liest sich diese Entstehungsgeschichte und Zuschreibung wie folgt:

> *Da gab es eine Patientin, die ich bat: «Nun, Mrs. Hinson, erzählen Sie mir doch einmal etwas über ihren Schmerz.» – Das war an dem Tag, nachdem sie eingewiesen worden war, und sie sagte: «Also es fing im Rücken an, Frau Doktor, aber jetzt kommt es mir vor, als ob mit mir überhaupt nichts mehr stimmt.» Sie erzählte von einem oder zwei Symptomen und sagte dann: «Ich hätte nach den Tabletten und den Spritzen schreien können, aber ich wusste, dass ich das nicht durfte. Niemand schien zu verstehen, wie es mir ging, und es hatte den Anschein, als ob die ganze Welt gegen mich wäre. Mein Mann und mein Sohn waren wunderbar, aber sie hätten von der Arbeit weg bleiben müssen und hätten dadurch Geld verloren, aber es ist so schön, sich langsam wieder sicher zu fühlen.»*
>
> *(Interview mit Cicely Saunders für www.hospice-history.org.uk, Stand Juli 2004, zitiert nach: Small, 2005. Übersetzt von Michael Ewers)*

In dieser Geschichte ist die gesamte Philosophie einer umfassenden, mehrdimensionalen hospizlich-palliativen Sorgekultur enthalten. Es wird offensichtlich, dass Schmerzen nicht nur körperliche Dimensionen («es fing im Rücken an») haben, sondern auch psychischer («niemand schien zu verstehen, wie es mir ging»; «als ob mit mir überhaupt nichts mehr stimmt»), sozialer («mein Mann und mein Sohn [...] sie hätten von der Arbeit weg bleiben müssen und hätten dadurch Geld verloren») und spiritueller («als ob die ganze Welt gegen mich wäre»; «es ist schön, sich langsam wieder sicher zu fühlen») Natur sein können. Die anregende und gleichzeitig fokussierte Aufforderung: «Erzählen Sie mir doch etwas über ihren Schmerz», versetzt die Patientin in die Lage, ihr eigenes Befinden zu artikulieren. Wie in einer kreisenden erzählenden Bewegung zu sich selbst, bringt sie sich selbst in ihrer Befindlichkeit, in ihren relevanten Beziehungen zur Sprache und erschließt der Ärztin die ineinander verschachtelten und voneinander abhängigen Dimensionen ihres umfassenden Leidens. Zutreffend bezeichnete Cicely Saunders diese Selbstbeschreibung als «total». Hier liegt die Aufgabe für jedes Team, radikal von den Betroffenen her zu verstehen, wie die jeweils eigene Multidimensionalität ausgedrückt wird. Der kanadische Palliativmediziner Balfour Mount hat einmal in einem Vortrag in Wien gemeint, das sei die Aufgabe für Universalgenies. Und solange wir diese noch nicht gefunden hätten, müssten wir uns mit Teams behelfen. In dieser humorvollen Einsicht liegt die tiefe Begründung für die selbstverständliche angenommene Komplementarität, die Ergänzungsbedürftigkeit in der Behandlung und Begleitung von komplexen Menschen am Lebensende (und natürlich nicht erst dort).

Es gibt einen weiteren Aspekt in dieser kleinen Geschichte, der für ein tieferes Verständnis einer hospizlich-palliativen Philosophie von weitreichender Bedeutung ist, in den vergangenen Jahren verstärkt Aufmerksamkeit findet und hier entfaltet werden soll.

Die Praxis der Narrativität

Die ärztliche Einladung zur «Schmerzerhebung» lautet schlicht und einfach: «Erzählen Sie etwas über ihren Schmerz!»

> *Wir kennen, zugespitzt gesagt, Schmerz nur als erzählten Schmerz. Das gilt auch für die ärztliche Sprechstunde, wo der Versuch unternommen wird, die Erzählung des Patienten in einen der Medizin bekannten Befund zu übersetzen, wo er zuerst an einen Gegensatz, ein Organ gebunden werden muss. Wissen wir, woran wir leiden, so besteht überhaupt erst Aussicht auf Behandlung; dann können – wenn sie gelingt – die Schmerzen dauerhaft gestillt oder wenigstens einstweilen zum Schweigen gebracht werden.*

(Muschg, 2008: 114)

Der Stimulus der Erzählung ist eine klar fokussierte Bitte, die Beziehung stiftet und gleichzeitig ein offenes Erzählen ermöglicht. In dieser hospizlichen Haltung des Erzählens wird ein Raum eröffnet, in den hinein sich Mrs. Hinson begeben kann, mit allen Dimensionen ihrer Persönlichkeit und ihres Lebens. Man vergegenwärtige sich im Gegensatz hierzu heute die Intervention der Medizin, die mit einer visuellen Analogskala oder Ähnlichem versucht hätte, das Schmerzniveau von Mrs. Hinson zu erfassen. Und es wird offensichtlich, dass es im Versorgungssystem an der Fähigkeit mangelt, innere Verletzungen, die quälende Verzweiflung, die tragende Hoffnung und die schmerzende Trauer, die Angst vor dem Sterben von Menschen, die fast immer mit schweren Erkrankungen einhergeht, umfassend und komplex in ihrer Vielschichtigkeit aufzunehmen. Die existenziellen Brüche und Bewegungen des Lebens werden allzu oft mit den «Instrumenten» der Lebensqualitätserfassung quantitativ reduziert. Der statistische Mittelwert ist eben eine Abstraktion, eine Zahl, die immer die subjektive Konkretisierung, das Erzählen braucht. Jedes «Instrument» ist nur so gut, wie es erlaubt, die Melodie des subjektiven Erlebens der Betroffenen zur «Geltung zu spielen».

Befund versus Befinden

Seit dem 18. Jahrhundert entwickelt sich die «klinische Fallgeschichte» als vorherrschende Kommunikationsform im Krankenhaus. Klinik meint hier nicht allein den Ort der Behandlung, sondern auch die praktizierte Medizin, der «medizinische Blick» verändert sich. Der Charakter dieser eher medizinisch-technischen Sichtweise ist in Diagnosen und als Kurve darstellbaren Verläufen von Krankheitsentwicklungen in Zeichen, Symptomen, Labordaten etc. mathematisiert und aggregiert. Die Geschichte der Krankheit, nicht des Krankseins interessiert. Die Krankendaten werden mittlerweile so entpersönlicht abstrahiert (Maio, 2012), dass die Betroffenen nicht einmal mehr in der Lage sind, ihre eigene Krankengeschichte zu lesen und zu verstehen. Diese Befundorientierung ignoriert das Befinden der Personen als relevante Kategorie. Sie regelt versachlichend auch die Arzt-Patient-Beziehungen, für deren «verstehende Interpretation» (Michael Balint) kein Platz ist. Medizin als «Beziehungsmedizin» (Viktor von Weizsäcker) bleibt so ein historisches, aber bleibend aktuelles Postulat.

Hospizarbeit und Palliative Care sind Philosophien eines anderen Umgangs mit Menschen, die schwerkrank, sterbend und trauernd sind. Die existenziellen Sorgen angesichts der verrinnenden Lebenszeit haben gerade in den helfenden Beziehungen von Hospizarbeit und in der Palliativsorge eine große, wenn nicht gar tragende Bedeutung. Es macht den besonderen und innovativen Charakter dieser hospizlich-palliativen Sichtweise aus, dass die offizielle, sachliche, daten- und faktenorientierte Geschichte im Umgang mit Krankheit gebrochen und unterbrochen wird durch die Geschichten der Kranken selbst, durch die symbolische Sprache und Erzählungen der Sterbenden, durch die stockende Rede der Trauernden.

Geschichten formieren und humanisieren die Zeit und den Raum neu. Organisationen wie das Krankenhaus erscheinen ja deshalb oft so inhuman, weil in ihnen kein Platz und keine Zeit für Geschichten und Erzählungen zu sein scheinen. Hospizarbeit und Palliative Care versuchen die Logik von Organisationen zu unterbrechen und die Brüche bürokratischer Funktionalismen zu minimieren. Hier wird eingelöst, was die Erfahrung und hospiztragende Einsicht etwa einer Elisabeth Kübler-Ross war: Die Sterbenden selbst sind die LehrmeisterInnen. An der Art und Weise, wie sie mit ihrem Sterben umgehen, geht auf, was wichtig, wertvoll und bedeutsam ist, für sie selbst und für die, die Sorge tragen.

Charakteristisch für diese hospizlich-palliative Sicht auf die betroffenen Menschen ist die Haltung des bedingungslosen Respekts, der Akzeptanz der anderen um ihrer selbst willen, der Aufmerksamkeit für ihre einmaligen Geschichten, der Anteilnahme an ihrem unwiederholbaren Schicksal. Die Art und Weise, wie ich Menschen sehe, die Haltung, aus der heraus ich mich auf sie hin bewege, drückt mein Verhältnis zu ihnen aus. Nimmt man etwa die hilflose Etikettierung der Diskussion unter dem Stichwort «Wahrheit am Krankenbett» – oder wie es heute «denglisch» heißt: *breaking bad news* –, dann wird eines sichtbar: In beiden Topoi wird von der empathischen Qualität der Beziehung abstrahiert. Es scheint stattdessen ein Verständnis zu dominieren, Wahrheit als eine Art von Import ans Bett zu bringen oder schlechte Nachrichten im Modus einer Nachrichtensprecherin im Fernsehen zu überbringen: distanziert, emotionslos, ohne Anteilnahme. Deshalb wird es in Hospizarbeit und Palliative Care wichtiger, daran zu erinnern: Wir sprechen von Menschen und nicht von «Fällen», von Subjekten des Krankseins und des Sterbens und nicht von Objekten der Behandlung. Der Philosoph Hans-Georg Gadamer hat als über 90-Jähriger folgende Einsicht formuliert:

> *Gerade bei der Behandlung des chronisch Kranken und schließlich bei der Begleitung des Sterbenden werden wir immer wieder daran erinnert, dass der Patient eine Person ist und kein «Fall». Wir kennen die routinierten Formulierungen, mit denen der Arzt für gewöhnlich sich seiner Verantwortung gegenüber dem Kranken entledigt. Wenn es ihm aber gelingt, den Patienten in seine Lebenswelt zurückzuführen, weiß er, dass er eine Hilfestellung nicht nur für den Augenblick, sondern auf Dauer zu leisten hat. Hier muß er nicht nur handeln, er muß behandeln.*
>
> (Gadamer, 1993: 130)

Erzählungen eignen sich dazu, diesen subjektorientierten Personcharakter zum Tragen zu bringen. Erzählungen spielen in Zeit und Raum, sie haben einen Anfang und ein Ende, beginnen in der Regel immer irgendwo in der Mitte des Lebens. Erzählungen setzen eine symmetrische Beziehung zwischen dem, der erzählt und derjenigen, die zuhört voraus. Ihre zugewandte Haltung hat Einfluss auf das Erzählte, konstituiert es mit. Erzählungen handeln in der Regel von Personen mit Gedanken und Gefühlen. Es geht also darum, wie Personen fühlen und andere über sie denken und mit ihnen fühlen, symmetrisch mitleidsvoll, anwaltschaftlich, mitleidenschaftlich. Geschichten von kranken Menschen helfen zu verstehen, wie und warum und unter welchen Umständen sie krank geworden sind und auch, wie sie sich zu ihren Situationen, ihrem Sosein in Beziehung setzen. Ganz gleich, ob es darum geht, die Menschen in ihrem Kranksein zu verstehen, oder ob es wichtig wird, dass die Helfenden einander verstehen, die Beziehung auszuleuchten und zu deuten. Ohne solche Erzählungen zu aktivieren und ihnen zuhörend Raum zu geben, kann ich nicht angemessen, personzentriert, individuell, ganzheitlich verstehen und behandeln, begleiten und betreuen.

Deshalb gilt: Hospizarbeit und Palliative Care sind narrativ, also eine erzählende Praxis, weil die Menschen «Geschichtenerzähler» sind (Frank, 1995). Helfen ist narrativ, weil ich mir erzählen lassen muss, was die Betroffenen wollen. Die Ethik ist narrativ, weil das Ringen um die Frage, was jetzt gut für die Betroffenen ist, die erzählte Geschichte der Menschen voraussetzt. Keinen anderen Zweck sollten die vielschichtigen Leitfäden aller Ethikmethoden haben. Die Betroffenen selbst und die von ihrem Schicksal Betroffenen müssen eine große Erzählung weben, um zu verstehen und eine mehr oder weniger gute Entscheidung zu treffen und zu verantworten. Immer beginnt es mit Erzählungen, die neue Erzählungen hervorrufen.

Eine Erzählung bindet die ZuhörerInnen, weil in ihr immer mehr aufleuchtet als in Daten und Zahlen, nämlich die Person, die Charakteristik eines Menschen. Auch in den reflektierenden Settings des Berufsalltags, in der Supervision etwa, wird erzählend rekonstruiert. Die Verflechtungen in den Beziehungen können im Erzählen aufgehellt werden. Deshalb ist es sinnvoll, dass helfende Berufe und Menschen, die sich berufen fühlen zu helfen, Geschichten fördern und Erzählungen stimulieren, durch die die Betroffenen ihre Geschichte, also sich selbst besser verstehen und durcharbeiten oder auch aushalten können.

Erforderlich ist eine Haltung zuhörender Aufmerksamkeit, umfassender Präsenz. Alle diese Dimensionen sind nicht neu, auch nicht in der Medizin. Sie wurden in den vergangenen ca. 100 Jahren in verschiedenen Wissenschaftsdisziplinen herausgearbeitet, unter anderem in der Heidelberger Schule der Anthropologischen Medizin. Nach Aussagen von Heinrich Schipperges (1985), der ein Schüler von Viktor von Weizsäcker (1987) war, ist diese Wende in der Medizin charakterisiert durch das Interesse an der Biografie der Kranken und der systematischen Einführung des Biografischen in die Medizin, der Hinwendung zum Sozialen und zur «Wiederentdeckung des Leibes. An den konkreten Erfahrungen am kranken Menschen zeigt sich, dass es bei seinem Kranksein nicht nur um Körperliches oder auch Seelisches ging, sondern um den ‹Leib selbst›, der sich in seiner eigenen Sprache ausdrückt.» (Bischof, 2010: 159).

Das größere Ganze erschließen

In Geschichten und Erzählungen erschließt sich das größere Ganze, erhält unser Leben Sinn und Bedeutung, insofern sie Zusammenhänge ermöglichen und die Frage nach dem Warum und Wohin aufnehmen: «Die klinische Erfahrung von Ärzten und anderem […] Personal […] zeigt, dass Krankheitsepisoden nichts anderes sind als wichtige Meilensteine in den inszenierten Lebensgeschichten von Patienten.» (Greenhalgh/Hurwitz, 2005: 21 f.). Die Erzählungen der Kranken über ihr Kranksein bleiben immer auch vage und mehrdeutig. Sie ermöglichen dadurch auch eine Reinterpretation auf der Basis von neuen Ereignissen, Entwicklungen in der Therapie und der Beobachtung von neuen Symptomen. Immer wird erzählend die Möglichkeit eröffnet, dieses «Neue», das «irritierend Fremde» auch in ein größeres Ganzes einzuordnen. Und das Narrative ist in gewisser Weise auch eine implizite Kritik und Differenzsetzung gegenüber der herkömmlichen asymmetrischen Konstruktion von Patientenbeziehungen im Modus einer Subjekt-Objekt-Relation in der konventionellen Medizin.

> Die Rolle von Ärztinnen/Ärzten als Gegenüber in der Anerkennung von Krankheitsnarrativen ist unterschiedlich benannt worden, je nachdem, welche Aspekte in den Vordergrund rücken: Dörner (2003, 45) betont hier grundsätzlich die Haltung von Ärztinnen/Ärzten, die «unendlich langes Hören» ermöglicht und so die Betroffenen unterstützt, im Erzählen selbst zu erkennen, woran sie leiden, welche Bedürfnisse sie haben und was zu tun ist [...].
> (Plunger, 2013: 194).

Die Zuhörenden werden so zu ZeugInnen, «‹ZeugInnenschaft› kann dann gelingen, wenn die Betroffenen ihr Gegenüber trotz der ihr/ihm zugeschriebenen Macht als sorgend und nichturteilend wahrnehmen, wenn der Ausdruck von Leid, Verwundbarkeit, Abhängigkeit möglich ist und gehört wird» (Plunger, 2013: 195).

Neben dem Erzählen nimmt heute auch das Schreiben in der Hospiz- und Palliativversorgung einen zunehmenden Stellenwert ein. Nicht wenige Hospize regen ihre Gäste an, zu schreiben, geben Texte und Gedichte von Patienten heraus. Betroffene schreiben über ihr Kranksein, ihre Therapien, ihre Gedanken und Gefühle angesichts des Todes. Trauerbücher enthalten die Geschichten der Angehörigen. In Kliniken werden Schreibseminare veranstaltet, Schriftsteller gehen in Hospize, um sich unterstützend zu engagieren. Werden solche Interventionen systematisch genutzt und reflektiert, stellen sie einen wichtigen Impuls für die ständig erforderliche Ausrichtung der Organisationen und ihrer Dienstleistungen an die Betroffenen dar.

Der Schmerz ist vielschichtig und vielgesichtig

Die oben beschriebenen grundlegenden Einsichten sind nicht unwichtig, wenn Schmerz und Leiden auch als spirituelle Phänomene erschlossen werden. Der Schmerz hat viele Gesichter, ist vielschichtig und mehrdimensional. Unter den Eindrücken des Schmerzes entstehen vielfältige Ausdrücke des Schmerzempfindens und Leidens. Wir können vor Schmerzen schreien, ächzen und stöhnen, klagen und weinen, zittern und beben; es kann uns vor Schmerz die Sprache verschlagen.

Dem reichen Spektrum seiner Wirkungen entspricht die Skala der Empfindungen, die der Schmerz in uns auslöst. Der eine empfindet ihn als stechend, reißend und hämmernd, der andere als brennend, pochend und schneidend, dieser von uns erfährt ihn als marternd, erschöpfend und lähmend, jener als durchstoßend und mörderisch. Auch hier belegt die Sprache, wie variabel die Empfänglichkeit unserer Sinne ist. Als was immer uns der Schmerz erscheint, ob wir ihn als Symptom oder Syndrom verstehen, ob wir ihn als Warner oder Heimsuchung begreifen, er ist ein Urphänomen, ist an Menschen gebunden, einfach, weil unser Leben verletzlich ist.

(Lenz, 2000: 12)

Schriftsteller haben die Notwendigkeit und Bedeutung herausgestrichen, den Schmerz mitteilen zu müssen, in diesem Fall im Modus der Erzählung. Die Weiterentwicklung dieses Impulses von Cicely Saunders – von einem Konzept kann ja nicht die Rede sein – wird zu einem zentralen Thema der Sorgearbeit in Hospice und Palliative Care. In verschiedenen Publikationen zeigt sich, wie schwer es ist, diese Erkenntnis tatsächlich zu operationalisieren.

Schmerz wird mittlerweile sehr konsensuell umfassend und vieldimensional begriffen. Ausgehend von der erkenntnisträchtigen Begegnung Cicely Saunders mit Mrs. Hinson werden die Dimensionen eines sozio-psycho-somatisch-spirituellen Schmerzverständnisses deutlich. Körperliche Dimensionen können sich auf die Entwicklung der Erkrankung, auf deren Ursachen, auf neue und verschiedene Symptome beziehen. Körperliche Veränderungen können auch so genannte «Nebenwirkungen» sein, die nicht selten zu Hauptwirkungen werden. In onkologischen Behandlungsschemata werden sie in Kauf genommen, etwa Müdigkeit, chronische Erschöpfung, Antriebslosigkeit und Depression. Solche Erfahrungen und Beobachtungen lassen sich dann nicht septisch von den veränderten Erlebensweisen in den sozialen Beziehungen trennen, die ebenfalls als «schmerz- und leidvoll» empfunden werden können. Für Mütter und Väter wäre dies etwa die Sorge um die Familie, den Partner bzw. die Partnerin, um die wirtschaftliche Gesamtsituation, darum, wie es weitergehen kann, nachdem im Beruf, hinsichtlich des Status und in den Finanzen Einbußen erlebt und erlitten werden mussten. Kranksein, erst recht chronische Erkrankungen befördern oft den Verlust der sozialen und familialen Rollensicherheiten, verbunden mit der Erfahrung, dass die Interaktions- und Beziehungsnetze schrumpfen. Und schließlich können sich die psychischen Belastungen schmerzhaft zeigen:

- im Ärger über unzulängliches medizinisches, therapeutisches und/oder pflegerisches Handeln
- im Ärger über die Unverständlichkeit und Unerreichbarkeit der behandelnden Ärzte und Ärztinnen
- in der wachsenden, latenten oder manifesten Angst vor der Verschlechterung des Gesamtzustands
- in der Angst vor möglichen Schmerzen
- in dem Gefühl des Ausgeliefertseins und der Hilflosigkeit und der das eigene Selbstbild erschütternden Erfahrung der Hilfsbedürftigkeit, etwa in den alltäglichen Vollzügen des Lebens (Waschen, Körperpflege, Ausscheidungen, Aufstehen und Gehen etc.) und natürlich
- in der Ahnung und Befürchtung des Sterbens.

Als Ausdruck der spirituellen Dimensionen von Schmerz und Leiden greifen Student und Napiwotzky (2007) folgende Fragen heraus:

- Warum gerade ich?
- Warum lässt Gott mich leiden?
- Was hat das alles für einen Sinn?
- Hat das Leben einen Sinn?
- Werden mir meine Fehler vergeben?

Spiritueller Schmerz und Leiden in der Literatur

Literarisch ist das Phänomen des «umfassenden Schmerzes (*total pain*)» im Sterben vielfach verdichtet. Eine der eindrucksvollsten Erzählungen der Weltliteratur stammt von dem russischen Dichter Leo Tolstoi (1828–1910). Die Erzählung «Der Tod des Iwan Iljitsch» (Tolstoj, 2002) beschreibt das langsame Sterben des Gerichtsbeamten Iwan Iljitsch Golovin.

> *Der Doktor sprach von den körperlichen Schmerzen und hatte recht. Aber noch furchtbarer waren die seelischen, und in ihnen lag für Iwan Iljitsch die große Qual. Die seelischen Leiden bestanden darin, daß ihm in dieser Nacht, […] plötzlich der Gedanke gekommen war: «Und wenn wirklich mein ganzes Leben, mein bewußtes Leben nicht das richtige gewesen ist?»*

(A. a. O.: 129)

Diese seelisch-existenziell bedrückende Frage quält ihn bis zu seinem Tod. Die mögliche Einsicht darin, sein Leben faktisch nicht wirklich gelebt, also «verfehlt» zu haben, lässt ihn nicht mehr los. Dieses zutiefst spirituelle Leiden lässt sich nicht septisch trennen – nach dem Motto, das Leiden beginnt, wenn der Schmerz aufhört. Es steigert und entlädt sich in der Erfahrung völliger Ungeborgenheit und abgrundtiefer Einsamkeit, eines existenziellen Ausgesetztsein, einer tiefen Sinnleere und Gottverlassenheit.

> *Er wartete nur bis Gerasim hinausgegangen war, dann konnte er sich nicht mehr halten und begann zu schluchzen wie ein Kind. Er weinte über seine Hilflosigkeit, er weinte über seine schreckliche Einsamkeit, er weinte über die Grausamkeit des Menschen, die Grausamkeit Gottes, er weinte darüber, daß es keinen Gott gebe. «Warum hast du das alles gemacht? Warum hast du mich bis dahin gebracht? Warum, warum quälst du mich so furchtbar?» Und er wartete auf keine Antwort und weinte darüber, daß es keine Antwort gebe, keine Antwort geben könne. Der Schmerz brach wieder aus. Aber er regte sich nicht und rief nicht.*
>
> (A. a. O.: 118)

Der Kranke schreit mit seinen allerletzten Kräften:

> *«Geht hinaus! Geht hinaus! Laßt mich in Ruh!» Von diesem Augenblick an begann jenes drei Tage lang ohne Unterbrechung während Schreien, das so furchtbar war, daß man es hinter zwei Türen nicht ohne Entsetzen hören konnte. In dem Augenblick, wo er seiner Frau die Antwort gegeben hatte, war ihm klar geworden, dass er verloren sei, dass es keine Rückkehr mehr gebe, dass das Ende da sei, dass der Zweifel nicht gelöst sei und darum in ihm zurückbleibe. «Uh!Uh!Uh!» schrie er in den verschiedensten Tonarten. Er hatte angefangen: «Laßt mich in Ruh!» und zog diesen einen Laut in die Länge.*
>
> (A. a. O.: 133)

Was wäre heute zu tun, was zu lassen? Wie sieht hier eine passende Schmerztherapie aus, könnte man postmodern fragen. Was lässt sich palliativmedizinisch empfehlen oder verordnen? Wäre man geneigt, hier eine «Anpassungsstörung» entsprechend medikamentös wieder in Ordnung zu bringen, zur Beruhigung eine Dosis Levomeprozamin vielleicht? Nimmt man diesen Schmerz auch als existenzielles Leiden wahr, dann kann es nicht allein eine instrumentell-technische «Lösung» geben. Aber genau diese wird aktiviert und empfohlen, wenn der «Schmerz» lediglich als mechanistischer Reflex Unruhe befördert. Dann heißt der technische Imperativ: Ruhigstellen! Entsprechend ist in einem führenden Lehrbuch der Palliativmedizin nachzulesen, wie mit unruhigen, erregten Patienten im Sterben standardmäßig zu «verfahren» ist: Denn der Patient Iwan Illjitsch ist ganz offensichtlich «akut erregt», «also wird man notfallmäßig 25 bis 50 mg Levomepromazin plus 5 mg Haloperidol jeweils i. m., notfalls unter Anwendung von Gewalt und durch die Kleidung applizieren» (Vogel, 1997: 673).

Der instrumentell-technische Umgang mit Schmerz

Der Facettenreichtum des Schmerzes wird in der gängigen palliativmedizinischen Wahrnehmung (vgl. Klaschik, 2003) oft auf den organischen Schmerz reduziert. Entsprechend dem vorherrschenden naturwissenschaftlichen Paradigma entsteht folgerichtig das Bild, Schmerzen seien mehr oder weniger ein nozizeptiv oder neuropathisch zu erklärender Betriebsschaden in der Funktionsfähigkeit der «Maschine Mensch». Schließlich geht es hier um Diagnose und Therapie. Und hier gilt: Man kann nur sehen, was man sehen kann. Der «ärztliche Blick» ist eben geschult auf die Pathophysiologie. Durch entsprechende pharmakologische Interventionen und Applikationen muss die Reibungslosigkeit des Funktionierens wiederhergestellt werden.

Die Auseinandersetzung mit dem (physischen) Schmerz bestimmt wie kein anderes Thema bzw. Symptom die palliativmedizinische Diskussion nicht erst seit den 90er-Jahren des 20. Jahrhunderts. Vor allem infolge der fachlich und historisch erklärbaren Konzentration der Palliativmedizin auf tumorerkrankte Menschen – die WHO-Definition von Palliative Care entstand im Kontext der Onkologie – stehen körperliche Schmerzerfahrungen bei Krebserkrankungen und deren Behandlung im Vordergrund. Da Krebserkrankungen zu den häufigsten Todesursachen gehören (ca. 25 % der Verstorbenen), wird verständlich, warum der Zusammenhang Krebs = Schmerz = Sterben so evident zu sein scheint. Hand in Hand mit dem «Engagement» vieler Schmerzpräparate produzierender Pharmafirmen institutionalisierte und akademisierte sich die Palliativmedizin etwa in Deutschland im Kampf gegen die Schmerzen. Die ersten Professuren wurden von Pharmafirmen gestiftet. Besetzt wurden sie mit Anästhesisten. So entstand das verzerrte Bild, die größte Herausforderung des Sterbens bestehe in der Schmerzbekämpfung, wohlgemerkt in der körperlichen

Schmerzbekämpfung. Palliativmedizin war jahrelang Schmerztherapie. Das neue Leitbild eines vor allem «schmerzfreien Sterbens» war geboren. Innerhalb von 20 Jahren hatte sich damit im deutschsprachigen Raum ein Paradigmenwechsel zur Medikalisierung vollzogen, mit den Leitkategorien eines Sterbens in Schmerzfreiheit und Lebensqualität.

Durch entsprechende pharmakologische Interventionen und Applikationen muss daher ein reibungsloses Funktionieren wiederhergestellt werden. Es geht also um Dosierungen, Kombinationspräparate, um stufenschematisch sich aufbauende Schmerztherapeutik mit dem Ziel, den Schmerz unter Kontrolle (*pain control*) zu bringen. Das Schmerzmanagement setzt ein und suggeriert, man müsse das Übel Schmerz und damit jeden Schmerz wie einen Eindringling identifizieren, bekämpfen und eliminieren. Damit kein Missverständnis entsteht: Schmerzen können entsetzlich sein, die ganze Energie und die letzte Kraft rauben und die Bereitschaft des Menschen steigern, alles in Kauf zu nehmen, ja sich selbst lieber umzubringen, um nur keine Schmerzen zu haben. Schmerztherapie ist eine hospizlich-palliative Wohltat. Schmerzlinderung steht nicht zufällig ganz oben auf der Agenda der Palliativmedizin. Die adäquate fachlich-organisatorische Reaktion auf *total pain* erfordert aber einen empathischen (einfühlenden) existenziell-spirituellen und einen interdisziplinären und interprofessionellen Zugang zum Menschen, zu seiner Ausgangssituation, seinem Gewordensein und seinem Leiden. Denn bekanntlich ist Schmerz das, was der/die Betroffene empfindet (Husebø, 1999). Die Komplexität dieser Sichtweise impliziert entsprechende komplementäre, auf Ergänzung und Angewiesensein angelegte Arbeits-, Kommunikations- und Kooperationsstrukturen. Über diese verfügen wir im klinischen Bereich unseres Gesundheitssystems noch zu wenig.

Die Grundlagen der modernen Biowissenschaften sind in der Philosophie bzw. der Anthropologie von René Descartes zu sehen. Descartes hatte selbst Erfahrungen mit dem Zerlegen von Tierleichen und ihn faszinierten die Logik und Funktionsfähigkeit des Organismus. Er siedelte den Geist des Menschen im Gehirn an, den Körper verstand er als eine Maschine und entsprechend beschreibt er die Körperfunktionen und Sinnesorgane. Aber Leib und Seele werden als unabhängig voneinander existierende Substanzen strikt voneinander getrennt. Der Schmerz wird nach der Logik der klassischen Mechanik in den Körper als Maschine verlegt. Descartes erkennt, das freie Nerven den Reiz des Schmerzes von jeder Stelle des Körpers ins Zentrum, ins Gehirn weiterleiten. Berühmt geworden ist das

Glockenzugphänomen (Morris, 1991). Einem Seilzug gleich, der eine Glocke im Gehirn zum Klingen bringt, wird der Schmerzreiz durch den Körper nach oben geleitet. Schmerzempfindung entsteht. Descartes hatte 1632 den schmerzprovozierenden Impuls zwischen Verletzung und Gehirn so erklärt: «ebenso wie man in dem Augenblick, in dem man an dem Ende eines Seilzuges zieht, die Glocke zum Klingen bringt, die an dem anderen Ende hängt.» (Descartes, 1969: 69).

Das Empfinden von Schmerzen wird zu einem rein körperlichen Phänomen. Verbunden damit ist die Mechanistik einer Monokausalität. Wenn hingegen angenommen wird, dass Schmerzen verschiedene Ausdrucksformen und unterschiedliche Herkünfte haben, so braucht es entsprechend eher systemische Interventionen des Umgangs mit einem Menschen, einer Frau bzw. einem Mann, die ihren Schmerz, ihr Schmerzerleben, das schmerzhafte Leiden am Leben ausdrücken. Die Erfassungsmöglichkeiten, die Beschreibekategorien und natürlich die Behandlungen bleiben oft genug in einem medikamentösen und somatischen Reduktionismus stecken. Viele der gängigen Instrumente nehmen diese Multidimensionalität des Schmerzes nicht auf. Cornelia Bührer (2004) hat in ihrer Masterarbeit die gebräuchlichen Erfassungsinstrumente analysiert und kommt zu dem Schluss.

> *Somit ist das Konzept von «Total Pain» mit seinem ganzheitlichen Ansatz eine Herausforderung an die Fachpersonen im Gesundheitswesen. Die Herausforderung besteht nicht nur in fachlicher Hinsicht, sondern fordert auch die eigene Person, also die Sozial- und Selbstkompetenz. Auch wird die Zusammenarbeit mit anderen Professionen proklamiert und dies ist eine weitere Aufforderung, sich nicht nur mit dem eigenen «Garten» zu beschäftigen, sondern in Anerkennung der Fähigkeiten, aber auch der Grenzen der anderen Fachpersonen, mit ihnen zusammenzuarbeiten.*
>
> (Bührer, 2004: 74)

Der existenziell-spirituelle Umgang mit Schmerz und Leiden

Die englische Hospizbewegung formulierte als Ziele der interprofessionellen Aufmerksamkeit am Lebensende, ein Sterben in Würde und der individuellen Geschichte der Betroffenen entsprechend (*to die in dignity and character*) zu ermöglichen. Es ist Cornelia Knipping (2002) zu danken, ein ebenso einfaches wie handhabbares «Instrument» (im Grund eine vierblättrige Blume) geschaffen zu haben, mit dessen Hilfe im Aufnahmegespräch *total pain* beschrieben werden kann. Vor dem Hintergrund der Mehrdimensionalität plädierte sie dafür, die Beziehung zu den Patientinnen in ähnlicher Weise zu entwickeln, wie es Cicely Saunders getan hatte: Erzählen Sie von ihrem Schmerz... Kein Assessment-Instrument, keine visuelle Analogskala etc., sondern vor dem Hintergrund des Wissens, dass in Erzählungen alle wichtige Dimensionen zur Sprache kommen, können die Pflegepersonen sehr leicht die «Geschichten», die «Narrationen» den unterschiedlichen Dimensionen (den «Blättern einer imaginierten Blume, auf denen physisch, psychisch, sozial, spirituell-kulturell steht) zuordnen und immer wieder auf diese narrative Weise anknüpfen, aber auch die Pflegeplanung forterzählen und -schreiben. Wie befreiend und angemessen eine solche Sichtweise wirken kann, schildern Karin Wilkening und Roland Kunz (2003):

> *Frau S. leidet an einem metastasierenden Zervix-Karzinom. Der Krebs wächst auch in die Nerven im Bereich des Beckens ein und verursacht ihr sehr starke Schmerzen. Nach Operation und Radiotherapie sind die Schmerzen immer noch sehr dominant trotz hoher Dosen von Morphium (600 mg pro Tag). Sie lebt nun im Pflegeheim, ihren Ehemann hat sie zwar im Standesamt, aber nicht kirchlich geheiratet. Nun äußert sie den Wunsch, auch noch kirchlich zu heiraten. Im Heim wird ihr Unterstützung geboten bei der Organisation der Trauung, die schließlich in der Hauskapelle stattfindet. Während der ganzen Vorbereitungszeit auf die Hochzeit geht es der Patientin überraschend gut, die Schmerzen sind kein Thema mehr. Nach der Hochzeit werden die Schmerzen wieder unerträglich. Nachdem alle Versuche der Optimierung der Schmerztherapie erfolglos blieben (inkl. Periduralkatheter-Einlage), wurde uns bewusst, dass Frau S. nun kein Ziel mehr hatte, dass das Warten auf den Tod und die Angst vor noch mehr Schmerzen zu ihrem Lebensinhalt geworden waren. Wir suchten mit ihr nach neuen Zielen. Schließlich sagte sie, sie möchte wieder bei ihren Katzen sein. Noch am selben Tag organisierten wir den Einzug ihrer Lieblingskatze in ihr Zimmer im Heim, und die Schmerzmedikamente konnten in den nächsten Tagen reduziert werden. Die Katze blieb bei ihr, bis sie gestorben ist, ohne dass die Schmerzen nochmals zum unlösbaren Problem geworden sind.*
>
> (A. a. O.: 90 f.)

In der Realisierung des *Total-pain*-Konzepts liegt ein Wiedergewinn von Menschlichkeit, von Würde und Achtsamkeit füreinander, die durch die Schematisierung von nur organischen bzw. pathophysiologischen Konzepten und die einseitige Reduktion auf den physischen Schmerz verloren zu gehen drohen. Diese Differenzierung war und ist auch deshalb faszinierend, weil sie einem komplexen Menschenbild in biopsychosozialen und spirituellen Verweisungszusammenhängen entspricht.

Schmerz ist nicht immer zu bekämpfen

Ivan Illich (1981) hat darauf aufmerksam gemacht, dass sich Schmerz erst im 19. Jahrhundert als eine Vorstellung entwickelt, die es mit «Painkillern» zu töten galt. Ganz anders hingegen die sprichwörtliche Volksweisheit, dass geteilter Schmerz halber Schmerz sei. In diesem Diktum ist die Einsicht enthalten, dass Mitleiden und Solidarität angemessene Formen der «Schmerztherapie», des Umgangs mit den Schmerzen sind. Oder wie es der Schriftsteller Siegfried Lenz in einem Essay abschließend formuliert:

> *Abgeneigt, jedem Ding, jedem Ereignis einen Sinn zu unterlegen, skeptisch gegenüber Mystifizierungen, argwöhnisch gegen einen feierlichen Irrationalismus, der vom Adel des Leidens spricht, möchte ich lediglich sagen, daß der Schmerz naturgegeben ist. Er ist ein Seinsereignis, das zum Menschen gehört, und je länger wir über ihn nachdenken, desto entschiedener rät uns die Vernunft, ihn nicht allein als Unheil zu betrachten. Wenn wir ihn mit gelassener Aufmerksamkeit bestimmen, zeigt es sich, daß er auch Offenbarungscharakter hat: er öffnet uns nicht nur unsere Ohnmacht und Verletzlichkeiten, sondern läßt uns auch eine tröstliche Möglichkeit der Existenz erkennen – die Möglichkeit einer Bruderschaft im Schmerz.*
>
> (Lenz, 2000: 28 f.)

Diese «Bruderschaft im Schmerz» weist auf eine andere Haltung hin, die das Schmerzerleben und das Leiden auch eröffnen können, nämlich das empathische Verbundensein, das die «Geschwisterschaft des Schmerzes» ermöglicht.

Die einseitige Fokussierung auf die (körperliche) Schmerz- und Symptomkontrolle gilt es im Kontext eines umfassenden *caring* zu ergänzen und zu erweitern. Es war der Sozio-Psycho-Somatiker Viktor von Weizsäcker (1926/1927; 1936) der in den 30er-Jahren des 20. Jahrhunderts einen Zerstörungsschmerz, der zu lindern sei, von einem Werdeschmerz, der zu belassen sei, unterschied. In Schmerzen kann buchstäblich neues Leben geboren werden und die Endorphinausschüttung nach einer Geburt euphorisiert. Dass Schmerzen ein Teil des Lebens sind, die als Werdeschmerzen einen Sinn und eine Bedeutung hatten, wurde gerade in den 70er-Jahren des 20. Jahrhunderts (Frédérick Leboyer) wiederentdeckt. Freilich, schaut man sich die Geschichte und Entwicklung der Geburt in den vergangenen 30 Jahren an, so sind mittlerweile nahezu alle außerhalb des Krankenhauses, neben der Medizin alternativ entstandenen bzw. wiedergewonnenen Dimensionen von «natürlicher Geburt» in den Klinikzusammenhang gewandert. Die Hebamme, einst die weise und kluge Frau, dann als Hexe diffamiert und verbrannt, sehr viel später wieder autonom und frei praktizierend, wird in der Klinik zum Hilfs- und Delegationsberuf der Medizin. Analgetisch erzeugte Schmerzfreiheit bei der Geburt wird als selbstverständlich modern betrachtet. Was einmal ein natürlicher Vorgang war, wird heute medikalisiert und narkotisiert. Noch wissen wir wenig, welche Bindungen zwischen Müttern und ihren Kindern durch den Vorgang der Geburt selbst entstehen und intensiviert werden. Auf jeden Fall ist die Geburt nicht bedeutungslos für die Beziehungsentwicklung. Und die Fähigkeit, die Kinder im Vorgang des Gebärens zur Welt zu bringen, gleichzeitig aber auch loslassen zu müssen, zu «entbinden» muss in seiner existenziellen Tiefe erst einmal ausgelotet werden.

Es gibt gute Gründe anzunehmen, dass das Lebensende ebenso narkotisiert und betäubt werden wird wie der Lebensanfang. Mehr noch: Die Neonatologen der niederländischen Universitätskliniken fordern jetzt das Recht auf Euthanasie für Säuglinge und missgebildete Kinder nach der Geburt. Als maßgeblicher Grund wird argumentiert, das Leiden sei für die Umstehenden nicht zu ertragen. Das ist eine nicht neue Argumentationsfigur, die eine andere Qualität in die gegenwärtige Debatte bringt. Zugespitzt formuliert wird gefordert, Menschen zu töten, damit die Überlebenden nicht mehr leiden müssen. Hier wird die geringe Leidensfähigkeit von Menschen in der Gesellschaft zur Rechtfertigung, unschuldige Menschen zu töten. Hellsichtig hat Horst-Eberhard Richter diese manische Ideologie der totalen Leidens- und Schmerzbekämpfung in den gesellschaftlichen Kontext gestellt und die Leidensfähigkeit, die Kompetenz mit Grenzen und Schwäche annehmend umzugehen, als die Voraussetzung für Menschlichkeit definiert.

Im Umgang mit Behinderungen, die trotz aller fortschrittlichen medizinischen Entdeckungen menschliches Schicksal bleiben werden, offenbart sich ein weiteres Mal der Gegensatz zwischen dem manischen Anspruch auf Aufstieg zu maxima-

ler Leidfreiheit einerseits und der grundsätzlichen Anerkennung von Leiden und Helfen als existenziellen Grundlagen der menschlichen Gemeinschaft andererseits. Wer das Leiden endgültig abschaffen will, der will sich auch das Mitleiden ersparen, und für den sind Behinderungen Denkmäler versäumter Verhütung oder medizinischen Versagens, jedenfalls passen sie – in dieser Sicht – nicht mehr in eine Zeit, in der alle perfekt funktionieren sollen.

(Richter, 2003: 232)

Der Schmerz der Einsamkeit und Sprachlosigkeit

Die deutsch-mexikanische Künstlerin, Frida Kahlo (1907–1954), ist weltbekannt dadurch, dass sie dem Thema Schmerz und ihrem persönlichen Leiden in vielen Facetten gestaltend Ausdruck gab. Durch einen schweren Autounfall, der sie beinahe das Leben gekostet hätte (ihr gesamtes Becken und der Wirbelsäulenbereich wurden zerschmettert), wurde sie zur chronischen Schmerzpatientin. Sie litt ein Leben lang. In einem Bild stellt sie sich in berührender Weise in zwei Erscheinungsformen dar: Als stolze Mexikanerin sitzt sie aufrecht, fast korsettiert wirkend, in der Schattenwelt des Mondes. Und dann Frieda, mit den tiefen blutenden Operationsnarben, eingehüllt, ihre Blöße nur unzulänglich deckend mit einem Laken im unbarmherzigen Licht der Sonne. Die Erde, aufgebrochen wie nach einem Beben, unterstreicht diese Erschütterungen des aufgebrochenen Ich. Gefragt, warum sie sich selber immer wieder male, antwortete sie: Weil es die Einsamkeit erträglicher macht. Mehr noch als die physischen Schmerzen litt sie an der Einsamkeit, dem Gefühl, nicht verstanden zu sein. Auch ihre Ehe mit Diego Rivera konnte sie nicht von dieser Einsamkeit befreien. Im Gegenteil, diesem mexikanische Macho und Frauenheld war sie in gleicher Weise verfallen wie sie an ihm litt. Trennungen und Wiedervereinigungen kennzeichneten die Dynamik dieses Leidens. Als ihr 1954 ein Bein amputiert werden musste, schreibt sie in ihrem Tagebuch:

Vor einem halben Jahr haben sie mir das Bein amputiert. Sie haben mir damit manche qualvolle Stunde bereitet und manchmal hätte ich beinahe den Verstand darüber verlieren können. Immer wieder wünsche ich mir den Tod herbei. Diego hält mich davon zurück, indem ich mir in meiner Eitelkeit einbilde, er würde mich vermissen. Gesagt hat er es mir und ich glaube ihm; aber nie ist mir mein Leben so schwer geworden. Ich will noch eine Weile durchhalten.

(Seemann, 2003: 325)

Sie stirbt im Juli desselben Jahres.

Ein nicht weniger eindrucksvolles Bild ist ihr Selbstportrait «Henry Ford Hospital 1932», das in der Dolores Olmedo Stiftung in Mexico-Stadt zu sehen ist. Hier malt sie sich nach einer von vielen Fehlgeburten, eine Frau, deren Kinderwunsch unerfüllt blieb, aufgelöst, ja fast auseinanderfallend. Blutend liegt sie im Bett:

> *«Sie sagte, sie habe den Boden in der Farbe der Erde gemalt, um ihre Einsamkeit auszudrücken. Fern und unerreichbar am Horizont steht die Ford-Automobilfabrik in Rouge, wo Rivera voll Begeisterung für die moderne Industrie mit Skizzen für seine Fresken beschäftigt war. Frida wirkt klein im Verhältnis zu dem Bett und der Fläche, auf der sie schwebt. Unterschiedliche Größenverhältnisse und das absichtlich in falscher Perspektive gekippte Bett tragen zu dem Gefühl des Abgeschnittenseins und der Hilflosigkeit bei. Ihre Qual wird durch den seltsam verdrehten Körper lebendig: Von der Hüfte aufwärts wendet sie sich dem Betrachter zu, von der Hüfte abwärts wendet sie sich wieder ab. An sechs aderähnlichen roten Bändern, die sie wie Nabelschnüre an ihren Körper drückt, hängen sechs Objekte, die symbolisch für Fridas Gefühle zur Zeit der Fehlgeburt sind. Eines der Bänder ist sogar tatsächlich am Ende der Nabelschnur eines männlichen Fötus befestigt – der kleine «Dieguito», nach dem sie sich so gesehnt hatte. Fridas Vorlagen für den Fötus bildeten medizinische Abbildungen, die Rivera für sie besorgte, während sie im Krankenhaus lag und zeichnen wollte, was sie verloren hatte. Zu den anderen Symbolen fehlgeschlagener Mutterschaft gehört die Orchidee, die wie ein extrahierter Uterus aussieht. [...] Die Schnecke, so erklärte sie mit poetischer Inkonsequenz, bezog sich auf die Langsamkeit der Fehlgeburt, die «weich, verdeckt und gleichzeitig offen war.» [...] Das schrecklich aussehende Gerät ist ein Autoklav, in dem das chirurgische Besteck sterilisiert wird. Einem Freund sagte Frida, sie habe es eingefügt, «um die mechanische Seite der ganzen Angelegenheit zu zeigen.».*
>
> (Hayden Herrera, 1997: 45; 47)

Dieser ohnmächtige Schmerz, der Schmerz unerfüllter Erwartungen, nie eingelöster Hoffnungen und schmerzhaft unstillbarer Sehnsüchte, findet in diesem Gemälde eindrucksvoll Ausdruck.

Der Sehnsuchtsschmerz der Liebenden

Auch den Liebenden, die daran leiden, dass sie einander leiden mögen, deren Sehnsucht sie buchstäblich krank werden lässt, ist die Erfahrung des Schmerzes nicht fremd. Es ist der Schmerz der Sehnsucht nach Liebe und das Verlangen nach dem Geliebten bzw. der Geliebten. Was von außen und oft genug auch von ihnen selbst als Verrücktheit der Verliebten gilt und manchmal belächelt, als präpsychotische Phase pathologisiert werden kann, ist für die Liebenden höchstes Glück, die Erfüllung der Sehnsucht, die Linderung aller Symptome und Schmerzen. In der Liebe erscheint der/die andere als eine lebendige Einlösung aller heiteren Träume und aufgeladenen Hoffnungen einer lebenslangen Suche und Sehnsucht. Man sucht sich ja «die Liebe» nicht aus, wie der Beziehungsmarkt unserer modernen Gesellschaft nahe zu legen scheint. Man kann Liebe eben nicht kaufen oder herstellen. Die Liebe trifft einen wie ein Keulenschlag. Man glaubt der/die andere sei für einen bestimmt, weil er/sie die unberührten Saiten, die Melodie des Lebens zu spielen versteht mit einer Leichtigkeit, die man selber nie gekannt hat und die doch zutiefst zu einem selber gehört. Auf einmal erscheint das ganze Leben wie eine große Symphonie im Licht der aufgehenden Sonne eines neuen Lebens. Nicht zuletzt deshalb wird von den Liebenden diese Erfahrung als eine Form der «Entrückung», hinein in andere Welten («im siebten Himmel schweben») beschrieben. Man kann dieser Liebe nicht ausweichen, ohne zu sich selbst in Widerspruch zu geraten.

> *Liebe besteht in der Entdeckung, dass der andere gerade das verkörpert, was einem selber in der eigenen Brust fehlt; in jeder wirklichen Liebe erscheint der andere als Gestalt gewordene Inkarnation eben der Hohlstelle aus Sehnsucht und Verlangen, die sich im eigenen Herzen auftut, und dieser Leerraum selbst kommt einem vor wie etwas von Gott Verfügtes.*
> (Drewermann, 1988: 26)

Die Hoffnung und leidvolle Sehnsucht, einen solchen Menschen zu suchen und zu finden, lieben zu dürfen und von ihm geliebt zu werden, beseelt die Menschen und verursacht Schmerzen, sobald dieses Glück eingetreten ist. Die Liebe ist zerbrechlich und obwohl ihr Dauer und Ewigkeit als Zuschwörung eigen sind, existiert von Beginn an die fürchterliche Ahnung, dass es nur eine begrenzte sein wird. Nicht zufällig bestürmen die Liebenden den Himmel, heben sich selbst in die Ewigkeit, wähnen sich aufgehoben von den Engeln und Göttinnen der Stetigkeit. Und es bleibt wieder ein großer Schmerz, wenn der/die Geliebte stirbt. Die Leerstelle, der Hohlraum drohen sich unendlich zu weiten, so beschreiben Trauernde diese Einsamkeit und Leere, in die hinein sie fallen. Die Erinnerung sucht tastend und mit tränenverschmierten Augen nach der/dem Geliebten, in den Träumen und Phantasien ist er/sie nahe. Aber der Schmerz des Todes bleibt. Die Trauer währt. Und über den Tod hinaus suchen wir die Beziehungen mit den Toten, die wir liebten, zu halten (vgl. Ohlbaum, 2000).

So wenig wie man auf die Idee kommen könnte, den Schmerz der Sehnsucht zu narkotisieren, so gilt es andererseits durchaus als normal, den Schmerz der Trauernden pharmakologisch einzuhegen. Natürlich hat man immer wieder Trauernde betäubt, sie daran gehindert, ihre Schmerzen zu beweinen und zu beklagen. In der Liebe wie in der Trauer droht die Anarchie der Gefühle die Säulen der Gewissheit und Rationalität einfach wegzuschwemmen. Lebenssicherheiten zerbrechen unter der Wucht des Schmerzes. Marguerite Duras hat in ihrer Erzählung «Der Liebhaber» diesen Mit-Schmerz angesichts der Nachricht vom Tod ihres Bruders beschrieben:

Ich weiß nicht mehr, welchen Wortlaut das Telegramm aus Saigon hatte. Ob es hieß, mein kleiner Bruder sei verschieden oder ob es hieß: heimgerufen von Gott. Ich glaube mich zu erinnern, daß es hieß heimgerufen von Gott. Die Gewißheit durchfuhr mich: nicht sie hat das Telegramm aufgeben können. Der kleine Bruder. Tot. Zunächst ist das unfaßbar, und dann, ganz plötzlich, kommt von überall her aus der Tiefe der Welt, der Schmerz, er hüllte mich ein, er trug mich fort, ich erkannte nichts mehr, es gab mich nicht mehr, es gab nur diesen Schmerz, ich wußte nicht, was für ein Schmerz es war, ob der Schmerz, vor einigen Monaten ein Kind verloren zu haben, wiederkam, oder ob es ein neuer Schmerz war. Heute glaube ich, daß es ein neuer Schmerz war, denn mein Kind, das bei der Geburt starb, hatte ich nicht gekannt, und ich wollte mir damals nicht das Leben nehmen, so wie ich es jetzt wollte.

(Duras, 2004: 85)

Marguerite Duras hat sich in einem Band mit Erzählungen, dem sie den Titel «Der Schmerz» gegeben hat, auch autobiografisch mit der individuellen und kollektiven Erfahrung des Schmerzes befasst. Ihr Mann, der als politischer Gefangener in ein deutsches Konzentrationslager verschleppt wurde, kommt 1945 zurück – ja, er muss zurückgetragen werden, völlig geschwächt, dem Tode nahe. Sie bemüht sich, kämpft um ihn wochenlang, bis an und über die eigenen körperlichen und seelischen Grenzen, identifiziert im Leiden und im Schmerz mit ihm:

Auch ich fange wieder an zu essen, ich fange wieder an zu schlafen. Ich nehme wieder zu. Wir werden leben. Wie er kann ich siebzehn Tage nicht essen. Wie er habe ich siebzehn Tage nicht geschlafen, zumindest glaube ich, daß ich nicht geschlafen habe. Tatsächlich schlafe ich zwei bis drei Stunden am Tag. Ich schlafe überall ein. Ich wache voller Entsetzen auf, es ist furchtbar, jedesmal glaube ich, daß er während meines Schlafs gestorben ist. Ich habe immer noch dieses leichte nächtliche Fieber. Der Doktor, der seinetwegen kommt, macht sich auch meinetwegen Gedanken. Er verordnet Spritzen. Die Nadel bricht im Muskel meines Schenkels ab, meine Muskeln sind völlig starr. Die Krankenschwester will mir keine Spritzen mehr geben. Der fehlende Schlaf führt zu Sehstörungen. Ich klammere mich beim Gehen an die Möbel. Der Boden neigt sich vor mir, und ich habe Angst auszugleiten. Wir essen das Fleisch, aus dem wir zuvor Fleischsaft für ihn gemacht haben. Es ist wie Papier, wie Baumwolle. Ich koche nur noch Kaffee. Ich fühle mich dem Tod ganz nahe, den ich herbeigewünscht habe. Es ist mir gleichgültig, und selbst daran, daß es mir gleichgültig ist, denke ich nicht. Meine Identität hat sich verschoben. Ich bin nur noch die, die Angst hat, wenn sie wach wird. Die, die an seine Stelle will, für ihn. Meine Person besteht aus diesem Wunsch, und dieser Wunsch ist, sogar wenn es Robert L. besonders schlecht geht, unaussprechlich stark, weil Robert L. noch am Leben ist. Als ich meinen kleinen Bruder und mein kleines Kind verloren habe, hatte ich auch meinen Schmerz verloren, er war gewissermaßen gegenstandslos, er baute auf der Vergangenheit auf. Hier ist die Hoffnung ganz, der Schmerz ist in die Hoffnung eingepflanzt. Manchmal wundere ich mich, daß ich nicht sterbe: eine eisige Klinge, die tief in das lebendige Fleisch eingerammt ist, bei Tag und bei Nacht, und man überlebt.

(Duras, 1994: 75 f.).

Protest gegen den Schmerz

Wer hat eigentlich ein Interesse daran, dass jeder Schmerz betäubt, analgetisiert wird? Hier lässt sich einiges aus der Religionskritik des 19. Jahrhunderts lernen. Hatten Karl Marx und Ludwig Feuerbach nicht der Religion vorgehalten, Opium des Volkes bzw. Opium für das Volk zu sein und von den wahren Tatsachen, dem gesellschaftlichen Elend durch Vertröstung aufs Jenseits abzulenken, statt das Elend, die Gesellschaft zu verändern? Ist es zu provokant, dass möglicherweise Interessen an ruhigen freundlichen und compliance-orientierten Patienten bestehen? Wer will schon den Patienten, der sich beklagt, der widerständig mit seiner Situation ist, der Gesprächsbedarf einfordert, um den Sinn des Sinnlosen zu verstehen, der lauthals schreit? Patientinnen, die klagend protestieren, sich nicht abfinden mit der Diagnose, dem irreversiblen Verlauf, der chronischen Müdigkeit und dem Schwächerwerden, sind selten. Der Protest gegen das Leid, gegen den Schmerz und gegen den Tod findet in unseren Krankenhäusern wenig Stimme. Er wird erstickt durch die Dynamik und Hektik des Handelns, in einer Ideologie der Symptomkontrolle, die bis zum letzten Atemzug noch etwas versucht, therapiert und Infusionen anhängt. Zum Schmerzempfinden, zur Erfahrung des Leidens gehört eben auch die Protestation, der Widerstand dagegen. In einer Narkotisierungsgesellschaft wird diese Möglichkeit sozusagen antizipatorisch erstickt.

In einer Geschichte hat Elie Wiesel diese uralte jüdisch-christliche Protestation, so etwas wie eine kulturell-religiös motivierte Widerstandsbewegung verdichtet:

Bei einem Nachbarn des Rabbi Mosche Loeb waren mehrere Kinder nacheinander im zarten Alter gestorben. Die Mutter vertraute eines Tages ihren Kummer der Frau des Zaddik an: «Was für ein Gott ist denn der Gott Israels? Er ist grausam und nicht barmherzig. Er nimmt, was Er gegeben hat.» «Du darfst nicht so reden», sagte die Frau des Zaddik, «So darfst du nicht reden. Die Wege des Himmels sind unergründlich. Man muss lernen, sein Schicksal anzunehmen.» In diesem Augenblick erschien Rabbi Mosche Loeb auf der Türschwelle und sagte der unglücklichen Mutter: «Und ich sage dir, Frau, man muss es nicht annehmen! Man muss sich nicht unterwerfen. Ich rate dir, zu rufen, zu schreien, zu protestieren, Gerechtigkeit zu fordern, verstehst du mich, Frau? Man darf es nicht annehmen!»

(Wiesel, 1982: 98)

Was lässt sich aus der Religionskritik des 18. Jahrhunderts für das 3. Jahrtausend lernen – doch mindestens, den Ambivalenzcharakter der «Schmerzverwalter» (Ivan Illich) aufzunehmen. Schmerz kann eine produktive Kraft entwickeln. Schmerzen und Leiden können zu Veränderungen, zu «Unordnungen» führen. Nicht zuletzt hat das Leiden an der Art und Weise, wie in Krankenhäusern gestorben wird, die Hospizbewegung beflügelt. Das Leiden an der Diskriminierung bringt Frauen dazu, tiefgreifende gesellschaftliche Veränderungen der Gleichberechtigung zu fordern. Jede Veränderung erwächst aus einem Leiden am Status quo. Schmerz und Leiden müssen sich allerdings artikulieren können, in Wort und Sprache, in Bildern und Symbolen mitteilen, kommunikabel werden.

Also muss es doch immer auch darum gehen, den Schmerz als ein Signal, als Ausdruck von Eindrücken zu verstehen, als ein Medium der Kommunikation, als «Hilfeschrei».

Mit dem Leiden umgehen

Im deutschen Sprachraum gibt es das geflügelte Wort: Geteilte Freud ist doppelte Freude, geteilter Schmerz ist halber Schmerz. Enthalten ist in dieser Einsicht das Wissen um die Solidarität der Mitmenschen, die Ahnung, dass Schmerzen aushaltbar werden, ja in der Vorbehaltlosigkeit des Seindürfens, im Teilen eines verstehenden und liebenden Menschen vielleicht sogar erträglicher sind. Es ist kein geringer Anspruch, einen Raum zu öffnen, der Menschen da sein lässt, sie aufnimmt und dadurch annimmt. Die Halbierung des Schmerzes entsteht offensichtlich gerade durch Nichtstun, durch Zurückhaltung und im Dasein, durch ein Zuhören und ein Aushalten der Situation. Silvia Käppeli kommt in ihrer Arbeit «Zwischen Leiden und Erlösung, einer Untersuchung zur Leidenserfahrung von krebskranken Juden und Christen» zu dem Fazit:

> *Letztlich geht es sowohl bei den Kranken als auch bei den Betreuern ums Aushalten der Unbeantwortbarkeit der Frage nach dem Leiden. Es ist wichtiger, einen konstruktiv-kreativen Umgang mit dem Leiden und eine Form von Beistand zu entwickeln, als eine Antwort auf die Frage nach dem Warum zu haben. Damit wird ein theologisch-philosophisches Problem zu einem pflegerisch-seelsorgerlichen bzw. ein akademisches zu einem menschlichen.*
>
> (Käppeli, 1998: 225).

In der deutschsprachigen Literatur des 20. Jahrhunderts hat niemand deutlicher eine hospizlich-palliative Fähigkeit des Mitleidens beschrieben als Hermann Hesse, nämlich das Zuhören. Dem Erzählen des Gegenübers entspricht die Haltung des Zuhörenden auf der anderen Seite. Erzählende brauchen Zuhörende. Immer wieder wird deutlich, dass die Gabe des Zuhörens die Frucht eines reifen Lebens ist, das sich nicht mehr selbst behaupten muss, nicht in Konkurrenz und Kampf sich beweisen muss, sondern da sein lässt. Im Glasperlenspiel, das 1943 erschienen ist, wird der Einsiedler Josephus geschildert, dessen Haare fahl geworden und der langsam im Herbst seines Lebens die «Gabe des Zuhörens» als reife Frucht entwickelt hat:

> *Wenn ein Bruder aus einer der Siedlungen oder ein vom Gewissen beunruhigtes und getriebenes Weltkind sich bei Josef einfand und ihm von seinen Taten, Leiden, Anfechtungen und Verfehlungen berichtete, sein Leben erzählte, seinen*

Kampf um das Gute und sein Erliegen im Kampf, oder einen Verlust und Schmerz, eine Trauer, so verstand Josef ihn anzuhören, ihm sein Ohr und Herz zu öffnen und hinzugeben, sein Leid und seine Sorge in sich aufzunehmen und zu bergen und ihn entleert und beruhigt zu entlassen. Eine gewisse Geduld, eine gewisse einsaugende Passivität und eine große Verschwiegenheit waren seine Tugenden.

(Hesse, 1982: 535)

Leiden und Mitleidenschaft *(compathie)* in der jüdisch-christlichen Spiritualität

Mag es in der modernen Medizin eine Schmerztherapie geben, eine «Leidenstherapie» ist schon sprachlich absurd. In dieser Unmöglichkeit steckt die Erfahrung, dass menschliches Leben immer auch mit Leiden verbunden ist, dass es kein leidfreies Leben gibt, so sehr die Heilungsverprechungen der Moderne dies suggerieren mögen. Die Schmerzerfahrung des leidenden Menschen braucht auch eine existenziell-spirituelle Resonanz. Trost braucht eine Vermittlung durch eine Person, eine Geste, eine Stimme, die außerhalb des eigenen Ich anzunehmen ist. Dem Leiden des Menschen korrespondiert in gewisser Weise die Mitleidfähigkeit eines verstehenden Herzens, eines Du, eines empathischen Gegenübers, eines Gefährten, einer Begleiterin, die das Leiden mitzutragen bereit ist. In der jüdisch-christlichen Tradition ist diese Haltung immer als Barmherzigkeit beschrieben worden.

Das Wort «Barmherzigkeit» kommt aus dem mittelhochdeutschen «barmherze», das wiederum aus dem althochdeutschen «armherzi» stammt und nach dem kirchenlateinischen «misericorida» gebildet ist und «ein Herz für die Armen» besagt. Im Englischen bedient man sich des Ausdrucks «compassion». Ihm liegt das spätlateinische «compassio» zugrunde, das aus «pati» leiden und «cum» (mit) besteht und «Mitleiden, Mitdulden» bedeutet. Die Barmherzigkeit fordert uns auf, dorthin zu gehen, wo man leidet, dort einzutreten, wo man Qualen erduldet, Zusammenbruch, Furcht, Ausweglosigkeit und quälende Angst mitzutragen. Die Barmherzigkeit ruft uns auf, mit den Notleidenden unsere Stimme zu erheben, mit den Verlassenen zu trauern und mit den Tränenüberströmten zu weinen. Die Barmherzigkeit verlangt von uns, mit den Schwachen schwach, mit den Verwundeten verwundbar und mit den Ohnmächtigen ohnmächtig zu sein.

> *Barmherzigkeit heißt: sich seinem Menschsein ganz und gar stellen. Wenn wir die Barmherzigkeit so sehen, wird deutlich, dass mehr gemeint ist als schlechthin Güte oder Weichherzigkeit.*
>
> (Nouwen et al., 1983: 12)

Der Grund für diese barmherzig-compathische Haltung gegenüber den Leidenden ist der mitleidende Gott selbst. Mitleidfähigkeit gründet in dem Glauben, dass Gott sich seinem Volk als ein barmherziger erwiesen hat. Immer wieder hat Gott an seinem Volk, an konkreten Menschen barmherzig gehandelt und die Erinnerungen an das compathische Handeln Gottes setzt den Glauben frei, dass barmherzig sein auch heute angemessen und sinnvoll ist. Hier verweist diese Spiritualiät einer Mitleidenschaft, einer Compathie oder Compassion über sich selbst hinaus auf die Transzendenz Gottes und kann ihre Begründung nicht aus sich heraus finden.

Schmerz und Leiden in einer «leidfreien Zukunft»?

Es kann kein Zweifel bestehen, dass das organische Modell des Schmerzes ein Auslaufmodell ist. Es kann «die flutwellenartige Ausbreitung chronischer Schmerzen in der modernen Welt einfach nicht erklären. Es stottert und keucht, wenn es mit der Vorstellung, daß Schmerz keine Wahrnehmung, sondern eine Empfindung ist, arbeiten muß: ein Erlebnis, bei dem Bewußtsein, Gefühl, Sinn und sozialer Kontext eine gleichermaßen bedeutende Rolle spielen.» (Morris 1991: 371). In jedem Fall müssten immer die Tiefendimensionen des Schmerzes ausgelotet werden, denn «wir sind mehr als nur Neuronenbündel. Wir müssen den Sinn für die Wichtigkeit des Verstandes und der Kulturen bei der Entstehung von Schmerz wiederentdecken und wir müssen beginnen, die Bedeutungen von Schmerz zu verbreiten, um menschliches Leiden nicht auf der Stufe eines lediglich physischen Problems zu reduzieren, für das es immer eine medizinische Lösung gibt, vorausgesetzt, man findet die richtige Pille.» (Morris, 1991: 400).

9. Wohin gehen unsere Toten? Jenseitsvorstellungen und Spiritualität

Birgit Heller

Jenseitsverlust in der Moderne?

In dem Roman «Interview mit einem Toten» lässt der ungarische Literat István Örkény (1982: 122) einen sterbenden Schriftsteller sagen: «Erinnerst du dich noch ein wenig an die Mathematik? J. Nagy minus J. Nagy ist Null. Über Nichts ist nichts zu sagen.» Diese Position, dass der Tod das definitive Ende des Lebens darstellt, ist nicht nur ein Phänomen der Moderne. Von Zweiflern und Nihilisten ist in der Religionsgeschichte immer wieder die Rede. Allerdings wurde diese Einstellung vor der Moderne jeweils nur von einer kleinen Minderheit vertreten. Das hat sich stark verändert.

Laut Ergebnis der Europäischen Wertestudien haben 1990 nur mehr rund 40% der EuropäerInnen an ein Leben nach dem Tod geglaubt (vgl. Zulehner/Denz, 1993b: 9). Die jüngste Welle der Wertestudien aus dem Jahre 2008 zeigt, dass diese Prozentzahlen in den ehemaligen Ostblockländern (ausgenommen Polen) deutlich zugenommen haben. In den übrigen europäischen Ländern sind die Angaben bis auf wenige Ausnahmen weitgehend stabil geblieben. Es gibt jedoch große länderspezifische Unterschiede, die durch **Tabelle 9-1** (EVS, 1990–2008: Frage Q30B, die Zahlenangaben in dieser Auswahltabelle beziehen sich auf das Jahr 2008) illustriert werden.

Soziologen stellen fest, dass der Jenseitsglaube in den modernen Gesellschaften des 20. Jahrhunderts verdunstet ist. Es ist die Rede vom Jenseits-

Tabelle 9-1: «Glauben Sie an: Leben nach dem Tod» (Quelle: EVS, 1990–2008: Frage Q30B, die Zahlenangaben beziehen sich auf das Jahr 2008)

Westeuropa		Mitteleuropa		Nordeuropa	
Frankreich	42%	Deutschland	40%	Schweden	45%
Großbritannien	53%	Österreich	61%	Dänemark	37%
Irland	71%	Schweiz	53%	Norwegen	47%
Osteuropa				**Südeuropa**	
Polen	73%			Italien	72%
Tschechien	30%			Spanien	48%
Ungarn	36%			Portugal	48%

verlust der Moderne (vgl. Walter, 1996). Tatsächlich scheint es sich dabei in erster Linie um ein europäisches Phänomen zu handeln, denn in Nordamerika geben rund 70 % der Befragten an, dass sie an ein Leben nach dem Tod glauben. Dieses Vakuum – oder zumindest das Verblassen traditionellchristlicher Vorstellungen in Europa – ist wohl auch eine der Ursachen dafür, dass traditionelle Bestattungsformen rückläufig sind.

Für diese Entwicklung gibt es verschiedene Gründe. Der Tod ist heute für die wenigsten Menschen in den modernen Gesellschaften noch Teil ihrer konkreten Lebenswelt. Virtuell im Fernsehen und in elektronischen Spielen ist der Tod allgegenwärtig, mit dem Leichnam der Angehörigen weiß jedoch kaum jemand umzugehen. In der Moderne werden tote Körper mehr denn je zuvor zur materiellen Ressource und zu Objekten der öffentlichen Zurschaustellung, sie werden als Ersatzteillager für die Organtransplantation funktionalisiert und vermarktet (vgl. Groß/Grande, 2010; Tag/Groß, 2010). Mit diesem vielfältig verwertbaren Tod identifiziert man sich jedoch in der Regel nicht, denn das Leben hat sich für die Mehrheit der Menschen in den Industriegesellschaften drastisch verlängert. Die meisten leben bis zum Beweis des Gegenteils mit der Fiktion der persönlichen Unsterblichkeit. Der Tod ist, wenn er wahrgenommen wird, immer der Tod der anderen, der eigene Tod bleibt unvorstellbar. Der Anteil der Menschen, die sich *oft* Gedanken über den Tod machen, beträgt in den Europäischen Wertestudien von 1990 im Schnitt nur rund 17 %, etwa genauso viele denken *nie* über den Tod nach, gut zwei Drittel haben die Antworten *selten* oder *manchmal* gewählt (vgl. Zulehner/Denz, 1993b: 51). In den jüngeren Wellen der Europäischen Wertestudie fehlt diese Fragestellung leider. Ein illustratives Beispiel für die Entwicklungstendenzen in Europa liefert die Langzeitstudie zu Religion im Leben der ÖsterreicherInnen. Paul Zulehner (2011: 108) folgert aus den vorliegenden Daten, dass die Menschen in Österreich in den vergangenen 10 Jahren deutlich «diesseitiger» geworden sind. Diesseitigkeit meint hier in erster Linie, dass die Sterblichkeit hingenommen wird und keine Hoffnung auf ein Weiterleben nach dem Tod besteht. Der Anteil der (eher und klar) diesseitig Ausgerichteten ist zwar zwischen 2000 und 2010 um 11 % gestiegen, dennoch betrachtet in Österreich immer noch eine Mehrheit von 61 % den Tod als Übergang in eine andere Existenz und unterscheidet sich damit von vielen europäischen Ländern mit geringeren Werten. Allerdings hat auch die Zahl der Menschen zugenommen, die sich über das erhoffte Weiterleben nach dem Tod keine klare Vorstellung machen können.

Aus religiöser Perspektive ist das Leben des modernen Menschen nicht länger, sondern um eine Ewigkeit kürzer geworden, wenn es mit dem Tod endet (vgl. Imhof, 1985: 211). Die traditionell christlichen Jenseitsvorstellungen haben jedoch für viele Menschen ihre Plausibilität verloren. Es ist unklar geworden, wo die Toten hingehen. So verzeichnet der Glaube an den Himmel laut der Europäischen Wertestudie 2008 (vgl. EVS, 1990–2008: Q30D) zustimmende Werte von nur 20 % (Dänemark) bis zum Ausreißer von 89 % (Malta). Die meisten Länder rangieren zwischen diesen Angaben: beispielsweise Deutschland (35 %), Österreich (41 %) und die Schweiz (43 %). Deutlich weniger Menschen glauben an die Hölle (vgl. EVS, 1990–2008: Q30C): Die Skala reicht von 9 % (Dänemark) bis zum Extremwert von 85 % (Malta). An den Beispielen Deutschland (18 %), Österreich (27 %) und Schweiz (20 %) lässt sich erkennen, dass die Hölle noch weniger glaubwürdig als der Himmel ist. Die Prozentsätze variieren in den drei Befragungswellen der Europäischen Wertestudien (1990, 1999, 2008) in einzelnen Ländern, die Zu- und Abnahme der Werte gleichen sich aber weitgehend aus. Moderne christliche Theologie und Seelsorge bewegen sich Großteils zwischen blutleeren Abstraktionen (an die Stelle der plastischen Paradies- und Höllenvorstellungen ist das «Sein bei Gott» bzw. die «Gottferne» getreten) und Sprachverlust (Himmel und Hölle sind aus dem Predigtrepertoire weitgehend verschwunden). Auf der Suche nach Ersatz adaptieren viele Menschen mit christlicher Herkunft alternative religiöse Jenseitsvorstellungen – wie etwa die Reinkarnation – oder interessieren sich in hohem Maße für Nahtoderfahrungen und deren Bedeutung für die Frage nach einem Weiterleben. Ganz anders präsentiert sich der Jenseitsglaube in dominant muslimisch geprägten Ländern. So etwa haben in der Türkei 98 % der Befragten im Jahre 2008 angegeben, dass sie sowohl an den Himmel als auch an die Hölle glauben.

Es ist unklar, in welche Richtung sich der Jenseitsglaube des modernen (europäischen) Menschen entwickeln wird. Von einer stetigen, linearen Abwärtsbewegung kann keine Rede sein, weil die Wertestudien in Europa eine deutliche Zunahme des Glaubens an ein Leben nach dem Tod in der jungen Generation der 18- bis 29-Jährigen dokumentieren. Religion und Spiritualität sind heute jedoch geprägt von zunehmender Pluralisierung und Individualisierung, daher lässt sich immer schwerer sagen, was Menschen wirklich glauben. Der Jenseitsglaube äußert sich in einer bunten Bandbreite individueller Konzepte. Allerdings kann auch in vormodernen Gesellschaften in den seltensten Fällen von einheitlichen Jenseitsbildern ausgegangen werden. Der Blick in die Religionsgeschichte öffnet den Horizont für die große Vielfalt der Vorstellungen vom Weiterleben nach dem Tod.

Der Tod als Übergang: Jenseitsvorstellungen in den Religionen

In den religiösen Traditionen wird der Tod nicht als Ende des Lebens betrachtet, sondern als Übergang in eine andere – wenn auch zum Teil vage – Existenzform. In den verschiedenen religiösen Traditionen finden sich mehr oder weniger klar umrissene Vorstellungen vom Weiterleben nach dem Tod (einen breiten Überblick geben Braun, 1996 oder Steinwede, 2005). Diese Vorstellungen können im Zentrum des Interesses stehen (wie z. B. im Alten Ägypten) oder nur eine periphere Rolle spielen (wie z. B. in der Religion Altisraels). In vielen Kulturen sind verschiedene Konzepte vom Jenseits verbreitet, die nebeneinander bestehen und sich im Laufe der Geschichte auch wandeln können.

Für das Weiterleben nach dem Tod gibt es eine Fülle von Begriffen: ewiges Leben, Unsterblichkeit, Auferstehung, Totenreich, Himmel und Hölle, Paradies, Wiedergeburt, Seelenwanderung, Jenseits und viele mehr. Spricht man vom Jenseits, so scheint sich daraus eine klare Abgrenzung gegenüber dem Diesseits zu ergeben, von dem das Jenseits eben getrennt ist. Das ist nur eine Möglichkeit, wie über das Verhältnis zwischen Diesseits und Jenseits gedacht werden kann. Die vielfältigen Konzepte der Reinkarnation und die Vorstellung einer prinzipiell einheitlichen Welt, in der Lebende und Tote in vielfältiger Weise verbunden sind, widersprechen dieser scheinbar klaren Trennlinie. Der Begriff Jenseits meint in erster Linie ein Weiterleben nach dem Tod, das vom Diesseits zwar räumlich getrennt sein kann, aber nicht sein muss.

Wo liegt das Jenseits?

Auf die Frage, wo das Jenseits liegt, gibt es verschiedene Antworten. In den meisten Kulturen wird das Jenseits auf die irdische Geographie bezogen – der Bereich der Toten kann auf der Erde, unter der Erde oder über der Erde liegen. In vielen ethnischen Traditionen herrscht der Glaube an ein Totendorf, das in der unmittelbaren Nachbarschaft oder auch weiter weg, jenseits eines Flusses lokalisiert wird. Bekannt ist die keltische Vorstellung von der Insel der Seligen oder das altägyptische Totenland im Westen, wo die Sonne untergeht.

Häufig befindet sich das Totenland unter der Erde bzw. unter dem Wasser. Der Eingang in diese Unterwelt liegt dann oft in einer Höhle, in einem Brunnen oder See. Bekannt ist der Hades, die altgriechische Totenunterwelt, ähnliche Vorstellungen sind im Alten Orient (etwa das düstere «Land ohne Wiederkehr» in Mesopotamien oder das Schattenreich Scheol in Altisrael) verbreitet. Vergleichbar ist auch die germanische Unterwelt Hel, die von der gleichnamigen Göttin beherrscht wird. Sie klingt im Märchen von Frau Holle nach – diese Figur ist eine volkstümliche Variante der mächtigen Unterweltgöttin, in deren Reich man über einen Brunnen gelangt. Die so genannte Ober- und Unterwelt können einander spiegelbildlich ähneln (wie im Alten Ägypten) oder sich stark voneinander unterscheiden.

Genauso verbreitet sind Vorstellungen, die das Totenreich über der Erde orten. Die Welt der Toten ist am Mond, in der Sonne oder einfach im Himmel. Die Toten leben dann in einem himmlischen Dorf, in einer himmlischen Stadt (z. B. Jerusalem) oder im Paradies. Der Begriff Paradies bezeichnet ursprünglich eine Gartenlandschaft und wird als Ausdruck für das beglückende, sorglose Leben im himmlischen Jenseits verwendet. Vorstellungen vom Paradies spielen in allen großen Religionen der Gegenwart eine Rolle.

Teilweise sind Diesseits and Jenseits räumlich gar nicht aufeinander bezogen. Die jenseitige Welt hat dann mit der irdischen Geographie nichts zu tun. Theologische Überlegungen haben in etlichen religiösen Traditionen zu abstrakteren Konzepten geführt. Das Jenseits ist vom Diesseits klar getrennt oder gilt überhaupt als die eigentliche Realität und kann kaum beschrieben werden. Die ewig-geistige Wirklichkeit *Brahman* in den hinduistischen Traditionen oder die raum- und zeitlose Gemeinschaft mit einer personal vorgestellten Gottheit in der jüdischen, christlichen, muslimischen oder hinduistischen Theologie sind Beispiele für abstraktere Jenseitsvorstellungen, die sich vom diesseitigen Erleben abgrenzen.

Wie lebt es sich im Jenseits?

Das jenseitige Leben kann das irdische Leben einfach fortsetzen. Diese Auffassung ist oft verknüpft mit der Idee einer Wiederverkörperung: Die Seele eines Menschen geht unmittelbar nach dem Tod oder nach Ablauf einer gewissen Zeit in einen anderen Körper ein und wird als Mensch, Tier oder Pflanze wiedergeboren. Vorstellungen dieser Art sind in vielen Kulturen verbreitet: Man begegnet ihnen nicht nur in asiatischen Religionen, sondern bereits seit früher Zeit davon unabhängig ebenso in Europa. Der europäische Reinkarnationsglaube der Gegenwart ist nur zum Teil als asiatischer Import zu verstehen. Auch in vielen afrikanischen Kulturen ist der Glaube verbreitet, dass Verstorbene in den Nachkommen ihrer Herkunftsfamilie wiedergeboren werden. Die Idee der Wiedergeburt ist nicht die einzige Möglichkeit, wie das irdische Leben nach dem Tod fortgeführt werden kann. Beispielsweise finden die Verstorbenen im altägyptischen Totenbuch eine Anleitung zum «Herausgehen am Morgen». Damit ist die punktuelle Rückkehr aus der Totenwelt in die vertraute Umgebung und das eigene Haus gemeint. Die weitverbreitete Praxis, die Toten beim Begräbnis mit Gegenständen aus dem alltäglichen Leben auszustatten, weist ebenfalls auf Vorstellungen vom Weiterleben hin, die an das irdische Leben anknüpfen und es offenbar fortsetzen, auch wenn sich diese Totenwelt nicht auf der Erde befindet.

Überwiegend wird jedoch das Weiterleben nach dem Tod vom irdischen Dasein unterschieden. Meist bringt das jenseitige Leben eine deutliche Verschlechterung oder eine Verbesserung mit sich. Manchmal hat die Totenwelt allerdings nicht mehr als ein nebulöses und wenig erfreuliches Schattendasein zu bieten (wie der altgriechische Hades). In vielen Kulturen werden jenseitige Straforte in drastischen Bildern ausgemalt. Es kann sich um vorübergehende Zustände der Reinigung oder Buße handeln, in einigen Religionen besteht aber auch die Möglichkeit einer ewigen Verdammnis. Oft erfährt das irdische Leben im Jenseits eine Steigerung. Tote erlangen Macht und Wissen, sie werden zu bedeutenden Ahnen. Die Verstorbenen genießen ein glückliches und unbeschwertes Dasein in einer paradiesischen Welt, die nur durch die angenehmen Aspekte der irdischen Existenz gekennzeichnet ist. Dafür gibt es zahlreiche Beispiele, die von den Bildern der «ewigen Jagdgründe» aus indianischen Traditionen bis zu den muslimischen Himmelsgärten voll sinnlicher Lustbarkeiten reichen.

Von diesen anschaulichen Vorstellungen unterscheiden sich theologisch-philosophische Reflexionen, die das Jenseits als Befreiung, als Vollendung oder Vergöttlichung des Menschen deuten. Durchaus verschiedene Denkweisen treffen hier aufeinander. Im gnostisch-platonischen Denken, das unter anderem auch christliche Gruppierungen beeinflusst hat, kehrt die Seele beispielsweise in ihre eigentliche Heimat, die Welt des Lichts, zurück. Buddhistische Traditionen bezeichnen den Zustand der Befreiung aus dem Geburtenkreislauf als Nirvāna. Nach hinduistischen Vorstellungen kann sich der Mensch aus dem Kreislauf der Existenzen befreien, indem er realisiert, dass sich sein geistiger, ewiger Wesenskern nicht von *Brahman,* der unpersönlichen geistigen Wirklichkeit unterscheidet. Sobald der Mensch sein wahres Wesen erkannt hat, wird das diesseitige Leben bedeutungslos. Davon heben sich Traditionen ab, für die die jenseitige Vollendung in der liebenden Gemeinschaft oder sogar Vereinigung mit einer personalen Gottheit besteht: Das gilt etwa für die hinduistischen *Bhakti*-Traditionen (*bhakti* bedeutet Hingabe bzw. Teilhabe) sowie für Judentum, Christentum und Islam.

Der Tod macht nicht alle gleich

Heute tröstet viele der Gedanke, dass der Tod alle gleich macht. Tatsächlich sind alle Menschen durch das gemeinsame Schicksal der Vergänglichkeit miteinander verbunden, wie es im Wiener Hobellied (aus dem Volksstück «Der Verschwender» von Ferdinand Raimund) heißt: «Das Schicksal setzt den Hobel an und hobelt alle gleich.» Es gibt auch Religionen (z. B. das Judentum), die darauf Wert legen, dass alle Gläubigen auf die gleiche schlichte Weise bestattet werden. In den meisten Jenseitskonzepten werden jedoch Unterschiede zwischen den Verstorbenen gemacht. Die Gründe für diese Differenzierung sind verschieden. So kann sich die Todesart entscheidend auf die Lebensumstände im Jenseits auswirken. Im Kampf gefallene Krieger dürfen sich häufig auf besondere Vergünstigungen im Jenseits freuen. Im Kindbett verstorbene Frauen werden in der aztekischen Religion den Kämpfern gleichgestellt. Genauso können Märtyrer beiderlei Geschlechts im Christentum auf eine besondere jenseitige Anerkennung ihres todesmutigen Einsatzes für den Glauben hoffen. Häufig wirkt sich die Zugehörigkeit zu bestimmten Gruppen (etwa durch eine besondere Form der Einweihung, als Träger eines religiösen Amts, als Ordensmitglied) positiv im Jenseits aus. Entscheidend für die Art des Weiterlebens kann auch das Lebensalter oder das Geschlecht sein. Tote Kinder erwartet manchmal ein anderes Schicksal als die Erwachsenen. Besonders drastisch ist das Beispiel der ungetauft verstorbenen Kinder in der Geschichte des Christentums. Die frühchristliche Lehre, dass diese Kinder in die Hölle kommen, ist später zwar gemildert worden, der Himmel jedoch verschlossen geblieben. Anstelle himmlischer Glückseligkeit ist ihnen der ewige Aufenthalt in einem gesonderten Jenseitsbereich zugedacht worden, eine Art Vorhölle oder bestenfalls ein neutraler Zwischenzustand zwischen Himmel und Hölle. Generationen von Eltern haben sich verzweifelt um das Seelenheil ihrer totgeborenen oder vor der Taufe verstorbenen Kinder bemüht (vgl. Imhof, 1985: 160 ff.). Viele haben ihre toten Kinder an Wallfahrtsorte gebracht um dort – meist über die Fürbitte der Gottesmutter Maria – eine kurze Erweckung zum Leben zu erflehen. Votivtafeln berichten von den Lebenszeichen der Kinder (daher spricht man vom Brauch des «Kinderzeichnens»), die die Taufe und das Begräbnis in geweihter Erde ermöglicht haben.

Das wichtigste Kriterium, das die Umstände des Weiterlebens prägt, ist das ethische Verhalten. Dieser Maßstab fehlt zwar in manchen Jenseitsvorstellungen völlig, die religiösen Traditionen, die heute am meisten verbreitet sind, orientieren sich jedoch daran. Das menschliche Handeln hat demnach Konsequenzen, die über den physischen Tod hinaus wirksam sind. Die Idee eines Ausgleichs für gutes und schlechtes Verhalten ist für Judentum, Christentum, Islam, Hinduismus und Buddhismus gleichermaßen bedeutsam, findet sich aber bereits früher in der Religionsgeschichte beispielsweise im Alten Ägypten. Die Menschen ernten im Jenseits, was sie im Diesseits säen. Gutes Handeln führt zu einem glückseligen Leben, schlechtes Handeln zu einer qualvollen Existenz. In der anschaulichen Beschreibung dieser Jenseitszustände ähneln sich die großen religiösen Traditionen. Mythische Orte der Seligkeit oder der Peinigung machen deutlich, wie sich die Lebensführung auf das künftige Geschick auswirkt. Besonders detailreich sind die drohenden Höllenexistenzen im Christentum und im Islam ausgeschmückt. Weniger bekannt sind die diversen Höllen- und Gespensterwelten der hinduistischen und buddhistischen Traditionen, die jedoch dem christlichen und islamischen Bilderreichtum menschlicher Grausamkeit nicht nachstehen. Beispielsweise wird die Totenwelt im chinesischen Buddhismus als Gerichtshof geschildert, in dem über die nachtodliche Existenzform entschieden wird (vgl. Teiser, 2003). Die schlimmste Form der Wiedergeburt ist die Hölle, die als unterirdischer Kerker konzipiert ist. Dort sind Folterknechte am Werk, die mit allen Varianten des menschlichen Sadismus bewandert sind. Der entscheidende Unterschied zu christlich-islamischen Höllenvorstellungen ist allerdings, dass diese Existenzformen nicht ewig dauern, sondern zeitlich (zwar unvorstellbar lange, aber doch) befristet sind. Die asiatischen Religionen stimmen in ihren Reinkarnationsentwürfen weitgehend überein. Sie unterscheiden verschiedene Bereiche der Wiederverkörperung – jenseitige Himmels- und Höllenwelten und irdische Existenzformen in der Gestalt von Menschen, Tieren und teilweise auch Pflanzen. Je nachdem, wie ein Mensch lebt, handelt er sich ein entsprechendes Weiterleben ein. Die Art der Wiederverkörperung entspricht der Summe der Taten (*karman*) der vorangegangenen Existenzen. In den Texten der religiösen Gelehrten scheinen klare Listen auf, die eine bestimmte Handlung einer Wiederverkörperung zuordnen. Beispielsweise wird der, der andere verletzt, zu einem Fleisch fressenden Tier; wer verbotenes Essen zu sich nimmt, wird ein Wurm und der Korndieb eine Ratte (vgl. Manu, 1988: 497). Solche Aussagen haben – wie die Höllenbilder in den mittelalterlichen christlichen Kirchen – vor allem einen pädagogischen Charakter und wollen keine Gewissheit über das zukünftige Schicksal vermitteln. Sie dienen dazu, unerwünschtes Verhalten zu verhindern. Mit eindeutigen Voraussagen über die für den einzelnen Menschen zutreffenden Bedingungen der nachtodlichen Existenz halten sich die Religionen meistens zurück. Einerseits ist die Karma-Lehre weitaus komplexer als sich auf den ersten Blick vermuten lässt. So ist etwa zunächst ungeklärt, welcher Teil des angehäuften Karmas in der Folgeexistenz überhaupt wirksam wird. Karma kann aber auch so verstanden werden, dass die gesamte geistig-seelische Verfassung eines Menschen daraus resultiert und nach dem Tod zu einer genau diesem Status entsprechenden Existenzform führt, die niemand genau vorhersehen kann. Auch Judentum, Christentum und Islam, die die Vorstellung von einem Gottesgericht nach dem Tod teilen, machen das Weichen stellende Urteil über die Summe der Taten einer konkreten Person nicht nur von der Gerechtigkeit, sondern genauso von der Gnade Gottes abhängig.

Beziehungen zwischen Diesseits und Jenseits

Unabhängig davon, ob Diesseits und Jenseits in einem geographischen Konnex stehen oder nicht, sind diese beiden Dimensionen vielfältig aufeinander bezogen. Die drei großen Bereiche, die hier eine Rolle spielen, sind die Vorsorge der Lebenden für die nachtodliche Existenz, die Begleitung der Sterbenden bzw. Verstorbenen am Übergang und die Totensorge.

Vorsorge

Die Vorsorge für das Leben nach dem Tod verschlingt in etlichen Kulturen einen beträchtlichen Teil der Lebenskraft. Ein besonders ausgeprägtes Beispiel für eine Kultur, die einen großen Teil ihrer (materiellen und geistigen) Ressourcen in die Vorbereitung des Weiterlebens nach dem Tod steckt, ist das Alte Ägypten. Aber auch anderswo hat man viel Aufwand mit kostbaren Grabbeigaben und gewaltigen Grabbauten zumindest für ausgewählte Personen betrieben. Auch in der Moderne ist die Bestattung ein wichtiger Geschäftszweig. In jüngster Zeit haben die Angebote für so genannte Naturbestattungen und ausgefallene und teilweise kostspielige Bestattungsformen (wie die Diamantenherstellung aus der Asche des/der Toten oder die Weltraumbestattung) zugenommen. Besonders kommerziell bestimmt ist die amerikanische Bestattungskultur mit der standardisierten Einbalsamierung des ganzen Körpers und sehr hohen Kosten für die Grabplätze (vgl. Krüger, 2009). Im Kontrast dazu steht die ebenfalls steigende anonyme «Sparbestattung» in Europa. Neben den verschiedenen Riten der Sterbebegleitung bildet die Bestattung das klassische Ritual des Übergangs. Anders als in den traditionalen Kulturen ist in den modernen Gesellschaften aber meist nicht mehr klar, welchen Gewinn die Toten von der Investition in die Bestattung haben.

Übergang

Die verschiedenen Kulturen und religiösen Traditionen verfügen über spezifische Deutungen des Todes sowie eine Vielfalt von Sterbe-, Toten- und Trauerriten (vgl. Heller/Winter, 2009). Diese Riten werden üblicherweise als Übergangsriten gedeutet, die der Unterstützung der sterbenden, toten bzw. trauernden Menschen, dem Schutz der Überlebenden und der Bewältigung des Verlustes dienen sollen. Im Kern werden die ritualisierten Reaktionsformen auf den Tod nach dem klassischen Schema von van Gennep (1999) in die folgenden drei Etappen unterteilt:

- die Trennung von den Toten im Rahmen der Bestattung
- eine Umwandlungsphase: die eigentliche Trauerzeit mit einer Länge von einigen Tagen bis mehreren Jahren (u. a. abhängig von den jeweiligen Jenseitsvorstellungen) sowie

- die Wiedereingliederung der Trauernden in die Gemeinschaft (verbunden mit Gesang, Tanz, Festen und in ethnischen Religionen fast immer mit einer zweiten Bestattung des/der Toten).

Je nach Betrachtung ergeben sich verschieden akzentuierte Funktionen für diese Riten, die teilweise miteinander verflochten und in den einzelnen Kulturen nicht in gleicher Weise ausgeprägt sind. Das fällt besonders auf für die erste Phase, die so genannte Trennung von den Toten. Der Übergang zwischen Sterben und Tod ist – anders als in den modernen medizinischen Todesdefinitionen – in vielen Kulturen fließend und nicht punktuell. Sterben wird als ein Prozess betrachtet, was sich vor allem auf die rituelle Sterbebegleitung oder den Umgang mit dem Leichnam auswirkt. Ein zentraler religiöser Vorbehalt gegen das moderne Hirntodkriterium besteht in der verbreiteten Annahme, dass sich Seele/Geist/Bewusstsein erst allmählich vom Körper lösen (vgl. Heller, 2012e). Tatsächlich lassen sich die von van Gennep (1999) unterschiedenen ersten beiden Etappen des Übergangs oft nicht eindeutig voneinander abgrenzen. Die Trennung von den Toten ist – wenn überhaupt – häufig mehr eine Trennung von den Sterbenden und zieht sich weit in die Phase der so genannten Umwandlung hinein. In vielen Fällen ist es jedoch angemessener, nicht von einer Trennung, sondern einer Transformation der Beziehung zu den Toten zu sprechen.

Auch in der eigentlichen Umwandlungsphase haben die Riten unterschiedlich stark betonte Funktionen: So sollen etwa die Toten beim Übergang in eine andere Existenzform (z. B. durch Totenopfer und Totenspeisung) unterstützt werden, während sich die Hinterbliebenen mit den Toten identifizieren und/oder durch Abwehrmaßnahmen vor der negativen Kraft der Toten zu schützen versuchen. Häufig scheinen Trauerrituale die Trauernden mit den Toten zu verbinden, indem sie die Gemeinsamkeit durch körperliche Angleichung (Verhüllung, kein Haar-, Bart- und Nagelschnitt, kein Waschen, rituelle Verletzungen), Verzicht auf Vitalfunktionen (auf Essen, Reden, Sexualität), Isolation oder Farbsymbolik (schwarz oder weiß als Totenfarbe) unterstreichen oder herstellen (vgl. Stubbe, 1985). Diese Form der Identifikation mit den Verstorbenen findet sich – neben den ethnischen Religionen – noch besonders deutlich in den Trauervorschriften des orthodoxen Judentums und der Hindu-Religionen. Die Hinterbliebenen solidarisieren sich mit den Toten und partizipieren am Todeszustand. Das Verharren der Trauernden im Todeszustand kann sich in einem symbolischen Mitsterben oder sogar in der Totenfolge (vor allem der Witwe, etwa durch Witwenverbrennung im hinduistischen Kontext) ausdrücken. Manche Riten, wie Selbstverstümmelung oder Blutopfer, werden als Buße oder Selbstbestrafung bzw. als Ersatzgaben interpretiert, die den Tod der Hinterbliebenen verhindern sollen.

Viele Totenriten werden als Verhinderung der Rückkehr der Toten gedeutet. Die Angst vor dem verunreinigenden Kontakt mit den Toten oder dem schädigenden Einfluss des Totengeistes bildet die unmittelbare Grundlage vieler ritueller Handlungen. Unter den Abwehrmaßnahmen finden sich beispielsweise das Erzeugen von Lärm zum Verjagen oder Irreleiten der Geister oder auch das Unkenntlichmachen der Hinterbliebenen durch Namensänderung oder Verhüllung. Reinigungsriten nach der Totenbestattung sind weitverbreitet. In vielen Kulturen gelten Tote, die einen zu frühen oder schlechten Tod gestorben sind, als besonders gefährlich. Damit sind beispielsweise im Kindbett verstorbene Frauen oder Opfer von Unfällen und Gewaltverbrechen gemeint. Diese Toten wurden zu einem Zeitpunkt oder durch Umstände aus dem Leben gerissen, die es schwer machen, Frieden zu finden. Tote können aber generell als gefährlich betrachtet werden, solange die entsprechenden Riten nicht durchgeführt worden sind, um sie zu befrieden. Die Riten bieten den Angehörigen den nötigen Schutz vor den Verstorbenen, die Krankheiten, Unglück und Tod bewirken können.

Im Vergleich zwischen traditionalen und modernen Kulturen fällt ein Wechsel in der Blickrichtung auf. Traditionale Riten beziehen sich in erster Linie auf die Toten, entweder in der Form der Unterstützung oder der Abwehr. Sie verbinden die Überlebenden mit den Verstorbenen und werden als soziale und religiöse Verpflichtung betrachtet. Die rituelle Unterstützung und/oder Abwehr der Toten zählt in traditionalen Kulturen zu den Aufgaben der Trauerzeit, die oft mit dem Statuswechsel der Toten – etwa der Aufnahme in das Totenreich am Ende der Totenreise – endet. Sterbe-, Toten- und Trauerriten sollen den Toten *und* den Überlebenden dienen.

In modernen Gesellschaften liegt das Hauptaugenmerk auf den Hinterbliebenen, an die Stelle der Riten ist vielfach die professionelle Trauerbegleitung getreten. Die Trauer ist in den vergangenen Jahrzehnten zunehmend psychologisiert und privatisiert worden. Seit einiger Zeit blüht allerdings eine neue Ritualkultur auf. Der moderne Ritualbedarf ist eine Reaktion auf den Rückgang und Verlust von gemeinschaftlich praktizierten Sterbe-, Toten- und Trauerriten, die durch die individualisierte Trauertherapie offensichtlich nicht angemessen ersetzt werden können. Es gibt daher Versuche, alte Ritualtraditionen wiederzubeleben, zu adaptieren oder aber neue Formen nach alten Mustern zu schaffen. Die «Wiederbelebungsversuche» der traditionalen Riten sind mit Schwierigkeiten verbunden. Rituale haben ihren Ort in einer Gruppe, einer Gemeinschaft von Menschen, die die festgelegten Handlungsabläufe kennen und gemeinsam vollziehen. Sie beruhen auf bestimmten Deutungen von Sterben, Tod und Weiterleben. Da traditionale Riten mit ganz konkreten Glaubensinhalten verknüpft sind, scheint die nicht organisierte und stark individualisierte Form der Religiosität, die sich in den modernen westlichen Gesellschaften ausgebreitet hat, ein angemesseneres Korrelat in freien Ritualen und rituellen Neuentwürfen zu finden. Die trauernden Menschen beziehen allerdings keine Sicherheit und Stabilität aus der tradierten gemeinsamen Praxis einer Trauergemeinschaft – sie sind ausschließlich auf Anleitungen von außen angewiesen und die während des Rituals konstituierte lose Gemeinschaft zerfällt am Ende wieder.

Totensorge

Ein zentraler Aspekt der Jenseitsvorstellungen ist weltweit und seit jeher die Totensorge. Die Bestattungsriten bilden die elementarste Form der Fürsorge für die Toten. Die ältesten frühgeschichtlichen Zeugnisse ritueller Bestattungen stammen aus der Zeit des *Homo neanderthalensis* und sind mit der kulturellen Entwicklung des Menschen eng verwoben. Bestattungsüberreste stellen die ältesten religiösen Zeugnisse der Menschheit dar und bilden wie der regelmäßige Gebrauch von Werkzeugen einen Hinweis für den Übergang von der tierhaften zur menschlichen Existenzform. Dass die Toten rituell bestattet werden müssen, ist ein archaisches Gesetz des menschlichen Lebens und macht den Menschen im eigentlichen Sinn erst zum Menschen.

Totenfürsorge geht aber weit über die Bestattung hinaus. In traditionalen Kulturen werden die Toten gepflegt und bekleidet, teilweise wird der Leichnam aufwändig konserviert. Erste Hinweise auf Totenriten stammen aus dem Altpaläolithikum (vor 300 000–500 000 Jahren): Es gibt Schädel- und Knochenfunde die mit Ritzzeichen versehen worden sind, bereits seit dem anschließenden Mittelpaläolithikum hat man sie darüber hinaus an besonderen Stellen deponiert (vgl. Ullrich, 1991). Im Übergang vom Diesseits ins Jenseits, der häufig als Totenreise veranschaulicht wird, erhalten die Toten von den Angehörigen und religiösen SpezialistInnen Unterstützung. Die Toten bekommen beispielsweise Unterweisungen für das richtige Verhalten in diesem Zwischenzustand, die in speziellen Totenbüchern festgehalten sind, oder sie werden von einem Seelenführer/einer Seelenführerin ins Jenseits geleitet. Sie werden durch Opfer, Gebete, Seelenmessen unterstützt. Die Praxis des Totengedenkens beschränkt sich nicht nur auf die Zeit des Übergangs ins Jenseits, sondern umspannt meist Generationen. Der Kontakt zwischen Lebenden und Toten besteht in vielfältigen Formen der Kommunikation, die von Klage, Gespräch und Totenbesuchsfesten bis hin zur Totenbeschwörung reichen.

Tote, für die nicht gesorgt wird, werden zu unbefriedeten, ruhelosen Totengeistern. Viele Kulturen kennen Totengeister, die sich fordernd und hungrig in der Nähe ihres ehemaligen Hauses aufhalten und die Überlebenden bedrohen. Ein Nachklang dieser Angst findet sich in Märchen und Sagen aus vielen Teilen der Welt, die oft von ruhelosen Totengespenstern und auch den Möglichkeiten ihrer Befriedung erzählen. Als moderne Form der Totenbefriedung kann die therapeutische Methode der Familienaufstellung gedeutet werden. Verdrängte oder vernachlässigte Tote erhalten einen angemessenen Platz im Familiensystem, das dadurch von Störungen geheilt wird. Dass die Toten keine Aufmerksamkeit erhalten, ist ein modernes Phänomen. In den modernen Gesellschaften liegt das Hauptaugenmerk auf den Hinterbliebenen, die mit Trauertherapien unterstützt werden. Die Beziehung zu den Toten ist für viele Menschen nebulös geworden oder hat sich überhaupt aufgelöst.

Der moderne Individualisierungsschub hat auch Sterben und Tod zu einem Lebensabschnitt gemacht, der wie alle anderen mit vielen Wahlmöglichkeiten und Entscheidungen verbunden ist. Symptomatisch dafür ist der Song «I did it my way» von Frank Sinatra, der zu den «Top Ten» der populären Bestattungslieder zählt. Menschen wollen/sollen/müssen nicht nur ihren jeweils eigenen Tod sterben, sondern sogar ihre Bestattung mit individuell adaptierten Riten planen (lassen) – obwohl die Individualität deutliche Grenzen hat, da auch die rituellen Neuentwürfe mit bestimmten Struktur- und Gestaltungsvorgaben arbeiten (vgl. Halter, 2009). Seit einigen Jahren vollzieht sich jedoch nicht nur in den Abschiedsriten, sondern in der ganzen Bestattungskultur unter dem Leitmotiv Individualität ein radikaler Umbruch (vgl. Roland, 2006). Die vielfältigen alternativen Bestattungsangebote werben damit, den eigenen, individuellen Wünschen zu folgen (vgl. z.B. www.naturbestattung.at). Immer mehr Menschen suchen den letzten Ort eng korrespondierend mit der individuellen Biographie aus. Neben dem Lieblingsplätzchen im eigenen Garten kann ein Aussichtsort auf der Alm für den passionierten Wanderer oder ein letzter Segeltörn mit Seebestattung die treffende Wahl sein. Abgesehen von bestimmten gesetzlichen Vorgaben ist fast nichts unmöglich. Offen bleibt dabei, wohin die modernen Toten gehen. Die Bestattung bezieht sich zwar auf das individuelle Leben, weist aber kaum darüber hinaus. Die zahlreichen Internet-Gedenkseiten sorgen zumindest für virtuelle Präsenz und eine virtuelle Gedenkmöglichkeit.

Die Sorge für die Toten ist in der Moderne zumindest noch in Relikten anzutreffen. Was sich jedoch auf den ersten Blick oft der Vorstellungskraft entzieht, ist, dass die Toten ihrerseits auch für die Lebenden sorgen. In traditionalen Kulturen können sich die Toten nicht nur negativ als gefährliche Totengeister auf die Lebenden beziehen. Lebende und Tote bilden eine Solidargemeinschaft (Hasenfratz, 1998: 93 ff.): Totensorge ist kein einseitiges Unterfangen, auch die Lebenden erhalten Schutz, Hilfe und Förderung von den Toten. Die Toten schützen die Grenzen und wachen seit alter Zeit über die Wohnorte (deshalb finden sich Grabstätten oft in erhöhter Lage über einer Ansiedlung, vgl. Schlette, 1991: 11). Sie erteilen Rat in schwierigen Situationen und geben Anweisungen für ein gedeihliches Leben. Für viele ethnische Gesellschaften sind diese Vorstellungen nach wie vor ein fester Bestandteil der Realität, während sie sich für die aufgeklärten Menschen der Moderne eher abstrus anhören. Spuren von der Überzeugung, dass die Toten für die Lebenden sorgen, finden sich dennoch auch in modernen Gesellschaften. So verehren bis heute viele Menschen christliche Heilige – besondere Tote – als Nothelfer. Verwitwete Frauen holen sich für schwierige Entscheidungen Rat bei den verstorbenen Partnern. Unabhängig von traditionellen religiösen Bindungen glauben viele Eltern, die ihre Kinder verloren haben, dass die kleinen Toten nun als Schutzengel über sie wachen.

Spirituelle Suchbewegungen

Ein sicheres Wissen über das Jenseits gibt es nicht. Der Tod ist die Grenze des Wissens. Was bedeutet Sterben? Was ist der Tod? Ende des Lebens, Auflösung, Zerfall oder Übergang, Verwandlung, Befreiung, Neuanfang? Die Frage nach dem Jenseits des Todes ist in den modernen Gesellschaften fast peinlich geworden. Viele Menschen haben heute keine klaren Vorstellungen von einem Leben nach dem Tod, und zwar unabhängig davon, ob sie einer religiösen Tradition angehören oder nicht. Im Rahmen des Islam oder christlicher Erneuerungsbewegungen gibt es eine große Zahl von Gläubigen, die klare Jenseitskonzepte miteinander teilen. In den modernen, wissenschaftsgläubigen Gesellschaften Europas und in geringerem Ausmaß auch in anderen Erdteilen haben sich jedoch Skepsis und Zurückhaltung breitgemacht. Das Interesse an Jenseitsvorstellungen ist dennoch groß und nicht erst in den Lebenskrisen relevant, die durch eine schwere Erkrankung oder den Tod eines geliebten Menschen ausgelöst werden. Heute scheint es allerdings einfacher zu sein, sich diesem Thema auf dem Weg der Poesie, der Literatur, der Musik zu nähern als über die Vorstellungswelt der Religionen. Religion hat aber viel mit Poesie und Musik gemeinsam. Auch religiöse Jenseitsvorstellungen sind nicht als empirische Beschreibungen zu verstehen, sondern repräsentieren vor allem eine symbolische Wirklichkeit, die im Rahmen einer bestimmten Kultur entsteht und gedeutet wird. Viele Elemente eignen sich als Anknüpfungspunkte für moderne spirituelle Suchbewegungen.

Leben und Tod als Reise

In vielen Kulturen wird das Leben als eine Reise beschrieben, womit einerseits eine gewisse Heimatlosigkeit verbunden ist, andererseits auch eine stetige Weiterentwicklung impliziert sein kann. So vergleicht etwa der bedeutende islamische Theologe Al Ghazali (1058–1111 n. u. Z.) das Leben mit einem Rasthaus, einer Karawanserei, in die man für ein paar Tage einkehrt. Der Mensch muss nach seinem wahren Wesen streben und Antwort geben können auf die Fragen «was du bist, woher du kommst, wohin du gehst und zu welchem Zweck du für diese paar Tage in die Karawanserei gekommen bist» (Al Ghasali, 1996: 35). In den Religionen endet die Lebensreise meist nicht mit dem Tod. Der Tod wird eher als ein neuer radikaler Aufbruch betrachtet, der an den Menschen besondere Anforderungen stellt. Diese Reise nach dem Tod wird mit zahlreichen Bildern veranschaulicht. Da ist beispielsweise ein Fluss zu durchqueren, eine gefährliche Brücke zu überschreiten, an einer Wegkreuzung der richtige Weg zu wählen, verschiedene Gefahren und Hindernisse sind zu überwinden. Es gibt viele Beispiele dafür, wie die Hinterbliebenen die Toten auf ihrer Reise unterstützen können. So werden Münzen für den Fährmann (bekannt ist Charon aus der altgriechischen Mythologie, das Motiv gibt es öfter), Totenpässe, Jenseitsbeschreibungen und -karten oder Schutzamulette mit ins Grab gegeben. In vielen Kulturen erleichtern Schamanen und Schamaninnen die Reise ins Jenseits, indem sie die Verstorbenen persönlich führen. Meist wird dringend empfohlen, sich auf den Tod vorzubereiten – als weise gilt, wer ein Bewusstsein des Todes hat. Es ist ein menschheitsalter Impuls, den Toten in der sensiblen Phase des Übergangs besondere Aufmerksamkeit zu schenken und sie durch Riten wie die Totenwache, Opfer, Gebete, Grabbeigaben, Totenbücher oder auch durch persönliche Begleitung zu unterstützen.

Jenseitsreisen und Nahtoderfahrungen

Viele religiöse Traditionen berichten über Jenseitsreisen von Religionsstiftern, Heiligen, Visionären oder auch einfachen Menschen (vgl. Zaleski, 1993; Högl, 2000). Der Prototyp des Jenseitsreisenden ist der Schamane bzw. die Schamanin, der/die sich dadurch auszeichnet, dass er/sie in seiner/ihrer Initiationserfahrung dem Tod begegnet und die verschiedenen Welten (Erde, Oberwelt und Unterwelt) für ihn/sie durchlässig sind. Überlieferungen diverser Himmels- und Höllenfahrten gibt es in erstaunlicher Fülle. Sie beziehen sich auf Jenseitsreisende wie den jüdischen Patriarchen Henoch, den christlichen Propheten der so genannten Johannes-Offenbarung des Neuen Testaments, auf Mohammed oder Maudgalyayana, einen Jünger Buddhas, die von ihren Erfahrungen berichten. Meist haben die detailreichen Beschreibungen der jenseitigen Welten die Funktion, den Lebenden eine Orientierung zu geben, sie wachzurütteln und zu einem besseren Leben zu bewegen. Teilweise dienen die Jenseitsreisen auch jenen Toten, die sich in einem unerfreulichen Zustand befinden und der Hilfe bedürfen. Eine moderne Variante dieser quer durch die Religionen verbreiteten Jenseitsreisen sind die Nahtoderfahrungen. Diese Erfahrungen sind weltweit verbreitet, das öffentliche Interesse ist seit Jahrzehnten groß und zunehmend. Die Inhalte der Nahtoderfahrungen variieren je nach Kultur, religiöser Zugehörigkeit und Biographie. Da ausnahmslos jede Erfahrung aus Erlebnis und Deutung besteht, sind auch Nahtoderfahrungen geprägt von dem spezifischen Lebenskontext eines Menschen. Es gibt aber auch eindrucksvolle übereinstimmende Merkmale. Dazu gehören:

- die subjektive Gewissheit der Todesbegegnung
- eine außergewöhnliche, unalltägliche und intensive Erfahrung

- eine enorme Wachheit und Bewusstheit
- eine deutliche Erinnerung
- starke Emotionen und
- die Ich-Kontinuität (vgl. Knoblauch et al., 1999: 276 f.).

Seit den Forschungen von Raymond Moody (2002) in den 70er-Jahren des 20. Jahrhunderts haben insbesondere die Erlebnisse von Menschen, die schon im Koma lagen und dann wiederbelebt werden konnten, viel Aufsehen erregt. Ihre Berichte haben deutlich gemacht, dass das Sterben überwiegend nicht qualvoll und angstvoll, sondern freude- und lichterfüllt erfahren wird. Meist haben diese Erfahrungen einen bleibenden Eindruck hinterlassen und vor allem die Angst vor dem Sterben beseitigt. Trotzdem vertreten viele WissenschaftlerInnen skeptische oder agnostische Positionen, was den Aussagegehalt dieses Phänomens für ein Weiterleben nach dem Tod betrifft. Letztlich trage dies alles nur in einem geringen Ausmaß zur Klärung der Frage bei, was nach dem Tod geschieht. Denn keiner von denen, die man wieder ins Leben zurückgeholt hat, sei wirklich tot gewesen. Sie alle seien an der Grenze des Todes gestanden, aber die Schwelle des Todes hätten sie nicht überschritten. Eine empirisch-biologische Grundlage für den Glauben an ein Leben nach dem Tod stellten die Nahtoderfahrungen daher nicht dar (vgl. dazu die Beiträge von Blackmore, 1999; Kelly et al., 1999 und Thiede, 1999). Allerdings sind auch die wissenschaftlichen Erklärungen für dieses Phänomen nicht befriedigend. Es gibt den Versuch, neurologische, psychologische sowie kultur- und sozialwissenschaftliche Erklärungen zu einem anthropologischen Erklärungsansatz zusammenzufassen (vgl. Knoblauch et al., 1999), der die Nahtoderfahrung als Produkt des menschlichen Bewusstseins versteht. Die These lautet, dass das gesellschaftlich kultivierte Wissen über den Tod, das soziokulturelle Deutungsmuster des Todes, einen eigenen Bewusstseinszustand auslöst, der als Nahtoderfahrung beschrieben wird. Diese Erfahrungen geben demnach nicht Auskunft über das Jenseits, sondern über den Sinngehalt des Todes. In diesem Zusammenhang wird die heutige Todesnähe-Erfahrung zur kulturellen Mode erklärt, die sich in die Gewänder der zeitgenössischen populären Religiosität kleidet.

Im Hintergrund der verschiedenen wissenschaftlichen Erklärungsansätze steht eine Frage, die selten thematisiert wird, weil viele die Antwort fraglos voraussetzen: Was ist das menschliche Bewusstsein und in welcher Beziehung steht es zur Materie bzw. zum Gehirn? Ein Paradigma von Wissenschaft, das die Wirklichkeit auf die Beschreibung empirisch messbarer Phänomene reduziert, versucht auch Erfahrungen, die das Alltagsbewusstsein übersteigen, im Rahmen eines materialistischen Weltbildes zu erklären. Nicht zuletzt angesichts moderner naturwissenschaftlicher Erkenntnisse sind allerdings auch andere Wissenschaftsparadigmen denkbar (vgl. u. a. Dürr, 2011; Pietschmann, 2013). Der niederländische Kardiologe Pim van Lommel (2009) ist ein prominenter Vertreter jener Nahtod-ForscherInnen, die sich in eigenen Studien um Nachweise für die außerkörperliche Wahrnehmung bemühen. Er ist überzeugt davon, dass ein wissenschaftlicher Neuansatz nötig ist, der die Wirklichkeit nicht auf die Wahrnehmung messbarer und beliebig reproduzierbarer Phänomene reduziert. Auf der Basis seiner Studien und neuerer Erkenntnisse der neurophysiologischen Forschung kommt er zu dem Schluss, dass das Bewusstsein unabhängig vom Körper existiert und mit dem Tod nicht endet. Wenn sich an dieser Stelle auch die Geister der ForscherInnen scheiden, so sind Nahtoderfahrungen aus der Perspektive der Religionsgeschichte jedenfalls mystische Erfahrungen, die die Alltagswirklichkeit transzendieren. Sie liefern zwar im herkömmlichen Wissenschaftsverständnis keine empirischen Beweise für ein Leben nach dem Tod, aber es handelt sich um außergewöhnliche Bewusstseinszustände, die vielleicht in der Grenzsituation des Todes die Türen für eine andere Wahrnehmung der Wirklichkeit öffnen. Diese Erfahrungen belegen jedenfalls, dass Menschen in der Extremsituation der subjektiven Todesbegegnung in eine zutiefst religiösethische Dimension eintauchen, die ihre Einstellung zum Leben und zum Tod nachhaltig beeinflusst.

Totengericht

Die Idee eines gerechten Ausgleichs für das irdische Handeln im Jenseits führt häufig zu der Vorstellung von einem Totengericht. Das damit verbundene Motiv der Seelenwaage findet sich nicht nur im Alten Ägypten, sondern auch in Persien, in Ostasien und genauso im christlichen Europa. Ein wichtiges Element vieler Nahtoderfahrungen ist der wertende Rückblick auf das eigene Leben, der als eine moderne Variante des Totengerichts in Form der demaskierenden Begegnung mit sich selbst interpretiert werden kann. Neben der Fülle positiv besetzter Nahtoderfahrungen tauchen teilweise negative Berichte auf. Sie beinhalten unterschiedliche Beschreibungen bedrohlicher Situationen sowie regelrechte Höllenbilder und stehen in der Tradition der Unterweltfahrten der Religionsgeschichte (vgl. Schröter-Kunhardt, 2006). Damit vergleichbar sind auch die dämonischen Begegnungen im Zwischenzustand zwischen Tod und endgültiger Befreiung aus dem Geburtenkreislauf oder aber neuerlicher Reinkarnation, die im tibetanischen Totenbuch beschrieben werden. Aus buddhistischer Perspektive begegnet der Mensch in diesen Erlebnissen den eigenen Ängsten und Schattenseiten. Die Dämonen gelten als Projektionen des eigenen Bewusstseins.

Jenseits und Reinkarnation

Reinkarnationsvorstellungen stehen im Kontext einer bestimmten Kultur und Religion. Näher besehen erweisen sie sich häufig als sehr verschieden und höchst kompliziert. Sachlich meint die *reincarnatio* (Wiederverkörperung) das Übergehen der Seele/des Bewusstseins/des geistigen Grundprinzips beim Tod aus einem Körper in einen anderen. Oft werden die Begriffe Seelenwanderung oder Wiedergeburt synonym verwendet, wobei es nicht immer eine Seele ist, die wandert (z. B. im Buddhismus). In diversen Umfragen hat die Bezeichnung Wiedergeburt auch zu wenig brauchbaren Ergebnissen geführt, weil sie mit der christlichen Vorstellung der Wiedergeburt (durch die Taufe) verwechselt worden ist, die eine geistige Erneuerung und nicht eine Wiederverkörperung meint. Im Kern bedeutet Reinkarnation eine Bewegung, die vom Leben durch den Tod in den Bereich des Lebens zurückführt. Verschieden beantwortet wird unter anderem die Möglichkeit der Einkörperung in nichtmenschliche Lebensformen sowie die Frage der Zeitabstände zwischen den Reinkarnationen. Eng verbunden mit vielen Reinkarnationsvorstellungen ist die Idee des Karma, das als Steuerungsprinzip fungiert. Der Begriff *karman* (Tun, Handeln) stammt ursprünglich aus den religiösen Traditionen Südasiens und meint die Summe der Taten eines Menschen, sowohl die in vergangenen Leben angehäuften als auch die aktuell hinzukommenden. Karma prägt die Bewusstseinsqualität eines Menschen, nach der sich die Art der weiteren Reinkarnationen richtet. Mittlerweile hat sich dieser Begriff einen Platz im Sprachschatz vieler westlicher Kulturen erobert.

Grundsätzlich gibt es Reinkarnationsvorstellungen jedoch nicht nur im Bereich der Religionen, die in Indien entstanden sind, sondern ebenso in verschiedenen Stammeskulturen Afrikas, in der griechischen Antike (z. B. bei Pythagoras und Plato), in Randtraditionen des Judentums, des Christentums und des Islams. Die Vorstellung von der Wiedergeburt findet sich in der Kabbalah, der jüdischen Mystiktradition und bei christlichen Glaubensbewegungen im Mittelalter, beispielsweise bei den Katharern, die als Ketzer verfolgt wurden. Auch die Aleviten, die sich aus dem schiitischen Zweig des Islam heraus entwickelt haben, glauben an eine Seelenwanderung. In Europa hat die Idee der Reinkarnation zwar lange historische Wurzeln, ist aber besonders in der jüngeren Geistesgeschichte für eine wachsende Zahl von Menschen bedeutsam geworden (vgl. Zander, 1999). Im deutschen Sprachraum setzen sich meinungsbildende Philosophen und Schriftsteller, wie Lessing, Herder, Goethe und Schopenhauer, mit der Reinkarnationsidee auseinander und tragen zu ihrer Popularisierung bei. Die steigende Popularität der Reinkarnationsidee im modernen Europa steht – abgesehen von den unterschiedlich einflussreichen Traditionen seit der Antike – vor allem im Zusammenhang mit der Verbreitung hinduistischer und buddhistischer Religiosität und dem Aufkommen neugnostisch-esoterischer Bewegungen an der Wende vom 19. zum 20. Jahrhundert (wie Theosophie, Anthroposophie, Rosenkreuzer oder Gralsbewegung).

Reinkarnationsvorstellungen spielen in den modernen westlichen Gesellschaften keine Außenseiterrolle, sondern bilden längst ein kulturelles Sediment. Der Blick auf die Alltagssprache, Medien und Literatur verdeutlicht, wie stark diese Idee im öffentlichen Bewusstsein präsent ist. Wer hat nicht schon einmal gehört, dass mit Aussagen gespielt wird wie: «Im früheren Leben war ich sicher...» oder «Im nächsten Leben werde ich ... sein». Dies spricht eine deutliche Sprache. Viele Filme und Werbungseinschaltungen bedienen sich des Motivs der Wiederverkörperung – besonders beliebt ist es bei der Autoindustrie (z. B. www.sportauto.de/marken/news/dodge-viper-comeback-als-srt-reinkarnation-der-us-sportwagenikone-3233220.html, Zugriff: 20.04.2013). Der Bestseller «Mieses Karma» von David Safier (2011) ist eines von zahlreichen Büchern, die der Reinkarnation einen selbstverständlichen Platz im kulturellen Erzählzusammenhang einräumen.

Seit Jahren dokumentieren verschiedene Umfragen (jüngst die Europäische Wertestudie 2008, vgl. EVS, 1990–2008), dass etwa ein Viertel der europäischen Bevölkerung an die Reinkarnation glaubt. Dieser hohe Prozentsatz zeigt, dass Reinkarnationsvorstellungen in modernen westlichen Gesellschaften keine Außenseiterrolle – etwa im Bereich esoterischer Subkulturen – spielen, sondern zu den fest etablierten religiösen Vorstellungen zählen. Frauen haben fast durchwegs höhere Werte und in den jüngeren

Generationen ist der Reinkarnationsglaube tendenziell stärker ausgeprägt als bei den über 60-Jährigen.

Die Reinkarnationsvorstellung muss heute zu den Kennzeichen der «Religion der Moderne» gezählt werden, die in verschiedenen Formen einer individuellen Religiosität ohne bestimmte religiöse Zugehörigkeit, im Rahmen einer neureligiösen Bewegung bzw. auch im Rahmen traditioneller Religionszugehörigkeit – etwa der christlichen Konfessionen – verortet ist. Diese moderne westliche Variante des Glaubens an eine Wiederverkörperung hat verschiedene Wurzeln, kopiert aber nicht nur östliche Vorstellungen. Der moderne westliche Reinkarnationsglaube besitzt auch ein charakteristisches, eigenes Profil (vgl. Sachau, 1996). Was sich die Menschen, die von Reinkarnation überzeugt sind, genau erwarten, ist schwer zu beschreiben, weil die Vorstellungen stark individualisiert und teilweise sehr vage sind. Aber auch dort, wo die Reinkarnationsidee konkretisiert wird, wie in den Schriften des so genannten New Age (ein Sammelbegriff für vielfältige neugnostisch-esoterische Bewegungen), ist sie nicht einheitlich. So findet sich die Vorstellung von wiederholten Erdenleben genauso wie die Wiedergeburt auf anderen Planeten, die Vorstellung von der Reinkarnation einer unsterblichen Seele oder die eines davon unterschiedenen geistigen Wesenskerns. Vorherrschender Grundgedanke ist, dass die Reinkarnation im Dienst der seelisch-geistigen Vervollkommnung des Menschen steht. Den konzeptuellen Rahmen für diese Reinkarnationsvorstellung bildet die der naturwissenschaftlichen Evolutionstheorie nachgebildete Vorstellung einer geistigen Evolution auf individueller und menschheitlicher Ebene.

Im Unterschied zu den traditionellen hinduistischen und buddhistischen Reinkarnationsmodellen, die den Geburtenkreislauf überwiegend als Verhängnis betrachten und den leidhaften Charakter des Rades der Wiedergeburten betonen, ist das in mancher Hinsicht durchaus originelle westliche Reinkarnationsmodell gekennzeichnet durch die optimistische und als lustvoll erlebte Vorstellung der persönlichen Entwicklung. Das vorherrschende Zeitschema ist das einer Spirale, die mit dem Motiv des zielgerichteten Lernens und Reifens gut verknüpfbar ist (vgl. Bochinger, 1996: 130 ff.). Die Plausibilität der Reinkarnationsidee verstärkt sich durch die funktionale Übereinstimmung mit dem modernen Lebensgefühl der Vorläufigkeit, Wechselhaftigkeit und Mobilität. Die Tendenz, die Reinkarnation grundsätzlich als Chance für den Menschen zu betrachten, macht sich zwar auch bei modernen hinduistischen und buddhistischen Denkern bemerkbar, allerdings führt der hohe Stellenwert, den Individualität und Ich-Bewusstsein im modernen westlichen Reinkarnationsmodell einnehmen, zu einer scharfen Abgrenzung. So gilt etwa aus buddhistischer Perspektive das populäre Reinkarnationsverständnis im Westen als Orgie unerleuchteter Ich-Sucht. Womit eine der offenen Kernfragen der Reinkarnationsvorstellung zur Diskussion steht: Wer oder was verkörpert sich eigentlich wieder? Diese schwierige Frage nach der Identität hat Wilhelm Busch im folgenden Gedicht auf den Punkt gebracht und zugleich relativiert:

Die Lehre von der Wiederkehr
ist zweifelhaften Sinns.
Es fragt sich sehr, ob man nachher
noch sagen kann: Ich bin's.

Allein was tut's, wenn mit der Zeit
sich ändert die Gestalt?
Die Fähigkeit zu Lust und Leid
vergeht wohl nicht so bald.

(Busch, 1960: 416 f.)

Jenseits, Raum und Zeit

Die räumlichen Jenseitsvorstellungen hängen mit kulturell unterschiedlichen Weltbildern zusammen. Wenn Orte beschrieben werden, so handelt es sich um Symbolwelten, die menschliches Erleben, Ahnen, Fühlen und Sehnen in sprachliche Formen gießen. Teilweise wird ein «Oben» und «Unten» unterschieden, häufig existiert diese Unterscheidung aber gar nicht und die Raum-Zeit-Struktur ist aufgehoben. Der Begriff Jenseits bezieht sich dann nicht auf Orte, sondern auf Bewusstseinszustände. Insbesondere die mystischen Texte aus verschiedenen religiösen Überlieferungen zeigen, dass jenseitige Paradiese und Straforte einen symbolischen Charakter haben. So belegen etwa die bekannten Verse des christlichen Mystikers und Dichters Angelus Silesius (1624–1677), dass die grob-räumliche Vorstellung von Himmel und Hölle relativ ist:

Halt an, wo läufst du hin? Der Himmel ist in dir;
Suchst du ihn anderswo, du fehlst in für und für. (I, 82).
Der Himmel ist in dir und auch der Höllen Qual:

> *Was du erkiest und willst, das hast du überall. (I, 145).*
> *Mensch, wird das Paradeis in dir nicht erstlich sein,*
> *So glaube mir gewiss, du kommest nimmer rein. (I, 295).*
> *Christ schätze dir die Reis' in Himmel nicht so weit,*
> *Der ganze Weg hinein ist keines Schrittes breit. (V, 67).*
> *Der Weise, wenn er stirbt, begehrt in Himmel nicht,*
> *Er ist zuvor darin, eh' ihm das Herze bricht. (V, 68).*
>
> (Angelus Silesius, 2011: 42; 51; 72; 103).

Viele Mystiker und Mystikerinnen beschreiben das Jenseits im Hier und Jetzt, in diesem Augenblick. Diese bewusste Erfahrung des Jenseits, der Transzendenz führt meist zu einer anderen Wahrnehmung des Diesseits, zu Veränderungen im irdischen Leben. Auch Menschen, die die Todesnähe erlebt haben, berichten von einer anderen Einstellung zum Leben und zum Tod. Viele von ihnen behaupten, dass sie die Angst vor dem Tod verloren hätten. Entgegen aller Logik scheinen Leben und Tod zusammenzugehören und untrennbar miteinander verbunden zu sein. Von dieser Perspektive ist auch das Buch «Momo» von Michael Ende geprägt. Die Erzählung ist nicht nur ein Kinderbuch, sondern liest sich wie eine vielschichtige Parabel auf die moderne Gesellschaft und ermöglicht eine Fülle von Deutungen. «Momo» eröffnet auch einen wunderbar leisen, poetischen Zugang zu Spiritual Care. Momo ist ein ungewöhnliches kleines Mädchen, dessen große Stärke im aktiven Zuhören, einer einmaligen Präsenz besteht, die den Menschen, die sie umgeben, ermöglicht, wesentlich und authentisch zu sein. Sie passt nicht ins Konzept der Zeitdiebe, jener grauen Männer, die den Menschen die Lebenszeit unter dem Vorwand der größeren Effizienz und Wirtschaftlichkeit stehlen. Die grauen Männer geben ein gutes Symbol ab für Fallpauschalen, Abrechnungsziffern, Qualitätskontrolle und Evaluation. Momo flüchtet vor ihren Verfolgern an einen Ort, wo die Zeit herkommt, in das Haus des Meisters Hora. Meister Hora mit dem sprechenden Namen «Stunde» ist der Herr der Zeit und identisch mit dem Tod. Zeit ist offenbar nicht Geld, sondern Tod. Die Zeit bringt den Menschen den Tod Stunde um Stunde näher. Zeit weist aber letztlich über sich und damit über den Tod hinaus. Im Dialog zwischen Momo und Meister Hora geht es um diese transzendente Dimension der Zeit, die mit dem Herzen erfahrbar ist:

> *«Denn so wie ihr Augen habt um das Licht zu sehen und Ohren um Klänge zu hören, so habt ihr ein Herz um damit die Zeit wahrzunehmen. Und alle Zeit, die*

nicht mit dem Herzen wahrgenommen wird, ist so verloren wie die Farben des Regenbogens für einen Blinden oder das Lied eines Vogels für einen Tauben. Aber es gibt leider blinde und taube Herzen, die nichts wahrnehmen, obwohl sie schlagen.»

«Und wenn mein Herz einmal aufhört zu schlagen?», fragte Momo.

«Dann», erwiderte Meister Hora, «hört auch die Zeit für dich auf, mein Kind. Man könnte auch sagen, du selbst bist es, die durch die Zeit zurückgeht, durch alle deine Tage und Nächte, deine Monate und Jahre. Du wanderst durch dein Leben zurück, bis du zu dem großen runden Silbertor kommst, durch das du einst hereinkamst. Dort gehst du wieder hinaus.»

«Und was ist auf der anderen Seite?»

«Dann bist du dort, wo die Musik herkommt, die du manchmal schon ganz leise gehört hast. Aber dann gehörst du dazu, du bist selbst ein Ton darin.»

Er blickt Momo prüfend an. «Aber das kannst du wohl noch nicht verstehen?»

«Doch», sagte Momo leise, «ich glaube schon.» ... und sie fragte: «Bist du der Tod?»

Meister Hora lächelte und schwieg eine Weile, ehe er antwortete: «Wenn die Menschen wüssten, was der Tod ist, dann hätten sie keine Angst mehr vor ihm. Und wenn sie keine Angst mehr vor ihm hätten, dann könnte niemand ihnen mehr die Lebenszeit stehlen.»

(Ende, 2005: 176 f.).

Jenseits und Identität

In den religiösen Traditionen herrscht keine Einigkeit über die Frage, in welcher Form der Mensch nach dem Tod weiterlebt. Zu verschieden sind die Vorstellungen darüber, woraus der Mensch besteht und was sein eigentliches Wesen ausmacht. Klar ist nur, dass sich der Mensch nicht in seinen materiellen Bestandteilen erschöpft. Religionen und jenseitsgläubige Menschen geben bis heute ganz verschiedene Antworten auf die Frage, ob es ein individuell-personales Weiterleben nach dem Tod gibt. Im Prinzip beruht der Hauptunterschied darauf, ob sich die Erfahrung der Einheit oder der Beziehung bestimmend für die Vision der nachtodlichen Existenz auswirkt. Je nach Schwerpunkt lassen sich die Aussagen der Mystiker und Mystikerinnen in verschiedenen religiösen Traditionen als Einheitsmystik oder als Liebesmystik deuten. Liegt der Fokus auf dem Erleben der Einheit von menschlicher Essenz und göttlicher Macht, werden Ich und Du in der Sprache der Mystik zu austauschbaren Kategorien. So beschreibt die junge Mystikerin Akkamahadevi, die im 12. Jahrhundert nach unserer Zeitrechnung in Karnataka, im Südwesten Indiens gelebt hat, ihre Gotteserfahrung mit den folgenden Worten:

Nachdem mein Körper Du selbst geworden ist,
wem könnte ich dienen?
Nachdem mein Denken Du selbst geworden ist,
wen könnte ich anrufen?
Nachdem mein Atem Du selbst geworden ist,
wen könnte ich anbeten?
Nachdem mein Bewusstsein in Dir verloren ging,
wen könnte ich erkennen?
Indem ich Du selbst in Dir geworden bin,
o Herr-weiß-wie-Jasmin,
habe ich Dich durch Dich vergessen!

(Vacana 223)
(Akkamahadevi, 1973: 109, übers. v. der Autorin)

Hier dominiert die Erfahrung, der untrennbare und ununterscheidbare Teil eines Ganzen zu sein. Diesem Verständnis entspricht das liebste Todesbild der evangelischen Theologin Dorothee Sölle (1929–2003), nämlich ein Tropfen im Meer der Liebe Gottes zu werden. Das Beharren auf individueller Unsterblichkeit war für sie ein Ausdruck menschlicher Ego-Sucht. Auch der für sein Interesse an Spiritualität bekannte Quantenphysiker Hans-Peter Dürr betrachtet sich als Welle im Meer des kosmischen Geistes. Er spricht von einem unvergänglichen mystischen Ich und von einem vergänglichen individuellen Ich, das er mit den Schaumkronen des Meeres vergleicht. Wir haben schon so etwas wie ein Fortleben, meint er, «aber nicht in dem Sinne, dass hier irgendwo notiert wird: Dies sind die Schaumblasen von Hans-Peter! Welchen Sinn sollte diese Buchhaltung haben?» (vgl. Dürr, 2004: 103).

Die Aussagen der Liebesmystik hingegen leben von der Spannung zwischen einem Ich und einem Du, die auch im Rahmen der Einheitserfahrung aufrecht bleibt. Insofern Begegnung und Beziehung einer Differenzierung bedürfen, wird an der persönlichen, unverwechselbaren Gestalt des einzelnen Menschen festgehalten. Individuelle Unsterblichkeit ist dann weniger ein Ausdruck von Ego-Sucht als eine Forderung der Liebe. Das gilt für die Beziehung des Menschen zu Gott genauso wie für die zwischenmenschlichen Beziehungen. Der Philosoph Gabriel Marcel hat den oft zitierten Satz geprägt: «Einen Menschen lieben, heißt ihm sagen: ‹Du aber wirst nicht sterben!›» (Marcel, 1952: 472). Hier geht es zunächst um das Versprechen, den geliebten Menschen gegenwärtig zu halten. In den meisten Kulturen sind es die Frauen, die die Beziehung zu den Toten aufrechthalten. Das trifft im Übrigen auch für Hospizbewegung und Palliative Care zu, die sich überwiegend aus Frauenhänden entfalten. In traditionalen Kulturen quer durch die ganze Welt sind mehrheitlich Frauen für die Totenklage zuständig. Diese ist ein universaler Ausdruck der Solidarität mit den Lebenden und den Toten, sie bildet eine Brücke zwischen den Lebenden und den Toten (vgl. Heller, 2006). Auch hier steht zunächst die Erfahrung der Einheit und der Verbindung zwischen den Lebewesen im Vordergrund, mindestens genauso wichtig ist aber die Solidarität und Verbundenheit mit einer unverwechselbaren Person. Wenngleich vor allem Frauen in einer Art Aufgabenteilung zwischen den Geschlechtern die Beziehung zu den Toten bewahren, ist dieser Brückenschlag grundsätzlich allen Menschen möglich. Es sind vor allen anderen Menschen die Liebenden und die Eltern, die ein Kind verloren haben, die den Tod nicht als Trennung akzeptieren wollen.

> *Wie ich dich liebe? Laß mich zählen wie.*
> *Ich liebe dich so tief, so hoch, so weit,*
> *als meine Seele blindlings reicht, wenn sie*
> *ihr Dasein abfühlt und die Ewigkeit [...]*
> *Mit allem Lächeln, aller Tränennot*
> *Und allem Atem. Und wenn es Gott gibt,*
> *will ich dich besser lieben nach dem Tod.*
>
> (Sonnet aus dem Portugiesischen XLII).
> (Barrett-Browning, 2006: 93).

In diese Worte kleidet Elisabeth Barrett-Browning (1806–1861) die Liebe zu dem Mann, der sie trotz chronischer Krankheit heiratet und dem Leben Jahre eines erfüllten Zusammenlebens für seine Frau und sich selbst abtrotzt.

Trauernde Eltern berichten häufig von Erfahrungen der konkreten Verbundenheit und Nähe mit ihren verstorbenen Kindern über den Tod hinaus. Zwei Monate nach dem Tod seiner neunjährigen Tochter im Jahre 1942 schrieb Stefan Andres an einen Freund:

> *Wie bedaure ich es heute, der lieben Mechthild nicht noch mehr Vater gewesen zu sein, wie viel Ungeduld, Missverstehen und Gleichgültigkeit für Stunden musste*

sie ertragen – und ging dann fort. Aber es ist seltsam: nun ist sie immer bei mir. Ich bin eigentlich nie mehr allein. Besonders wenn ich unter dem Sternenhimmel einsam dahingehe und übers Meer ausblicke, wie nach einem andern Ufer: immer ist es mir, als ginge sie neben mir und stecke mir ihr stilles blondes Köpfchen mit den ernsten blauen Augen unter den Arm.

(Zitiert nach Groben, 2002: 397)

Erst in jüngster Zeit hat sich – vor allem im Internet – eine Trauerkultur von Eltern entwickelt, die sich mit dem Verlust eines Kindes vor, während oder bald nach der Geburt auseinandersetzen. Das Ineinanderfallen von Geburt und Tod öffnet die Lebensgrenzen in zwei Richtungen und stellt eine besondere Erfahrung des Außeralltäglichen dar. Im Prozess der Sorge um ihr totes Kind entwickeln viele Eltern ihr spirituelles Leben. Hilfreich für das Verstehen der Spiritualität trauernder Eltern ist ein Blick auf die zahlreichen Internet-Gedenkseiten (vgl. z. B. www.schmetterlingskinder.de oder www.land-der-sternenkinder.de). Häufig verwendete Symbole sind Engel, Sterne, Schmetterlinge, Marienkäfer, weiße Vögel, Blumen, aber auch Einhörner und Elfen. In den Texten wird die Präsenz der verstorbenen Kinder betont (dein Name bleibt; du lebst in meinen Träumen fort; du bist mir immer nah; du bist im Sonnenlicht, im Wind, im Regen). Zitiert werden Weisheiten, Gebete, Gedichte aus verschiedenen Kulturen, die zu dieser Wahrnehmung passen. Viele Eltern sind offensichtlich überzeugt vom Weiterleben ihres Kindes und drücken das in verschiedenen Bildern aus (z. B. Himmel, Stern, Engel bei Gott, Land hinter dem Wind). Die Verbindung zum Kind ist nicht auf eine befristete Trauerphase beschränkt, sondern bleibt in vielen Fällen erhalten. Das tote Kind erhält einen festen Platz, wird als Wegbegleiter, Schutzengel erlebt. Zahlreiche Mütter und auch Väter stehen in einem andauernden inneren Dialog mit dem verstorbenen Kind.

Das Jenseits bildet zwar eine Grenze für das Wissen, aber nicht für die Liebe. Es ist die Liebe, die über die Grenzen des Todes hinausweist. In der ekstatischen Erfahrung der Liebenden ebenso wie in der Schutzgeste der Mutter oder des Vaters gegenüber ihrem Kind. Im Hintergrund dieser Schutzgeste steht in vielen alten Kulturen eine göttliche Macht. In den großen Religionen der Gegenwart trägt sie teilweise dominant männliche Züge, wie im Judentum, Christentum oder Islam. Allerdings ist es im Christentum vor allem die Gottesmutter Maria, die seit Jahrhunderten für viele Menschen eine Schlüsselrolle an der Todesgrenze einnimmt. Hinduistische und buddhistische Traditionen sind reich an weiblichen, häufig mütterlichen, göttlichen Gestalten, die im Befreiungsprozess eine herausragende Bedeutung haben. Älter als diese weibliche religiöse Symbolik sind die weitverbreiteten Vorstellungen einer göttlichen Erdmutter. Diese Vorstellung zählt zu den ursprünglichsten religiösen Ideen der Menschheit. Die personifizierte Mutter Erde ist der Inbegriff einer kosmischen göttlichen Mutter, die ihre Kinder hervorbringt, erhält und wieder in sich aufnimmt, um ihnen neues Leben zu verleihen. Die frühgeschichtliche Hockerbestattung wird als Nachahmung der embryonalen Haltung gedeutet – die Toten werden im Schoß der Mutter beerdigt und mit roter Farbe, dem Symbol des Lebens bestrichen. In diesem Licht drückt die Bestattung der Toten nicht nur Pietät und Menschlichkeit aus, sondern kann darüber hinaus als Sorge für die Ermöglichung eines neuen Lebens gedeutet werden.

Autorin/Autor

Birgit Heller wurde am 20.12.1959 in Salzburg geboren, ist seit 1993 mit Andreas Heller verheiratet und Mutter zweier gemeinsamer Töchter. Nach Studien in Philosophie, klassischer Philologie, Theologie, Altorientalistik und Indologie in Salzburg und Wien Promotion 1988 in Theologie; in den folgenden Jahren mehrere Studien- und Forschungsaufenthalte in Indien; im Jahre 1998 Habilitation an der Sozial- und Geisteswissenschaftlichen Fakultät der Universität Hannover mit einer Studie über die Stellung von Frauen in modernen hinduistischen Bewegungen für das Fach Religionswissenschaft. Von 1985 bis 1999 Assistentin am Institut für Religionswissenschaft der Katholisch-Theologischen Fakultät der Universität Wien, seit 1999 dort als Professorin tätig (Schwerpunkt: vergleichende Religionsforschung); darüber hinaus seit vielen Jahren Konsulentin am Institut Palliative Care und Organisationsethik der IFF-Fakultät der Universität Klagenfurt und Lehrbeauftragte im Masterstudium Palliative Care (interreligiöse und spirituelle Dimensionen von Palliative Care). Zahlreiche Publikationen (zuletzt: Wie Religionen mit dem Tod umgehen. Grundlagen für die interkulturelle Sterbebegleitung, erschienen im Lambertus-Verlag) und internationale Vortrags- und Gutachtertätigkeit.

Andreas Heller wurde am 16.05.1956 in Meschede (Sauerland, NRW) geboren, ist seit 1993 mit Birgit Heller verheiratet und Vater zweier gemeinsamer Töchter. Nach Studien in Theologie, Philosophie, Soziologie, Gesundheits- und Pflegewissenschaft, Neuerer Deutscher Literaturwissenschaft und Organisationsentwicklung in Bonn, Würzburg, Passau, Wien, Dublin, Bogota und Manila Promotion und Habilitation in Wien; zunächst Arbeit am Institut für Pastoraltheologie der Universität Wien, seit 1990 an der jetzigen IFF-Fakultät, erst im Bereich Gesundheit und Organisationsentwicklung, seit 1998 Aufbau des jetzigen Instituts Palliative Care und Organisationsethik sowie interdisziplinäre Forschungs-, Beratungs- und Weiterbildungstätigkeit. Leiter des interdisziplinären DoktorandInnenkollegs und des internationalen Masterstudiengangs Palliative Care sowie anderer Weiterbildungsstudiengänge; zahlreiche Publikationen, u. a. Hauptherausgeber der Reihe Palliative Care und Organisationsethik im Lambertus-Verlag (1999 ff., 24 Bde.), geschäftsführender Herausgeber der internationalen Zeitschrift Praxis Palliative Care, Mitglied des Beirats der Österreichischen Palliativgesellschaft, des wissenschaftlichen Beirats des Deutschen Hospiz- und Palliativverbandes und dort im Stiftungsrat, Mitglied des Beirats der Robert Bosch Stiftung: Projekt für alte Menschen, internationale Gutachter- und Vortragstätigkeit.

Literaturverzeichnis

Akkamahadevi (1973): *Vacanas,* trans. by Menezes, Armando. Dharwar: Manohar Appasaheb Adke [zuerst: ca. 12. Jh. n. u. Z.].

Al Ghasali (1996): *Das Elixier der Glückseligkeit,* übers. v. Ritter, Helmut. 6. Auflage. München: Diederichs [zuerst: 12. Jh. n. u. Z.].

Allemand, Mathias; Martin, Mike (2007): Religiöse Ressourcen im Alter. In: Kunz, Ralph (Hrsg.): *Religiöse Begleitung im Alter. Religion als Thema der Gerontologie.* Zürich: Theologischer Verlag Zürich, 25–43.

Angelus Silesius (2011): *Cherubinischer Wandersmann.* Textauswahl und Kommentar v. Wehr, Gerhard. Wiesbaden: marixverlag [zuerst: 1657].

Antonovsky, Aaron (1997): *Salutogenese: Zur Entmystifizierung der Gesundheit* (= Unraveling the Mystery of Health, 1987, dt.). Tübingen: Dt. Ges. f. Verhaltenstherapie.

Aśvaghoṣa (1984): *Buddhacarita. Acts of the Buddha.* Sanskrit Text with English Translation, trans. by Johnston, Edward H. Delhi: Motilal Banarsidass (zuerst: ca. 1./2. Jh. n. u. Z.).

Baier, Karl (2006): Unterwegs zu einem anthropologischen Begriff der Spiritualität. In: Baier, Karl (Hrsg.): *Spiritualität und moderne Lebenswelt.* Wien: LIT Verlag, 21–42.

Baier, Karl (2009): *Meditation und Moderne. Zur Genese eines Kernbereichs moderner Spiritualität in der Wechselwirkung zwischen Westeuropa, Nordamerika und Asien,* 2 Bde. Würzburg: Königshausen & Neumann.

Baier, Karl; Winter, Franz (Hrsg.) (2013): *Altern in den Religionen.* Wien: LIT Verlag.

Barker, Eileen (2008): The church without and the God within: religiosity and/or spirituality? In: Barker, Eileen (ed.): *The Centrality of Religion in Social Life.* Aldershot, Hampshire: Ashgate, 187–202.

Barrett-Browning, Elizabeth (2006): *Liebesgedichte,* Englisch und Deutsch, übertragen v. Rilke, Rainer Maria. Frankfurt a. M.: Insel Verlag.

Beck, Ulrich (2008): *Der eigene Gott: Von der Friedensfähigkeit und dem Gewaltpotential der Religionen.* Frankfurt a. M.: Verlag der Weltreligionen im Insel Verlag.

Bergmann, Anna (2004): *Der entseelte Patient. Die moderne Medizin und der Tod.* Berlin: Aufbau-Verlag.

Bertelsmann Stiftung (Hrsg.) (2009): *Woran glaubt die Welt? Analysen und Kommentare zum Religionsmonitor 2008.* Gütersloh: Verlag Bertelsmann Stiftung.

Beyer, Sigrid (2008): *Frauen im Sterben. Gender und Palliative Care.* Freiburg i. Br.: Lambertus.

Bischof, Marco (2010): *Salutogenese. Unterwegs zur Gesundheit. Neue Gesundheitskonzepte und die Entfaltung einer Integrativen Medizin.* Klein Jasedow: Drachen Verlag.

Blackmore, Susan (1999): Neurophysiologische Erklärungen der Nah-Todeserfahrung. In: Knoblauch, Hubert; Soeffner, Hans-Georg (Hrsg.): *Todesnähe. Wissenschaftliche Zugänge zu einem außergewöhnlichen Phänomen.* Konstanz: UVK Universitätsverlag, 37–64.

Bochinger, Christoph (1994): *«New Age» und moderne Religion. Religionswissenschaftliche Analysen.* Gütersloh: Kaiser.

Bochinger, Christoph (1996): Reinkarnationsidee und «New Age». In: Schmidt-Leukel, Perry: *Die Idee der Reinkarnation in Ost und West.* München: Diederichs.

Bochinger, Christoph; Engelbrecht, Martin; Gebhardt, Winfried (2009): *Die unsichtbare Religion in der sichtbaren Religion: Formen spiritueller Orientierung in der religiösen Gegenwartskultur.* Stuttgart: Kohlhammer.

Borasio, Gian Domenico (2009): Spiritualität in Palliativmedizin/Palliative Care. In: Frick, Eckhart; Roser, Traugott (Hrsg.): *Spiritualität und Medizin. Gemeinsame Sorge für den kranken Menschen.* Stuttgart: Kohlhammer, 109–123.

Borasio, Gian Domenico (2011): Über das Sterben. Was wir wissen. Was wir tun können. Wie wir uns darauf einstellen. München: Beck.

Boulay, Shirley du (1987): *Cicely Saunders. Ein Leben für Sterbende.* Innsbruck: Tyrolia.

Braun, Hans-Jürg (1996): *Das Jenseits. Die Vorstellungen der Menschheit über das Leben nach dem Tod.* Zürich: Artemis & Winkler.

Bucher, Anton A. (2007): *Psychologie der Spiritualität.* Weinheim: Beltz Verlag.

Bührer, Cornelia (2004). «Total Pain». *Ein mehrdimensionales Konzept mit multiprofessionellem Ansatz. Eine Literaturrecherche.* Unveröffentlichte Masterthesis im Internationalen IFF-Universitätslehrgang Palliative Care MAS. Wien-Zürich.

Busch, Wilhelm (1960): *Historisch-kritische Gesamtausgabe,* Bd. 4, hrsg. v. Bohne, Friedrich. Wiesbaden: Vollmer.

Büssing, Arndt (2006a): «Spiritualität» – worüber reden wir? In: Büssing, Arndt; Ostermann, Thomas; Glöckler, Michaela; Matthiessen, Peter F. (Hrsg.): *Spiritualität, Krankheit und Heilung – Bedeutung und Ausdrucksformen der Spiritualität in der Medizin.* Frankfurt a. M.: VAS, Verlag für Akad. Schriften, 11–25.

Büssing, Arndt (2006b): Befragungsergebnisse zu spirituellen/religiösen Einstellungen, Bedürfnissen und Ausübungsformen von Patienten. In: Büssing, Arndt; Ostermann, Thomas; Glöckler, Michaela; Matthiessen, Peter F. (Hrsg.): *Spiritualität, Krankheit und Heilung – Bedeutung und Ausdrucksformen der Spiritualität in der Medizin.* Frankfurt a. M.: VAS, Verlag für Akad. Schriften, 69–84.

Büssing, Arndt (2011a): Die Bedeutung von Religiosität Spiritualität für chronisch Kranke. In: Klein, Constantin; Berth, Hendrik; Balck, Friedrich (Hrsg.): *Gesundheit – Religion – Spiritualität: Konzepte, Befunde und Erklärungsansätze.* Weinheim/München: Juventa Verlag, 189–213.

Büssing, Arndt (2011b): Spiritualität als Ressource im Umgang mit chronischer Krankheit. In: Büssing, Arndt; Kohls, Niko (Hrsg.): *Spiritualität transdisziplinär. Wissenschaftliche Grundlagen im Zusammenhang mit Gesundheit und Krankheit.* Berlin: Springer, 107–124.

Büssing, Arndt (2012): Messverfahren für spirituelle Bedürfnisse chronisch Kranker. *Spiritual Care, 3,* 36–50.

Büssing, Arndt; Ostermann, Thomas; Glöckler, Michaela; Matthiessen, Peter F. (Hrsg.) (2006): *Spiritualität, Krankheit und Heilung – Bedeutung und Ausdrucksformen der Spiritualität in der Medizin.* Frankfurt a. M.: VAS, Verlag für Akad. Schriften.

Büssing, Arndt; Kohls, Niko (Hrsg.) (2011): *Spiritualität transdisziplinär. Wissenschaftliche Grundlagen im Zusammenhang mit Gesundheit und Krankheit.* Berlin: Springer.

Büssing, Arndt; Ostermann, Thomas; Mathiessen, Peter F. (2007): Adaptive coping and spirituality as a resource in cancer patients. *Breast Care, 2,* 195–202.

Casanova, José (1994): *Public Religions in the Modern World*. Chicago: University of Chicago Press.
Casanova, José (2007): Die religiöse Lage in Europa. In: Joas, Hans; Wiegandt, Klaus (Hrsg.): *Säkularisierung und die Weltreligionen*. Frankfurt a. M.: Fischer Taschenbuch Verlag, 322–357.
Casanova, José (2009): Religiosität in Spanien: Eine interpretative Lektüre der Resultate des Religionsmonitors. In: Bertelsmann Stiftung (Hrsg.): *Woran glaubt die Welt? Analysen und Kommentare zum Religionsmonitor 2008*. Gütersloh: Verlag Bertelsmann Stiftung, 229–263.
Cassidy, Sheila (1995): *Die Dunkelheit teilen. Spiritualität und Praxis der Sterbebegleitung* (= Sharing the Darkness, dt.). Freiburg i. Br.: Herder.
Cermak, Ida (1972): *Ich klage nicht. Begegnungen mit der Krankheit in Selbstzeugnissen schöpferischer Menschen*. 2. Auflage. Wien: Almathea Verlag.
Clark, David (2002): Between hope and acceptance: the medicalisation of dying. *British Medical Journal, 324*, 905–907.
Clark, David; Small, Neil; Wright, Michael; Winslow, Michelle; Hughes, Nic (2005): *A Bit of Heaven for the Few? An Oral History of Modern Hospice Movement in the United Kingdom*. Lancaster: Observatory Publications.
Cobb, Mark; Robshaw, Vanessa (eds.) (1998): *The Spiritual Challenge of Healthcare*. Edinburgh: Churchill Livingstone.
Cook, Judith A. (1988): Dad's double binds: rethinking father's bereavement from a men's studies' perspective. *Journal of Contemporary Ethnography, 17*, 285–308.
Descartes, René (1969): Über den Menschen (= Traité de l'homme, dt.), übers. v. Rothschuh, Karl E. Heidelberg: Schneider [zuerst: 1664].
Dinzelbacher, Peter (1993): *Mittelalterliche Frauenmystik*. Paderborn: Schöningh.
Drewermann, Eugen (1988): *Psychoanalyse und Moraltheologie. Bd. 2. Wege und Umwege der Liebe*. Mainz: Grünewald.
Duras, Marguerite (1994): *Der Schmerz* (= La douleur, dt.), übers. v. Helmlé, Eugen. Ungekürzte Auflage. Frankfurt a. M.: Deutscher Taschenbuch-Verlag.
Duras, Marguerite (2004): *Der Liebhaber* (= L'amant, dt.), übers. v. Ima Rakusa. Lizenzausgabe der Süddeutschen Zeitung München. München.
Dürr, Hans-Peter (2004): *Auch die Wissenschaft spricht nur in Gleichnissen. Die neue Beziehung zwischen Religion und Naturwissenschaften*, hrsg. v. Oesterreicher, Marianne. Freiburg i. Br.: Herder.
Dürr, Hans-Peter (2011): *Warum es ums Ganze geht. Neues Denken für eine Welt im Umbruch*, hrsg. v. Klemm, Dietlind; Liesenborghs, Frauke. Frankfurt a. M.: Fischer Taschenbuch Verlag.
Ebertz, Michael N. (2009): Je älter, desto frömmer? Aspekte der Religiosität am Lebensabend der älteren Generation. In: Bertelsmann Stiftung (Hrsg.): *Woran glaubt die Welt? Analysen und Kommentare zum Religionsmonitor 2008*. Gütersloh: Verlag Bertelsmann Stiftung, 655–665.
Ecker, Gisela (Hrsg.) (1999): *Trauer tragen – Trauer zeigen: Inszenierungen der Geschlechter*. München: Fink.

Edmondson, Donald; Park, Crystal L.; Blank, Thomas O.; Fenster; Juliane R.; Mills, Mary Alice (2008): Deconstructing spiritual well-being, existential well-being and HRQOL in cancer survivors. *Psycho-Oncology, 17,* 161–169.

Elias, Norbert (1982): Über die Einsamkeit der Sterbenden *in unseren Tagen*. Frankfurt a. M.: Suhrkamp.

Emmons, Robert A. (2003): Is spirituality an intelligence? Motivation, cognition and the psychology of ultimate concern. *The International Journal for the Psychology of Religion, 10,* 3–26.

Ende, Michael (2005): *Momo oder Die seltsame Geschichte von den Zeit-Dieben und von dem Kind, das den Menschen die gestohlene Zeit zurückbrachte. Ein Märchen-Roman.* Neuausgabe. Stuttgart: Thienemann [zuerst: 1973].

EVS. European Values Studies/Europäische Wertestudien (1990–2008): Tabellenband Europadaten. URL: http://ktf.univie.ac.at/wertestudie [Zugriff: 03.05.2013].

EVS. European Values Study/Europäische Wertestudie (2008): Tabellenband 1/3 Österreichdaten, zusammengestellt von Gfk Austria GmbH.

Faber, Heije (1993): Die Bedeutung der klinischen Seelsorgeausbildung für die Kirche. *Wege zum Menschen, 45,* 471–476.

Figl, Johann; Klein, Hans-Dieter (Hrsg.) (2002): Der Begriff der Seele in der Religionswissenschaft. Würzburg: Königshausen & Neumann.

Fink, Michaela (2012a): Vom Schicksal zum Machsal. *Praxis Palliative Care, 15,* 12.

Fink, Michaela (2012b): Von der Initiative zur Institution. Die Hospizbewegung zwischen lebendiger Begegnung und standardisierter Dienstleistung. Ludwigsburg: der hospiz verlag®.

Formanek, Susanne (2005): *Die «böse Alte» in der japanischen Populärkultur der Edo-Zeit. Die Feindvalenz und ihr soziales Umfeld.* Wien: Verlag der Österreichischen Akademie der Wissenschaften.

Fowler, James W. (2000): *Stufen des Glaubens. Die Psychologie der menschlichen Entwicklung und die Suche nach Sinn* (engl: Stages of Faith. The Psychology of Human Development and the Quest for Meaning). Gütersloh: Kaiser, Gütersloher Verlags-Haus.

Frank, Arthur W. (1995): *The Wounded Storyteller. Body, Illness and Ethics.* Chicago: The University of Chicago Press.

Freud, Sigmund (1997): Die Disposition zur Zwangsneurose (ein Beitrag zum Problem der Neurosenwahl). In: Freud, Sigmund: *Zwang, Paranoia und Perversion.* Studienausgabe Bd. 7, hrsg. v. Mitscherlich, Alexander et al., 7., korr. Auflage. Frankfurt a. M.: Fischer, 107–117 [zuerst: 1913].

Frick, Eckhard (2009): Spiritual Care in der Psychosomatischen Anthropologie. In: Frick, Eckhard; Roser, Traugott (Hrsg.): *Spiritualität und Medizin. Gemeinsame Sorge für den kranken Menschen.* Stuttgart: Kohlhammer, 102–108.

Frick, Eckhard; Roser, Traugott (Hrsg.) (2009): *Spiritualität und Medizin: Gemeinsame Sorge für den kranken Menschen.* Stuttgart: Kohlhammer.

Frigger, Peter (2003): Leitbild und Qualität in der Krankenhausseelsorge im Bistum Essen. In: Heller, Andreas; Krobath, Thomas (Hrsg.): *Organisationsethik. Organisationsentwicklung in Kirchen, Caritas und Diakonie.* Freiburg i. Br.: Lambertus, 294–304.

Futterknecht, Veronika; Noseck-Licuk, Michaela; Kremser, Manfred (Hrsg.) (2013): *Heilung in den Religionen. Religiöse, spirituelle und leibliche Dimensionen*. Wien: LIT Verlag.

Gabriel, Karl (2003): (Post-)Moderne Religiosität zwischen Säkularisierung, Individualisierung und Deprivatisierung. In: Waldenfels, Hans (Hrsg.): *Religion. Entstehung – Funktion – Wesen*. Freiburg i. Br.: Alber, 109–132.

Gadamer, Hans-Georg (1993): *Über die Verborgenheit der Gesundheit*. Frankfurt a. M.: Suhrkamp.

Geest, Hans van der (1981): *Unter vier Augen. Beispiele gelungener Seelsorge*. Zürich: Theologischer Verlag Zürich.

Gennep, Arnold van (1999). Übergangsriten (= Les rites de passage, dt.). Aus dem Franz. v. Schomburg, Klaus; Schomburg-Scherff, Sylvia M. Frankfurt a. M.: Campus-Verlag [zuerst: 1909].

Gollwitzer-Voll, Woty (2007): *Christus Medicus – Heilung als Mysterium. Interpretationen eines alten Christusnamens und dessen Bedeutung in der Praktischen Theologie*. Paderborn: Schöningh.

Gilligan, Carol (1999): *Die andere Stimme. Lebenskonflikte und Moral der Frau* (= In a Different Voice, dt.). 5. Auflage. München: Piper.

Graf, Gerda; Höver, Gerhard (2006): *Hospiz als Versprechen. Zur ethischen Grundlegung der Hospizidee*. Wuppertal: hospiz verlag.

Gouges, Olympe de (1999): *Die Rechte der Frau 1791*, hrsg. v. Burmeister, Karl Heinz. Bern: Stämpfli.

Greenhalgh, Trisha; Hurwitz, Brian (Hrsg.) (2005): *Narrative Based Medicine – sprechende Medizin. Dialog und Diskurs im klinischen Alltag*. Bern: Verlag Hans Huber.

Greifeld, Katharina; Schmidt, Bettina E. (2003): Medizinische Systeme Süd- und Afroamerikas. In: Greifeld, Katharina (Hrsg.) (2003): *Ritual und Heilung. Eine Einführung in die Medizinethnologie*. 3. grundlegend überarb. und erw. Auflage. Berlin: Reimer, 105–132.

Groben J. (2002): *Requiem für ein Kind: Trauer und Trost berühmter Eltern*. 2. Auflage. Köln: Dittrich.

Gronemeyer, Reimer (2007): *Sterben in Deutschland. Wie wir dem Tod wieder einen Platz in unserem Leben einräumen können*. Frankfurt a. M.: Fischer.

Gronemeyer, Reimer (2012): *Himmel, der: caelum. Sehnsucht nach einem verlorenen Ort*. München: Pattloch.

Groß, Dominik; Grande, Jasmin (Hrsg.) (2010): *Objekt Leiche. Technisierung, Ökonomisierung und Inszenierung toter Körper*. Frankfurt a. M.: Campus Verlag.

Gunaratnam, Yasemin; Oliviere, David (2009): *Narrative and Stories in Health Care. Illness, Dying and Bereavement*. New York, NY: Oxford University Press.

Hagen, Thomas; Raischl, Josef (2009): Allgemeine und spezielle Kompetenzen in Spiritual Care. In: Frick, Eckhart; Roser, Traugott (Hrsg.), *Spiritualität und Medizin. Gemeinsame Sorge für den kranken Menschen*. Stuttgart: Kohlhammer, 280–287.

Halter, Sylvia (2009): Weltanschaulich ungebundene Abschiedsfeiern in der Deutschschweiz. Ein individuelles Angebot? In: Heller, Birgit; Winter, Franz (Hrsg.): *Tod und Ritual. Interkulturelle Perspektiven zwischen Tradition und Moderne*. 2. Auflage. Münster: LIT Verlag, 229–248.

Hasenfratz, Hans-Peter (1998): *Leben mit den Toten. Eine Kultur- und Religionsgeschichte der anderen Art.* Freiburg i. Br.: Herder.

Hasenfratz, Hans-Peter (1986): Die Seele: Einführung in ein religiöses Grundphänomen. Zürich: Theologischer Verlag Zürich.

Hayden, Herrera (1997): *Frida Kahlo. Die Gemälde* (= The Paintings, dt.), übers. v. Ohl, Manfred; Sartorius, Hans. München: Schirmer-Mosel.

Hayden, Herrera (2002): *Frida Kahlo. Ein leidenschaftliches Leben.* München: Knaur.

Haywood, Carol Lois (1983): The authority and empowerment of women among Spiritualist groups. *Journal of Scientific Study of Religion, 22,* 157–166.

Heelas, Paul; Woodhead, Linda (2005): *The Spiritual Revolution. Why Religion is Giving Way to Spirituality.* Oxford: Blackwell Publishing.

Hefti, René (2012): Unterschiede in der Lebenserwartung von Frauen und Männern – welche Rolle spielt die Religiosität? *Spiritual Care, 2,* 35–49.

Heiler, Friedrich (1977): *Die Frau in den Religionen der Menschheit.* Berlin: de Gruyter.

Heinz, Donald (1994): Finishing the Story: Aging, Spirituality and the Work of Culture. *Journal of Religious Gerontology, 9,* 3–20.

Heller, Andreas (1989): *Ganzheitliche Lebenspflege. Für ein Miteinander von Krankenpflege und Krankenseelsorge.* Düsseldorf: Patmos.

Heller, Andreas (2004): Smerte-ikke slipp meg. Et essay om utfordringer. *Omsorg. Nordisk tidsskrift for palliativ medisin, 21,* 27 f.

Heller, Andreas (Hrsg.) (1994): *Kultur des Sterbens. Bedingungen für das Lebensende gestalten.* Freiburg i. Br.: Lambertus.

Heller, Andreas; Heimerl, Katharina; Husebø, Stein (Hrsg.)(2007): *Wenn nichts mehr zu machen ist, ist noch viel zu tun. Wie alte Menschen würdig sterben können.* 3. aktualisierte u. erweiterte Auflage. Freiburg i. Br.: Lambertus.

Heller, Andreas; Knipping, Cornelia (2007): Palliative Care – Haltungen und Orientierungen. In: Knipping, Cornelia (Hrsg.): *Lehrbuch Palliative Care. Mit einem Geleitwort von Reimer Gronemeyer.* Bern: Verlag Hans Huber, 39–47.

Heller, Andreas; Pleschberger, Sabine (2008): Palliative Versorgung im Alter. In: Kuhlmey, Adelheit; Schaeffer, Doris (Hrsg.): *Alter, Gesundheit und Krankheit.* Bern: Verlag Hans Huber, 382–399.

Heller, Andreas; Pleschberger, Sabine; Fink, Michaela; Gronemeyer, Reimer (2012): *Die Geschichte der Hospizbewegung in Deutschland.* Ludwigsburg: der hospiz verlag®.

Heller, Birgit (1999): Der Frauen Weisheit ist nur bei der Spindel. Zur Geschichte weiblicher Interpretationskompetenz im Hinduismus und Judentum. *Zeitschrift für Religions- und Geistesgeschichte, 51,* 289–300.

Heller, Birgit (2003): Gender und Religion. In: Figl, Johann (Hrsg.): *Handbuch Religionswissenschaft.* Innsbruck: Tyrolia, 758–769.

Heller, Birgit (2006): Building bridges over troubled waters. Frauen, Tod und Trauer. In: Bieberstein, Sabine; Buday, Kornélia; Rapp, Ursula (eds.): *Building Bridges in a Multi-Faceted Europe – Brücken bauen in einem vielgestaltigen Europa – Construire des ponts dans une europe multiforme* (Jahrbuch der europäischen Gesellschaft für die theologische Forschung von Frauen, 14/2006). Leeuven: Peeters Publishers, 39–52.

Heller, Birgit (2007): The «Bride of God» as Religious Role in the Contexts of Hinduism and Christianity: In: Boesch Gajano, Sofia; Pace, Enzo (eds.): *Donne tra saperi e poteri nelle storia delle religioni*. Brescia: Morcelliana, 99–110.

Heller, Birgit (2008): Wissen, Weisheit und Geschlecht. Ambivalente Geschlechterkonstruktionen in Hindu-Traditionen. In: Höpflinger, Anna-Katharina; Jeffers, Ann; Pezzoli-Olgiati, Daria (Hrsg.): *Handbuch Gender und Religion*. Göttingen: Vandenhoeck & Ruprecht, 111–124.

Heller, Birgit (2012a): *Wie Religionen mit dem Tod umgehen. Grundlagen für die interkulturelle Sterbebegleitung*. Freiburg i. Br.: Lambertus.

Heller, Birgit (2012b): Das Leben ist wertvoll – das Leben ist relativ. Euthanasie in interreligiöser Perspektive. In: Heller, Birgit: *Wie Religionen mit dem Tod umgehen. Grundlagen für die interkulturelle Sterbebegleitung*. Freiburg i. Br.: Lambertus, 196–240.

Heller, Birgit (2012c): Der Tod und die Trauer: Gender-Aspekte. In: Schärer-Santschi, Erika (Hrsg.): *Trauern. Trauernde Menschen in Palliative Care und Pflege begleiten*. Bern: Verlag Hans Huber, 164–171.

Heller, Birgit (2012d): Trauer der Eltern beim Verlust eines Kindes. In: Schärer-Santschi, Erika (Hrsg.): *Trauern. Trauernde Menschen in Palliative Care und Pflege begleiten*. Bern: Verlag Hans Huber, 146–152.

Heller, Birgit (2012e): (Wann) trennt sich die Seele den Körper? Lebensspende, Hirntod und Organspende in interreligiöser Perspektive. In: Heller, Birgit: *Wie Religionen mit dem Tod umgehen. Grundlagen für die interkulturelle Sterbebegleitung*. Freiburg i. Br.: Lambertus, 169–195.

Heller, Birgit; Heller, Andreas (2009): *Spiritualität und Spiritual Care*. Jahresheft. Hannover: Vincentz.

Heller, Birgit; Winter, Franz (Hrsg.) (2009): *Tod und Ritual. Interkulturelle Perspektiven zwischen Tradition und Moderne*. 2. Auflage. Münster: LIT Verlag.

Hermann, Inger (2012): Interview. In: *Das IFF-Archiv zur Geschichte der Hospizbewegung in Deutschland beim DHPV*, Berlin. Lit.: Heller, Andreas; Pleschberger, Sabine; Fink, Michaela; Gronemeyer, Reimer (2012): *Die Geschichte der Hospizbewegung in Deutschland*. Ludwigsburg: der hospiz verlag®.

Hesse, Hermann (1982): *Das Glasperlenspiel. Versuch einer Lebensbeschreibung des Magister Ludi Josef Knecht samt Knechts hinterlassenen Schriften*. 16. Auflage. Frankfurt a. M.: Suhrkamp [zuerst: 1943].

Hildegard von Bingen (1997): *Scivias. Wisse die Wege: Eine Schau von Gott und Mensch in Schöpfung und Zeit*, übers. u. hrsg. v. Storch, Walburga. Augsburg: Pattloch.

Hock, Klaus (2013): (K)eine alte Geschichte? In: Baier, Karl; Winter, Franz (Hrsg.): *Altern in den Religionen*. Wien: LIT Verlag, 20–46.

Hofstätter, Elisabeth (2013): Alter und Altwerden in Hindu-Religionen. In: Baier, Karl; Winter, Franz (Hrsg.): *Altern in den Religionen*. Wien: LIT Verlag, 48–64.

Högl, Stefan (2000): *Nahtod-Erfahrungen und Jenseitsreisen. Der Blick auf die andere Seite der Wirklichkeit*. Marburg: Tectum-Verlag.

Hoheisel, Karl; Klimkeit, Hans-Joachim (Hrsg.) (1995): *Heil und Heilung in den Religionen*. Wiesbaden: Harrassowitz.

Holder-Franz, Martina (2012): «… *dass du bis zuletzt leben kannst.*» *Spiritualität und Spiritual Care bei Cicely Saunders*. Zürich: Theologischer Verlag Zürich.
Höllinger, Franz; Tripold, Thomas (2012): *Ganzheitliches Leben. Das holistische Milieu zwischen neuer Spiritualität und postmoderner Wellness-Kultur*. Bielefeld: transcript Verlag.
Huber, Stefan (1996): *Dimensionen der Religiosität. Skalen, Messmodelle und Ergebnisse einer empirisch orientierten Religionspsychologie*. Bern: Verlag Hans Huber.
Hunt, Stephen J. (2007): Religion as a factor in life and death through the life-course. In: Beckford, James A.; Demerath, N. J., III. (eds.): The Sage Handbook of the Sociology of Religion. Los Angeles, Calif.: Sage, 608–629.
Hüper, Christa (2002): *Schmerz als Krankheit. Die kulturelle Deutung des chronischen Schmerzes und die politische Bedeutung seiner Behandlung*. 2. Auflage. Frankfurt a. M.: Mabuse-Verlag.
Husebø, Stein (1999): *Was bei Schmerzen hilft. Ein Ratgeber*. Freiburg i. Br.: Herder.
Hutter, Manfred (2013): Die Sorge für die Älteren. In: Baier, Karl; Winter, Franz (Hrsg.): *Altern in den Religionen*. Wien: LIT Verlag, 281–302.
Illich, Ivan (1981): *Die Nemesis der Medizin. Von den Grenzen des Gesundheitswesens*. Hamburg: Rowohlt.
Illich, Ivan (2006): *In den Flüssen nördlich der Zukunft. Letzte Gespräche über Religion und Gesellschaft mit David Cayley*. München: Beck.
Imhof, Arthur E. (1985): *Die verlorenen Welten. Alltagsbewältigung durch unsere Vorfahren – und weshalb wir uns heute so schwer damit tun*. 2. Auflage. München: Beck.
Imhof, Arthur E. (1988): *Die Lebenszeit. Vom aufgeschobenen Tod und von der Kunst des Lebens*. München: Beck.
Janosch (2007): *Oh, wie schön ist Panama: Die Geschichte, wie der kleine Tiger und der kleine Bär nach Panama reisen*. Weinheim: Beltz & Gelberg.
Joas, Hans; Wiegandt, Klaus (Hrsg.) (2007): *Säkularisierung und die Weltreligionen*. Frankfurt a. M.: Fischer-Taschenbuch-Verlag.
Joerißen, Peter (Hrsg.) (1983): Die Lebenstreppe. Bilder der menschlichen Lebensalter, eine Ausstellung des Landschaftsverbandes Rheinland, Rheinisches Museumsamt, Brauweiler. Köln: Rheinland-Verlag.
Joisten, Karen (Hrsg.) (2007): *Narrative Ethik. Das Gute und das Böse erzählen*. Berlin: Akademie-Verlag (= Deutsche Zeitschrift für Philosophie. Sonderband 17).
Jung, Carl G. (1931): Die Lebenswende. In: Jung, Carl G. (1995): *Gesammelte Werke Bd. 8: Die Dynamik des Unbewussten*, hrsg. v. Niehus-Jung, Marianne. Solothurn: Walter, 427–442.
Kaluza, Maria (Hrsg.) (2009): *Der singende Fels. Schamanismus, Heilkunde, Wissenschaft. Galsan Tschinag im Gespräch mit Klaus Kornwachs und Maria Kaluza*. Zürich: Unionsverlag.
Käppeli, Sylvia (1998): *Zwischen Leiden und Erlösung. Religiöse Motive in der Leidenserfahrung von krebskranken Juden und Christen*. Bern: Verlag Hans Huber.
Kellehear, Allan (2002): Spiritual care in palliative Care: whose job is it? In: Rumbold, Bruce (ed.): *Spirituality and Palliative Care*. Oxford: Oxford University Press, 166–177.
Kelly, Emily Williams; Greyson, Bruce; Stevenson, Ian (1999): Beweisen Todesnäheerfahrungen das Überleben der menschlichen Persönlichkeit nach dem Tod? In: Knoblauch, Hubert; Soeffner, Hans-Georg (Hrsg.): *Todesnähe. Wissenschaftliche Zugänge zu einem außergewöhnlichen Phänomen*. Konstanz: UVK Universitätsverlag, 101–128.

King, Ursula (2009). *The Search for Spirituality.Our Global Quest for a Spiritual Life*. Norwich: Canterbury Press.

Klaschik, Eberhard (2000): Schmerztherapie und Symptomkontrolle in der Palliativmedizin, in: Husebø, Stein; Klaschik, Eberhard: *Palliativmedizin*. Berlin: Springer, 167–262.

Klass, Dennis (1996): The deceased child in the psychic and social worlds of bereaved parents during the resolution of grief. In: Klass, Dennis; Silverman, Phyllis R.; Nickman, Steven L. (eds.): *Continuing Bonds: New Understandings of Grief*. Washington, DC: Taylor & Francis.

Klass, Dennis (1999): *The Spiritual Lives of Bereaved Parents*. Philadelphia, PA: Brunner/Mazel.

Klass, Dennis; Silverman, Phyllis R.; Nickman, Steven L. (eds.) (1996): *Continuing Bonds: New Understandings of Grief*. Bristol, PA: Taylor & Francis.

Klein, Constantin (2012): Fromme Frau, agnostischer Mann – sind Frauen grundsätzlich religiöser/spiritueller als Männer? *Spiritual Care, 2*, 6–22.

Klein, Constantin; Berth, Hendrik; Balck, Friedrich (Hrsg.) (2011): Gesundheit – Religion – Spiritualität: Konzepte, Befunde und Erklärungsansätze. Weinheim/München: Juventa-Verlag.

Klein, Constantin; Lehr, Dirk (2011): Religiöses Coping. In: Klein, Constantin; Berth, Hendrik; Balck, Friedrich (Hrsg.): *Gesundheit – Religion – Spiritualität: Konzepte, Befunde und Erklärungsansätze*. Weinheim/München: Juventa-Verlag, 333–359.

Klieber, Rupert (1999): *Bruderschaften und Liebesbünde nach Trient. Ihr Totendienst, Zuspruch und Stellenwert im kirchlichen und gesellschaftlichen Leben am Beispiel Salzburg 1600–1950*. Frankfurt a. M.: Lang.

Knipping, Cornelia (2002): Das Phänomen Schmerz in der Palliative Care. In: Metz, Christian; Wild, Monika; Heller, Andreas (Hrsg.): *Balsam für Leib und Seele. Pflegen in Hospiz und Palliativer Betreuung*. Freiburg i. Br.: Lambertus, 73–93.

Knoblauch, Hubert (2006): Soziologie der Spiritualität. In: Baier, Karl (Hrsg.): *Handbuch Spiritualität. Zugänge, Traditionen, interreligiöse Prozesse*. Darmstadt: Wissenschaftliche Buchgesellschaft, 91–111.

Knoblauch, Hubert (2009): *Populäre Religion: Auf dem Weg in eine spirituelle Gesellschaft*. Frankfurt a. M.: Campus Verlag.

Knoblauch, Hubert (2011): Der populäre Tod? Obduktion, Postmoderne und die Verdrängung des Todes. In: Gross, Dominik (Hrsg.): *Who Wants to Live Forever? Postmoderne Formen des Weiterlebens nach dem Tod*. Frankfurt a. M.: Campus Verlag, 27–54.

Knoblauch, Hubert; Schnettler, Bernt; Soeffner, Hans-Georg (1999): Die Sinnprovinz des Jenseits und die Kultivierung des Todes. In: Knoblauch, Hubert; Soeffner, Hans-Georg (Hrsg.): *Todesnähe. Wissenschaftliche Zugänge zu einem außergewöhnlichen Phänomen*. Konstanz: UVK Universitätsverlag, 271–292.

Koenig, Harold G. (1994): *Aging and God. Spiritual Pathways to Mental Health in Midlife and Later Years*. New York, NY: Haworth Pastoral Press.

Körtner, Ulrich H. J. (2009): Spiritualität, Religion und Kultur – eine begriffliche Annäherung. In: Körtner, Ulrich H. J.; Müller, Sigrid; Kletecka-Pulker, Maria; Inthorn, Julia (Hrsg.): *Spiritualität, Religion und Kultur am Krankenbett*. Wien: Springer, 1–17.

Kosack, Godula (2009): Seelenkonzepte in anderen Kulturen. In: Krasberg, Ulrike; Kosack, Godula (Hrsg.): «... und was ist mit der Seele?»: Seelenvorstellungen im Kulturvergleich. Frankfurt a. M.: Lembeck, 17–32.

Krasberg, Ulrike; Kosack, Godula (Hrsg.) (2009): «... und was ist mit der Seele?»: Seelenvorstellungen im Kulturvergleich. Frankfurt a. M.: Lembeck.

Kreutzner, Gabriele (2007): Nachgefragt: Interview mit Prof. Susan McFadden. *DeSS orientiert*: Spiritualität – Ein Thema für die Pflege von Menschen mit Demenz? *2/07*, 51–55.

Krüger, Oliver (2009): Ein teurer Tod? Ritualökonomische Überlegungen zur deutschen und amerikanischen Bestattungskultur. In: Heller, Birgit; Winter, Franz (Hrsg.): *Tod und Ritual. Interkulturelle Perspektiven zwischen Tradition und Moderne*. 2. Auflage. Münster: LIT Verlag, 249–262.

Kruse, Andreas (2007): *Das letzte Lebensjahr. Zur körperlichen, psychischen und sozialen Situation des alten Menschen am Ende seines Lebens*. Stuttgart: Kohlhammer.

Kübler-Ross, Elisabeth (1991): *Wie sie wurde und wer sie ist*, aufgezeichnet v. Gill, Derek. Mit einem Nachw. v. Elisabeth Kübler-Ross. 7. Auflage. Stuttgart: Kreuz Verlag.

Kübler-Ross, Elisabeth (1997): *Das Rad des Lebens. Autobiographie* (= The Wheel of Life, dt.), übers. v. Höhn, Wolfgang. München: Delphi bei Droemer Knaur.

Kübler-Ross, Elisabeth (2001): *Interviews mit Sterbenden* (= On Death and Dying, dt.), übers. v. Leippe, Ulla. München: Droemer Knaur.

Kunz, Ralph (Hrsg.) (2007): *Religiöse Begleitung im Alter. Religion als Thema der Gerontologie*. Zürich: Theologischer Verlag Zürich.

Lenz, Siegfried (2000): Über den Schmerz. München: Deutscher Taschenbuch-Verlag.

Lommel, Pim van (2009): *Endloses Bewusstsein. Neue medizinische Fakten zur Nahtoderfahrung* (= Eindeloos bewustzijn, dt.). Düsseldorf: Patmos.

Lown, Bernard (2004): *Die verlorene Kunst des Heilens. Anleitung zum Umdenken* (= The Lost Art of Healing, 1996, dt.). Frankfurt a. M.: Suhrkamp.

Luckmann, Thomas (1990): Shrinking Transcendence, Expanding Religion? *Sociological Analysis. A Journal in the Sociology of Religion, 50*, 127–138.

Lütz, Manfred (2008): Erhebet die Herzen, beuget die Knie. Gesundheit als Religion: Vorsorge, Enthaltsamkeit, Sport – das ist die neue Dreifaltigkeit. Ein Gotteslästerer, der dies bezweifelt. *Die Zeit, 17*, 17. April 2008.

Macho, Thomas; Marek, Kristin (2007): *Die neue Sichtbarkeit des Todes*. München: Fink.

MacKinlay, Elizabeth (2001): *The Spiritual Dimension of Ageing*. London: Jessica Kingsley.

MacKinlay, Elizabeth (2005): Death and Spirituality. In: Johnson, Malcolm L. (ed.): *The Cambridge Handbook of Age and Ageing*. Cambridge: Cambridge University Press, 394–400.

MacKinlay, Elizabeth (2006): *Spiritual Growth and Care in the Fourth Age of Life*. London: Jessica Kingsley.

Maio, Giovanni (2011): Heilen als Management? Zum Verlust einer Kultur der verstehenden Sorge in Zeiten der Ökonomie. *ZFA – Zeitschrift für Allgemeinmedizin, 87 (12)*, 36–41.

Maio, Giovanni (2012): *Mittelpunkt Mensch: Ethik in der Medizin. Ein Lehrbuch*. Stuttgart: Schattauer.

Manu (1988): *The Laws*, trans. by Bühler, Georg. Reprint Delhi: Motilal Banarsidass [zuerst: ca. 2. Jh. v. bis 2. Jh. n. u. Z.].

Márai, Sándor (2000): *Bekenntnisse eines Bürgers. Erinnerungen.* München: Piper.
Marcel, Gabriel (1952): *Geheimnis des Seins* (= Le mystère de l'être, dt.). Wien: Herold.
Martin, Terry L.; Doka, Kenneth L. (2000): *Men Don't Cry ... Women Do: Transcending Gender Stereotypes of Grief.* Philadelphia, PA: Brunner/Mazel.
Mayer-Scheu, Josef (1977): *Seelsorge im Krankenhaus.* Mainz: Grünewald.
McClain, Colleen S.; Rosenfeld, Barry; Breitbart, William (2003): Effect of spiritual well-being on end-of-life despair in terminally-ill cancer patients. *Lancet, 361,* 1603–1607.
Meuli, Karl (1975a): Das Weinen als Sitte. In: Meuli, Karl: *Gesammelte Schriften 1,* hrsg. v. Gelzer, Thomas. Basel: Schwabe & Co., 353–385.
Meuli, Karl (1975b): Vom Tränenkrüglein, von Predigerbrüdern und vom Trösten. In: Meuli, Karl: *Gesammelte Schriften 1,* hrsg. v. Gelzer, Thomas. Basel: Schwabe & Co., 387–435.
Moberg, David O. (1971): *Spiritual Well-Being: Background and Issues.* Washington, D.C.: White House Conference on Aging.
Moberg, David O. (ed.) (2001): *Aging and Spirituality: Spiritual Dimensions of Aging Theory, Research, Practice and Policy.* New York, NY: Haworth Pastoral Press.
Moody, Raymond A. (2002): *Leben nach dem Tod. Die Erforschung einer unerklärlichen Erfahrung* (= Life after Life, dt.). 34. Auflage, erw. Neuausgabe. Reinbek bei Hamburg: Rowohlt Taschenbuch Verlag [zuerst: 1975].
Morris, David B. (1991): *Geschichte des Schmerzes.* Frankfurt a. M.: Suhrkamp.
Moser, Ulrich (2000): *Identität, Spiritualität und Lebenssinn. Grundlagen seelsorglicher Begleitung im Altenheim.* Würzburg: Echter.
Müller, Monika (2004): *Dem Sterben Leben geben. Die Begleitung sterbender und trauernder Menschen als spiritueller Weg.* Gütersloh: Gütersloher Verlagshaus.
Müller, Wolfgang (1999): Art. Altentötung (Senilizid). In: Hirschberg, Walter; Müller Wolfgang (Hrsg.): *Wörterbuch der Völkerkunde.* Berlin: Reimer, 19.
Müller-Mundt, Gabriele (2002): Schmerzpatienten in der ambulanten Pflege: Ansatzpunkte zur Verbesserung der Versorgungsqualität. In: Schaeffer, Doris; Ewers, Michael (Hrsg.): *Ambulant vor stationär. Perspektiven für eine integrierte ambulante Pflege Schwerkranker.* Bern: Verlag Hans Huber, 233–257.
Murken, Sebastian; Reis, Dorota (2011): Religiosität, Spiritualität und Krebserkrankung. In: Klein, Costantin; Berth, Hendrik; Balck, Friedrich (Hrsg.): *Gesundheit – Religion – Spiritualität: Konzepte, Befunde und Erklärungsansätze.* Weinheim: Juventa-Verlag, 321–331.
Muschg, Adolf (2008): Recht auf Schmerz. In: Schönbächler, Georg (Hrsg.): *Schmerz. Perspektiven auf eine menschliche Grunderfahrung.* 2. Auflage. Zürich: Chronos, 109–122.
Narayanasamy, Aru; Clissett, Philip; Parumal, Logan; Thompson, Deborah; Annasyma, Sam (2004): Responses to the Spiritual Needs of Older People. *Journal of Advanced Nursing, 48,* 1–16.
Nelson, Christian J.; Rosenfeld, Barry; Breitbart, William; Galietta, Michelle (2002): Spirituality, religion and depression in the terminally ill. *Psychosomatics, 43,* 213–220.
Nouwen, Henri J. M.; McNeill, Donald P.; Morrison, Douglas A. (1983): *Das geteilte Leid. Heute christlich leben.* Freiburg i. Br.: Herder.
Ohlbaum, Isolde (2000): *Denn alle Lust will Ewigkeit. Erotische Skulpturen auf europäischen Friedhöfen.* München: Knesebeck.

Örkény, István (1982): *Interview mit einem Toten* (= Rózsakiállítás, dt.), übers. v. Grosche, Hildegard. Frankfurt a. M.: Suhrkamp.

Pahnke, Donate (1991): *Ethik und Geschlecht. Menschenbild und Religion in Patriarchat und Feminismus.* Marburg: Diagonal-Verlag.

Perrig-Chiello, Pasqualina (2000): Lust und Last des Älterwerdens – psychologische Betrachtungen. In: Perrig-Chiello, Pasqualina; Höpflinger, Francois (Hrsg.): *Jenseits des Zenits. Frauen und Männer in der zweiten Lebenshälfte.* Bern: Haupt, 15–35.

Perrig-Chiello, Pasqualina (2001): Der biographische Wandel des Männlichen und des Weiblichen. *Forum – Magazin für mehr Lebensqualität.* Jubiläumsausgabe Sonderthema «Mann und Frau». Pax-Versicherung, 7–17.

Peters, Meinolf (2004): *Klinische Entwicklungspsychologie des Alters. Grundlagen für psychosoziale Beratung und Psychotherapie.* Göttingen: Vandenhoeck & Ruprecht.

Peyer, Nathalie (2004): *Death and Afterlife in a Tamil Village. Discourses of Low Caste Women.* Münster: LIT Verlag.

Pfeffer, Christine (2005): *«Hier wird immer noch besser gestorben als woanders.» Eine Ethnographie stationärer Hospizarbeit.* Bern: Verlag Hans Huber.

Pietschmann, Herbert (2013): *Das Ganze und seine Teile. Neues Denken seit der Quantenphysik.* Wien: Ibera.

Plunger, Petra (2013): *Heilsames Erzählen. Zur Bedeutung von Krankheitsnarrativen am Beispiel der homöopathischen Behandlung und Betreuung.* Berlin: Springer.

Polak, Regina; Schachinger, Christoph (2011): Stabil in Veränderung: Konfessionsnahe Religiosität in Europa. In: Polak, Regina (Hrsg.): *Zukunft. Werte. Europa. Die Europäische Wertestudie 1990–2010: Österreich im Vergleich.* Wien: Böhlau, 191–219.

Pollak, Detlef (1995): Was ist Religion? Probleme der Definition. *Zeitschrift für Religionswissenschaft, 3,* 163–190.

Porchet-Munro, Susan; Stolba, Verena; Waldmann, Eva (2005): *Den letzten Mantel mache ich selbst. Über Möglichkeiten und Grenzen von Palliative Care.* Basel: Schwabe.

Puchalski, Christina M. (2006): *A Time for Listening and Caring. Spirituality and the Care of the Chronically Ill and Dying.* New York, NY: Oxford University Press.

Pulheim, Peter (1996): Klinische Seelsorgeausbildung. In: *Lexikon für Theologie und Kirche.* Bd. 6. 3. völlig neu bearb. Auflage. Freiburg i. Br.: Herder, 138.

Radzey, Beate; Kreutzner, Gabriele (2007): Pflegende: Spirituelle Pflege – ein ganzheitliches Konzept. DeSS orientiert: Spiritualität – Ein Thema für die Pflege von Menschen mit Demenz? *2/07,* 37–44.

Ray, Paul H.; Anderson, Sherry Ruth (2000): *The Cultural Creatives – How 50 Million People are Changing the World.* New York, NY: Harmony Books.

Rehnig, Jeanne E. (2006): *Todesmutig. Das siebte Werk der Barmherzigkeit.* Düsseldorf: Fachverlag des deutschen Bestattungsgewerbes GmbH.

Reitinger, Elisabeth; Beyer, Sigrid (Hrsg.) (2010): *Geschlechtersensible Hospiz- und Palliativkultur in der Altenhilfe.* Frankfurt a. M.: Mabuse-Verlag.

Remele, Kurt (2004): Die Reise ins Innere: Spiritualität als Heilung. In: Zulehner, Paul M. (Hrsg.): *Spiritualität – mehr als ein Megatrend.* Ostfildern: Schwabenverlag, 44–56.

Renz, Monika (2003): *Grenzerfahrung Gott. Spirituelle Erfahrungen in Leid und Krankheit.* Freiburg i. Br.: Herder.

Richter, Horst-Eberhard (2003): *Das Ende der Egomanie. Die Krise des westlichen Bewusstseins*. München: Knaur.
Ricœur, Paul (2005): *Das Selbst als ein Anderer* (= Soi-même comme un autre, dt.), übers. v. Greisch, Jean et al. München: Fink.
Rieffel, Adelheid (2012): Interview. In: *Das IFF-Archiv zur Geschichte der Hospizbewegung in Deutschland beim DHPV*, Berlin. Lit.: Heller, Andreas; Pleschberger, Sabine; Fink, Michaela; Gronemeyer, Reimer (2012): *Die Geschichte der Hospizbewegung in Deutschland*. Ludwigsburg: der hospiz verlag®.
Rilke, Rainer Maria (1987): *Sämtliche Werke*. Bd. 1, hrsg. v. Rilke-Archiv in Verb. mit Sieber-Rilke, Ruth besorgt durch Zinn, Ernst. Frankfurt a. M.: Insel Verlag (zuerst: 1903).
Roland, Oliver (Hrsg.) (2006): F*riedhof – ade? Die Bestattungskultur des 21. Jahrhunderts*. Mannheim: Azur Verlag.
Roscoe, Will (1998): *Changing Ones. Third and Forth Genders in Native North America*. New York/NY: St. Martin's Griffin.
Roser, Traugott (2007): Spiritual Care. Ethische, organisationale und spirituelle Aspekte der Krankenhausseelsorge. Ein praktisch-theologischer Zugang. Stuttgart: Kohlhammer.
Roser, Traugott (2009): Innovation Spiritual Care: Eine praktisch-theologische Perspektive. In: Frick, Eckhard; Roser, Traugott (Hrsg.): *Spiritualität und Medizin. Gemeinsame Sorge für den kranken Menschen*. Stuttgart: Kohlhammer, 45–55.
Rumbold, Bruce (2002a): From religion to spirituality. In: Rumbold, Bruce (ed.): *Spirituality and Palliative Care*. Oxford: Oxford University Press, 5–21.
Rumbold, Bruce (2002b): Summary. In: Rumbold, Bruce (ed.): *Spirituality and Palliative Care*. Oxford: Oxford University Press, 221–228.
Sachau, Rüdiger (1996): *Westliche Reinkarnationsvorstellungen. Zur Religion in der Moderne*. Gütersloh: Kaiser, Gütersloher Verlagshaus.
Safier, David (2011): *Mieses Karma*. 26. Auflage. Reinbek bei Hamburg: Rowohlt-Taschenbuch-Verlag.
Saunders, Cicely M. (1999): *Brücke in eine andere Welt. Was hinter der Hospizidee steht*, hrsg. u. eingel. v. Hörl, Christoph. Freiburg i. Br.: Herder.
Saunders, Cicely M.; Baines, Mary (1983): *Living with Dying: The Management of Terminal Disease*. Oxford: Oxford University Press.
Schaup, Susanne (1996): *Elisabeth Kübler-Ross. Ein gutes Leben für gutes Sterben*. Stuttgart: Kreuz Verlag.
Scheid, Bernhard (2013): Sich selbst (nicht) genügend. In: Baier, Karl; Winter, Franz (Hrsg.): *Altern in den Religionen*. Wien: LIT Verlag, 76–102.
Schipperges, Heinrich (1985): *Homo patiens. Zur Geschichte des kranken Menschen*. München: Piper.
Schlette, Friedrich (1991): Geistig-religiöse und soziologische Erkenntnisse aus dem ur- und frühgeschichtlichen Bestattungswesen. In: Horst, Fritz; Keiling, Horst (Hrsg.): *Bestattungswesen und Totenkult in ur- und frühgeschichtlicher Zeit. Beiträge zu Grabbrauch, Bestattungssitten, Beigabenausstattung und Totenkult*. Berlin: Akademie-Verlag, 9–21.
Schlippe, Arist von; Schweitzer, Jochen (2010): *Systemische Interventionen*. 2. Auflage. Göttingen: Vandenhoeck & Ruprecht.

Schmidt, Bettina E. (2006): Geschlechterdifferenzen bei karibischen Religionen. Zur Relevanz von Priesterinnen bei der religiösen Heilung. In: Heininger, Bernhard; Lindner, Ruth (Hrsg.): *Krankheit und Heilung. Gender – Religion – Medizin.* Berlin: LIT Verlag, 87–109.

Schnell, Tatjana (2011): Religiosität und Spiritualität als Quellen der Sinnerfüllung. In: Klein, Constantin; Berth, Hendrik; Balck, Friedrich (Hrsg.): *Gesundheit – Religion – Spiritualität: Konzepte, Befunde und Erklärungsansätze.* Weinheim/München: Juventa-Verlag, 259–271.

Schnell, Tatjana; Becker, Peter (2007): *Der Fragebogen zu Lebensbedeutungen und Lebenssinn (LeBe).* Göttingen: Hogrefe.

Schröter-Kunhardt, Michael (2006): Unterweltfahrten als «near-death experiences». Ein Beitrag zur Deutung negativer Nah-Todeserlebnisse. In: Herzog, Markwart (Hrsg.): *Höllen-Fahrten. Geschichte und Aktualität eines Mythos.* Stuttgart: Kohlhammer, 265–290.

Schuchter, Patrick; Heller, Andreas (2012): Jahresheft 2012, Hannover: Vincentz.

Seemann, Annette (2003): *Frieda Kahlo. «Ich habe mich in eine Heilige verwandelt».* 3. Auflage. München: List Verlag.

Seneca (2001): *De brevitate vitae.* Die Kürze des Lebens, hrsg. v. Waiblinger, Franz P. 10. Auflage. München: Dt. Taschenbuch Verlag [zuerst: 49 n. u. Z.].

Sered, Susan Starr (1994): *Priestess, Mother, Sacred Sister. Religions Dominated by Women.* New York, NY: Oxford University Press.

Seymour, Jane E.; Hanson, Elizabeth (2001): Palliative care and older people. In: Nolan, Mike; Davies, Sue; Grant, Gordon (eds.): *Working with Older People and their Families.* Maidenhead, PA: Open University Press, 99–119.

Small, Neil (2005): Nutzerbeteiligung und Versorgung am Lebensende: Erfahrungen aus Großbritannien. In: Ewers, Michael; Doris Schaeffer, Doris (Hrsg.): *Am Ende des Lebens. Versorgung und Pflege von Menschen in der letzten Lebensphase.* Bern: Verlag Hans Huber, 197–214.

Speck, Peter (2006): Dementia and spiritual care. In: Miesen, Bère M. L.; Jones, Gemma M. M. (eds.): *Care-giving in Dementia. Research and Applications.* Vol. 4. London: Routledge, 241–256.

Sprockhoff, Joachim F. (1987): Kathaśruti und Mānavaśrautasūtra – eine Nachlese zur Resignation. *Studien zur Indologie und Iranistik,* 13/14, 249–262.

Stasiuk, Andrzej (2013): *Kurzes Buch über das Sterben.* Frankfurt a. M.: Suhrkamp.

Steffen-Bürgi, Barbara (2007): Reflexionen zu ausgewählten Definitionen der Palliative Care. In: Knipping, Cornelia (Hrsg.): *Lehrbuch Palliative Care.* Bern: Verlag Hans Huber, 30–38.

Steinmair-Pösel, Petra; Zulehner, Paul M. (2011): *Typisch Frau? Wie Frauen leben und glauben.* Linz: Welt der Frau Verlag.

Steinwede, Dietrich (Hrsg.) (2005): *Die Jenseitsmythen der Menschheit.* Düsseldorf: Patmos.

Stryker, Susan; Whittle, Stephen (eds.) (2006): *The Transgender Studies Reader.* New York, NY: Routledge.

Stubbe, Hannes (1985): *Formen der Trauer: Eine kulturanthropologische Untersuchung.* Berlin: Reimer.

Student, Johann-Christof; Napiwotzky, Annedore (2007): *Palliative Care.* Stuttgart: Thieme.

Tag, Brigitte; Groß, Dominik (Hrsg.) (2010): *Der Umgang mit der Leiche. Sektion und toter Körper in internationaler und interdisziplinärer Perspektive*. Frankfurt a. M.: Campus Verlag.

Teiser, Stephen F. (2003): *The Scripture on the Ten Kings and the Making of Purgatory in Medieval Chinese Buddhism*. Honolulu: University of Hawai Press.

Terzani, Tiziano (2007): *Noch eine Runde auf dem Karussell: Vom Leben und Sterben* (= Un altro giro di giostra. Viaggio nel male e nel bene del nostro tempo, 2004, dt.). 3. Auflage. Hamburg: Hoffmann & Campe.

Thich Nhat Hanh (1996): *Schlüssel zum Zen. Der Weg zu einem achtsamen Leben* (= Clefs pour le Zen, 1973, dt.). Freiburg i. Br.: Herder.

Thiede, Werner (1999): Todesnähe-Forschung – Annäherung an die Innenseite des Todes? Zur Geschichte und Hermeneutik der Thanatologie. In: Knoblauch, Hubert; Soeffner, Hans-Georg (Hrsg.): *Todesnähe. Wissenschaftliche Zugänge zu einem außergewöhnlichen Phänomen*. Konstanz: UVK Universitätsverlag, 159–186.

Thomae, Hans (1988): Lebenszufriedenheit im Alter. In: Kruse, Andreas; Lehr, Ursula; Oswald, Wolf D.; Rott, Christof (Hrsg.): *Gerontologie – wissenschaftliche Erkenntnisse und Folgerungen für die Praxis*. München: Bayerischer Monatsspiegel Verlagsgesellschaft, 210–223.

Thomas, Louis-Vincent (1997): Funeral rites. In: Eliade, Mircea (ed.): *Encyclopedia of Religion*. Bd. 5. Chicago: Macmillan Publ. Comp., 450–459.

Thompson, Edward H. (1991): Beneath the status characteristic: Gender variations in religiousness. *Journal for the Scientific Study of Religion, 30,* 381–394.

Thompson, Edward H.; Remmes, Kathryn R. (2002): Does masculinity thwart being religious? An examination of older men's religiousness. *Journal for the Scientific Study of Religion, 41,* 521–532.

Thompson, Neil (1997): Masculinity and loss. In: Field, David; Hockey, Jenny; Small, Neil (eds.): *Death, Gender and Ethnicity*. London: Routledge, 76–88.

Thuné-Boyle, Ingela C.; Stygall, Jan A.; Keshtgar, Mohammed R.; Newman, Stanton P. (2006): Do religious/spiritual coping strategies affect illness adjustment in patients with cancer? A systematic review of the literature. *Social Science and Medicine, 63,* 151–164.

Timmermanns, Paul (2004): Der Schmerz und die Ethik der Sterbebegleitung. In: Lilie, Ulrich; Zwierlein, Eduard (Hrsg.): *Handbuch Integrierte Sterbebegleitung*. Gütersloh: Bertelsmann, 23–33.

Tolstoj, Lew (2002): *Der Tod des Iwan Iljitsch* (= Smert' Ivana Il'ia, dt.), übers. v. Kassner, Rudolf. Frankfurt a. M.: Insel Verlag [zuerst: 1886].

Tornstam, Lars (2005): *Gerotranscendence. A Developmental Theory of Positive Aging*. New York, NY: Springer.

Troeltsch, Ernst (1994), *Die Soziallehren der christlichen Kirchen und Gruppen*. Bd. 2. Tübingen: Mohr, Neudr. [zuerst: 1912].

Ullrich, Herbert (1991): Totenriten und Bestattung im Paläolithikum. In: Horst, Fritz; Keiling, Horst (Hrsg.): *Bestattungswesen und Totenkult in ur- und frühgeschichtlicher Zeit. Beiträge zu Grabbrauch, Bestattungssitten, Beigabenausstattung und Totenkult*. Berlin: Akademie-Verlag, 23–34.

Utriainen, Terhi (1998): Feminine and masculine in the study of Balto-Finnic laments. In: Apo, Satu et al. (eds.): *Gender and Folklore. Perspectives on Finnish and Karelian Culture.* Helsinki: Finnish Literature Society, 175–200.

Utsch, Michael; Klein, Constantin (2011): Religion, Religiosität, Spiritualität. Bestimmungsversuche für komplexe Begriffe. In: Klein, Constantin; Berth, Hendrik; Balck, Friedrich (Hrsg.): *Gesundheit – Religion – Spiritualität. Konzepte, Befunde und Erklärungsansätze.* Weinheim/München: Juventa Verlag, 25–45.

Vatuk, Sylvia (1995): The art of dying in India: In: Spiro, Howard M.; Wandel, Lee Palmer; McCrea Curnen, Mary G. (eds.): *Facing Death. Where Culture, Religion and Medicine Meet.* New Haven, CT: Yale University Press, 121–128.

Vogel, Linda (1995): Spiritual development in later life. In: Kimble, Melvin A.; McFadden Susan H.; Ellor, James W. (eds.): *Aging, Spirituality, and Religion. A Handbook.* Minneapolis, MN: Fortress Press, 74–86.

Walter, Tony (1996): *The Eclipse of Eternity. A Sociology of the Afterlife.* Basingstoke: Macmillan.

Walter, Tony (2001a): *On Bereavement. The Culture of Grief.* Maidenhead: Open University Press.

Walter, Tony (2001b): Reincarnation, modernity and identity. *Sociology, 35,* 21–38.

Walter, Tony (2002): Spirituality in palliative care: opportunity or burden? *Palliative Medicine, 16,* 333–139.

Wasner, Maria (2009): Spiritual Care und *gender.* In: Frick, Eckhard; Roser, Traugott (Hrsg.): *Spiritualität und Medizin. Gemeinsame Sorge für den kranken Menschen.* Stuttgart: Kohlhammer, 215–219.

Weiher, Erhard (1999): *Die Religion, die Trauer und der Trost. Seelsorge an den Grenzen des Lebens.* Mainz: Matthias Grünewald.

Weiher, Erhard (2008): *Das Geheimnis des Lebens berühren. Spiritualität bei Krankheit, Sterben, Tod. Eine Grammatik für Helfende.* Stuttgart: Kohlhammer.

Weizsäcker, Viktor von (1926/27): Die Schmerzen. Stücke einer medizinischen Anthropologie. *DIE KREATUR, 1,* 315–333.

Weizsäcker, Viktor von (1936): Zur Klinik der Schmerzen. *Nervenarzt, 9,* 553–559.

Weizsäcker, Viktor von (1987): Gesammelte Schriften. Bd. 5. *Der Arzt und der Kranke. Stücke einer medizinischen Anthropologie.* Frankfurt a. M.: Suhrkamp.

Wellenkamp, Jane C. (1991): Fallen leaves: death and grieving in Toraja. In: Counts, David R.; Counts, Dorothy A. (eds.): *Coping with the Final Tragedy. Cultural Variation in Dying and Grieving.* Amityville, NY: Baywood Publ. Comp., 113–134.

Welter-Ederlin, Rosmarie (2010): *Resilienz und Krisenkompetenz. Kommentierte Fallgeschichten.* Heidelberg: Carl Auer.

Wenzel, Claudia (2003): «Health Shopping». *Import und Export kulturfremder Medizinsysteme am Beispiel der Integration fernöstlicher Heilmethoden in die westliche Schulmedizin.* Wien: unveröffentlichte Diplomarbeit.

Wenzel, Claudia (2013): *Heil sterben.* Ludwigsburg: der hospiz verlag®.

Wernhart, Karl R. (2002): Ethnische Seelenkonzepte. In: Figl, Johann; Klein, Hans-Dieter (Hrsg.): *Der Begriff der Seele in der Religionswissenschaft.* Würzburg: Königshausen & Neumann, 45–60.

Wiesel, Elie (1991): *Worte wie Licht in der Nacht,* hrsg. v. Walter, Rudolf. 3. Auflage. Freiburg i. Br.: Herder.
Wijkmark, Carl-Henning (2001): *Der moderne Tod – Vom Ende der Humanität* (= Den moderne döden, dt.), übers. v. Bergfeld, Hildegard. Berlin: Gemini-Verlag (zuerst: 1978).
Wilkening, Karin (2011): Spiritualität und Alter. In: Büssing, Arndt; Kohls, Niko (Hrsg.): *Spiritualität transdisziplinär. Wissenschaftliche Grundlagen im Zusammenhang mit Gesundheit und Krankheit.* Berlin: Springer, 167–172.
Wilkening, Karin; Kunz, Roland (2003): *Sterben im Pflegeheim. Perspektiven und Praxis einer neuen Abschiedskultur.* Göttingen: Vandenhoeck & Ruprecht.
Wohlrab-Sahr, Monika (2009): Das stabile Drittel: Religionslosigkeit in Deutschland. In: Bertelsmann Stiftung (Hrsg.): *Woran glaubt die Welt? Analysen und Kommentare zum Religionsmonitor 2008.* Gütersloh: Verlag Bertelsmann Stiftung, 151–168.
Woodhead, Linda (2003): Feminism and the sociology of religion: from gender-blindness to gendered difference. In: Fenn, Richard K. (ed.): *The Blackwell Companion to Sociology of Religion.* Oxford u. a.: Blackwell, 67–84.
Woodhead, Linda (2007): Why so many women in holistic spirituality? A puzzle revisited. In: Flanagan, Kieran; Jupp, Peter C. (eds.): *A Sociology of Spirituality.* Basingstoke, U.K.: Palgrave Macmillan, 115–125.
Wright, Michael C. (2001): Spirituality: a developing concept within palliative care? *Progress in Palliative Care, 9,* 143–148.
Wright, Michael (2004a): Good for the soul? The spiritual dimension of hospice and palliative care. In: Payne, Sheila; Seymour, Jane; Ingleton, Christine (eds.): *Palliative Care Nursing. Principles and Evidence for Practice.* Maidenhead/Berkshire: Open University Press, 218–240.
Wright, Michael C. (2004b): Hospice care and models of spirituality. *European Journal of Palliative Care, 11,* 75–78.
Zaleski, Carol (1993): *Nah-Todeserlebnisse und Jenseitsvisionen. Vom Mittelalter bis zur Gegenwart* (= Otherworld Journeys, dt.). Frankfurt a. M.: Insel Verlag.
Zander, Helmut (1999): *Geschichte der Seelenwanderung in Europa. Alternative religiöse Traditionen von der Antike bis heute.* Darmstadt: Wissenschaftliche Buchgesellschaft.
Zulehner, Paul M. (2002): Wiederkehr der Religion? In: Denz, Hermann (Hrsg.): *Die europäische Seele. Leben und Glauben in Europa.* Wien: Czernin Verlag, 23–41.
Zulehner, Paul M. (2011): *Verbuntung. Kirchen im weltanschaulichen Pluralismus. Religion im Leben der Menschen 1970–2010.* Ostfildern: Schwabenverlag.
Zulehner, Paul M.; Denz, Hermann (1993a): *Wie Europa lebt und glaubt. Europäische Wertestudie.* Düsseldorf: Patmos.
Zulehner, Paul M.; Denz, Hermann (1993b): *Wie Europa lebt und glaubt. Europäische Wertestudie, Tabellenband.* Wien: Typoskript Paul M. Zulehner.
Zwingmann, Christian (2004): Spiritualität/Religiosität und das Konzept der gesundheitsbezogenen Lebensqualität. Definitionsansätze, empirische Evidenz, Operationalisierungen. In: Zwingmann, Christian; Moosbrugger, Helfried (Hrsg.): *Religiosität: Messverfahren und Studien zu Gesundheit und Lebensbewältigung.* Münster: Waxmann, 215–237.

Zwingmann, Christian (2005): Erfassung von Spiritualität/Religiosität im Kontext der gesundheitsbezogenen Lebensqualität. *Psychotherapie, Psychosomatik, medizinische Psychologie, 55,* 241–246.

Zwingmann, Christian; Klein, Constantin; Höfling, Volkmar (2011): Messung von Religiosität/Spiritualität im Rahmen der Gesundheitsforschung. Ein Überblick über deutschsprachige Fragebogenskalen. In: Constantin Klein; Berth, Hendrik; Balck, Friedrich (Hrsg.): *Gesundheit – Religion – Spiritualität: Konzepte, Befunde und Erklärungsansätze.* Weinheim: Juventa-Verlag, 65–91.

Internetquellen

http://www.inkur-berlin.de/seelsorge.htm: Seelsorge/Spiritual Care (Zugriff: 07.05.2013]
http://www.hospice-history.org.uk (Stand: Juli 2004)
http://www.sportauto.de/marken/news/dodge-viper-comeback-als-srt-reinkarnation-der-us-sportwagenikone-3233220.html (Zugriff: 20.04.2013)
http://www.schmetterlingskinder.de (Zugriff: 16.04.2013)
http://www.land-der-sternenkinder.de (Zugriff: 16.04.2013)
http://www.europeanvaluesstudy.eu (Stand: Januar 2013)
http://ktf.univie.ac.at/wertestudie (Zugriff: 03.05.2013)

Sachwortverzeichnis

A
Absichtslosigkeit 37
Achtungsverpflichtung 43
Alter s. Spiritualität
Altersandrogynie 146–150
Altersqualitäten 150
Assessment-Verfahren 36–37
Ausgangsthese 31

B
Basisqualität 26–28
Bedürfniserhebung, spirituelle 36 37
Begleitung 81–83
Bestattung 211–217
Beziehungsmedizin 179

C
Care, weiblich dominiertes 121
compathie 199–201

D
Defizitdiagnose, spirituelle 36
Demut 37
Dienst 37
Dignitas 41

E
Ego-Trip 64–65
Einsamkeit 193–194
Eltern, trauernde 231–232
Empathie 37
Erlernbarkeit 34
Ethik 37–39
Euthanasie 99, 100, 111
Experten, spirituelle 32–34

F
Frauen 119–134
– Care 121
– Kennzeichen, religiöse 131
– Krankheit/Sterben 134
– Rollen/Zuständigkeiten 119
– Todeskompetenz 119
– Trauer 124, 131
– Werte, spirituelle 126
Funktion 39–41

G
Gastfreundschaft, absichtlose 100
Geburt 119
Gender 117–119
Genese 22–24
Gerontologie 139
Gerotranszendenz 153
Geschlecht, biologisches/soziales 118
Geschlechterfalle 121–122
Gesundheitsberufe/-system 71
Gesundheitsverständnis, neues 164–169
Glaube 29–31

H
Health Shopping 64–65
Heil/Heilung 159–173
– Geist-/Körperzerfall 162
– Mensch, ganzer 164
– Transformationsprozess 169
Hospizarbeit 21
Hospizbewegung 22, 93–114
– Gastfreundschaft, christlich motivierte 99
– Haltungen 107
– Individualität 108
– Lernen von Sterbenden 103
– Mehrsprachigkeit/Musikalität 110
– Perspektiven, konzeptionelle 105
– Pionierinnen 104
– Positionieren, kritisches 111
– Spiritualität der Gabe 112
– Spiritualität der Umsonstigkeit 114
– Sterben heute 97
– Sterben im Wandel 95
– Türen, offene 101
– Widersprüche 111
– Würde 108

J

Jenseitsreisen 221–223
Jenseitsvorstellungen 203–233
– Bedingungen, religiöse 211
– Bestattung/Bestattungsriten 211
– Diesseits-Jenseits-Beziehungen 213
– Glauben, moderner 205
– Identität 229
– Jenseits-Lebensform 209
– Jenseits-Ort 208
– Raum/Zeit 227
– Suchbewegungen, spirituelle 219
– Vorstellungen, religiöse 208

K

Kirche 83–84
Kompetenzebenen 32–34
Krankenhaus heute 71–71
Krankenhausseelsorge, christliche 25, 69, 72–74
– Hände, offene 86
– Haltung der Begleitung 81
– Kirche 83
– Multioptionsdilemma 79
– Seelsorge/Spiritual Care 87
– Sterbespezialisten 76
– Systemkritik 86
Krankenhausseelsorge, professionelle 74–76
Kranksein 21–22
KSA 83
Kübler Ross, E. 103–105

L

Leben nach dem Tod s. Jenseitsvorstellungen
Lebenssinn 140–142
Lebenstreppen 151–152
Leiden s. Schmerz
Liebende 194

M

Mensch, ganzer 19–43, 164–169
Menschenwürde 41
Mitleiden 199–201
Mythen s. Spiritualität und Alter

N

Nahtoderfahrung 221–223
Narrativität 178–183, 190

P

pain control 188
Palliative Care 11, 15, 23, 107
Patientenvereinnahmung, paternalistische 35
Patientenverfügung 98

R

Reinkarnation 224–227
Religion/Religiosität 46–68
Religiosität, männliche/weibliche 115–136
– Bedürfnisse Sterbender 134
– Erklärungen 129
–, weibliche s. Frauen
Resilienz 86

S

Salutogenese 169
Saunders, C. 23, 101, 104–105, 177
Schmerz und Leiden 175–201
– Befund versus Befinden 179
– Belastung, psychische 184
– Einsamkeit 193
– Erzählen 178, 181, 190
– Liebe 194
– Literatur 185
– Multidimensionalität 177, 183
– Sehnsucht 194
– Sprachlosigkeit 193
– Protest 197
– Umgang, existenziell-spiritueller 189
– Umgang, instrumentell technischer 187
– Umgang mit 199
– Vielgesichtigkeit/Vielschichtigkeit 183
– Zukunft 201
Schmerztherapie 187–189
Schreiben 183, 190
Seelenkonzepte 161
Seelsorge 35
Seelsorge, traditionelle 25–26
Seelsorgeausbildung, klinische 83
Sehnsucht 194
Selbstentsorgung, autonome 122–124
Selbstsorge 85
Selbstverständnis, professionelles 85
Sex 118–119
Sinnfindung/-suche 26–27, 140–142
Sorge, beziehungsorientierte 122–124
Sorgebeziehungen 85

Spiritual Care 11, 15, 21
Spiritualität und Alter 137–158
– Mythen 139
– Mythos Altern, erfolgreiches 145
– Mythos Sinnsuche 140
– Mythos Spiritualität, altersandrogyne 148
– Mythos Stufenschema, spirituelles 142
– Mythos Zielvision des Alters 150
– Mythos Zunahme, spirituelle 143
– Traditionen, religiöse 153
Spiritualität versus Religiosität 45–68
– Alltagsverständnis 47
– Basisexistenz 64
– Begriffsdebatte 47
– Begriff, schwammiger offener 50
– Definition 51
– Definition, religiöse 58
– Gegenbegriff zu Religion 55
– Heilsuche, eigenverantwortliche 65
– Kern, religiöser 51
– Melange-Religiosität 65
– Mystik 52
– Mystik, religiöse und Demokratisierung 54
– Religiosität, moderne/traditionelle 57
– Religiosität, persönliche 52
– Selbstbezogenheit, moderne 63
– Spiritualität, moderne/postmoderne 61
– Spiritualität, nichtreligiöse 57
– Transformationsprozesse 52
– Transzendenz 59
– Verhältnisbestimmungen 48
– Verständnis, integratives 61
– Wesen, menschliches spirituelles 67
Selbstverwirklichung 63
Sterbefasten 99
Sterbekliniken 100
Sterben 21–22
Sterben, leichteres 29–31
Suchbewegungen, spirituelle 219

Suizid, assistierter 99

T
Therapielastigkeit 36
Todeskompetenz, weibliche 119–134
total pain 177, 185, 190
Totenfrauen 121
Totengericht 223–224
Totensorge 217–219
Traditionen, religiöse 25–26, 153–157
– Alter 153
Transformationsprozess 169–173
Transzendenz 26–27
Trauer, weibliche 124–126
Trauerschmerz 194

U
Umsonstigkeit 114

V
Verantwortung 37

W
Weiterleben, individuell-personales 229–233
Werdeschmerz 191
Würde 41–44, 108
– Beziehungen 41
– Engführungen 41
– Gegenüber 42
– Prinzip 37
– Unverlierbarkeit 43
Würdigungsprinzip 37

Z
Zerstörungsschmerz 191
Ziele 37–39
Zuhören 199–201
Zuständigkeit 31–34

Bücher aus verwandten Sachgebieten

Palliative Care

Aitken
Gemeindenahe Palliative Care
Die Rolle der Pflegeexpertin in der ambulanten Palliative Care
2012. ISBN 978-3-456-85041-2

Bienstein/Fröhlich
Basale Stimulation in der Pflege
Die Grundlagen
7., korr. Auflage
2012. ISBN 978-3-456-85110-5

Bolton
Kunst und Kreativität in der Palliative Care
2013. ISBN 978-3-456-85096-2

Booth/Bruera
Palliative Care von Menschen mit Hirntumoren und Hirnmetastasen
2012. ISBN 978-3-456-85069-6

Brown
Nephro-Palliative Care
Praxishandbuch zur palliativen Versorgung von Menschen mit Nierenerkrankungen
2012. ISBN 978-3-456-85071-9

Buchholz/Schürenberg
Basale Stimulation in der Pflege alter Menschen
3., überarb. u. erw. Auflage
2009. ISBN 978-3-456-84564-7

Carr/Mann
Schmerz und Schmerzmanagement
Praxishandbuch für Pflegeberufe
2014. ISBN 978-3-456-85207-2

Davy/Ellis
Palliativ pflegen
3., aktual. Auflage
2010. ISBN 978-3-456-84908-9

Domenig (Hrsg.)
Transkulturelle Kompetenz
2., vollst. überarb. u. erw. Auflage
2007. ISBN 978-3-456-84256-1

Durigon/Guénanten
Thanatopraxie
Praxishandbuch für Thanatopraktiker und Bestatter
2013. ISBN 978-3-456-88072-6

Ewers/Schaeffer (Hrsg.)
Am Ende des Lebens
Versorgung und Pflege von Menschen in der letzten Lebensphase
2005. ISBN 978-3-456-84203-5

Gerhard
Neuro-Palliative Care
Interdisziplinäres Praxishandbuch zur palliativen Versorgung von Menschen mit neurologischen Erkrankungen
2011. ISBN 978-3-456-84849-5

Henkelmann
Palliative Pflegeüberleitung
Koordinierte Pflege von Menschen mit terminalen Erkrankungen
2010. ISBN 978-3-456-84858-7

Jevon
Pflege von sterbenden und verstorbenen Menschen
1998. ISBN 978-3-456-85189-1

Johnson/Lehman
Kardio-Palliative Care
Praxishandbuch zur palliativen Versorgung von Menschen mit kardiologischen Erkrankungen
2013. ISBN 978-3-456-85188-4

Käppeli
Zwischen Leiden und Erlösung
1998. ISBN 978-3-456-82977-7

Knipping (Hrsg.)
Lehrbuch Palliative Care
2., durchges. u. korr. Auflage
2007. ISBN 978-3-456-84460-2

Kostrzewa/Gerhard
Hospizliche Altenpflege
Palliative Versorgungskonzepte in Altenpflegeheimen entwickeln, etablieren und evaluieren
2010. ISBN 978-3-456-84809-9

Kostrzewa
Palliative Pflege von Menschen mit Demenz
2., vollst. überarb. u. erw. Auflage
2010. ISBN 978-3-456-84773-3

Kostrzewa/Kutzner
Was wir noch tun können!
Basale Stimulation in der Sterbebegleitung
5., überarb. u. erg. Auflage
2013. ISBN 978-3-456-85252-2

Lexa
Burnout und Burnoutprävention in der Palliative Care
Praxishandbuch für Gesundheitsfachpersonen
2013. ISBN 978-3-456-85191-4

Neuberger
Sterbende unterschiedlicher Glaubensrichtungen pflegen
2., vollst. überarb. u. erg. Auflage
2009. ISBN 978-3-456-84732-0

Regnard
Praktische Palliativmedizin
Leitfaden und Checklisten für die bedürfnisorientierte Behandlung
2010. ISBN 978-3-456-84870-9

Reed
Pflegekonzept Leiden
2013. ISBN 978-3-456-85132

Saunders/Baines
Leben mit dem Sterben
1991. ISBN 978-3-456-82080-4

Schärer-Santschi (Hrsg.)
Trauern
Trauernde Menschen in Palliative Care und Pflege begleiten
2012. ISBN 978-3-456-85030-6

Schnell
Ethik als Schutzbereich
2008. ISBN 978-3-456-84492-3

Schnell (Hrsg.)
Patientenverfügung
Begleitung am Lebensende im Zeichen des verfügten Patientenwillens
2009. ISBN 978-3-456-84722-1

Stevens Barnum
Spiritualität in der Pflege
2002. ISBN 978-3-456-83833-5

Taylor
Der moralische Imperativ des Pflegens
2011. ISBN 978-3-456-84972-0

Worden
Beratung und Therapie in Trauerfällen
2010. ISBN 978-3-456-84885-3

Wright/Leahey
Familienzentrierte Pflege
2009. ISBN 978-3-456-84412-1

Znoij
Ratgeber Trauer
2005. ISBN 978-3-456-8017-1780-3

Zylicz/Twycross/Jones
Pruritus
2009. ISBN 978-3-456-84644-6

Weitere Informationen über unsere Neuerscheinungen finden Sie im Internet unter www.verlag-hanshuber.com.